# भारत के
# पवित्र तीर्थस्थल

# भारत के पवित्र तीर्थस्थल

नारायण भक्त

चिल्ड्रन बुक टेंपल
दिल्ली

प्रकाशक : **चिल्ड्रन बुक टेंपल**
सी–55, गणेश नगर, पांडव नगर, दिल्ली–110092
 / संस्करण : 2025 / मूल्य : पाँच सौ रुपए
मुद्रक : यश प्रिंटोग्राफिक्स, नोएडा ISBN 978-81-89573-67-6

**BHARAT KE PAVITRA TEERTHSTHALA**
*by* Shri Narayan Bhakta ₹ 500.00
Published by **CHILDREN BOOK TEMPLE**
C-55, Ganesh Nagar, Pandav Nagar, Delhi-110092

# लेखकीय

भारत में चहुँ ओर असंख्य तीर्थ फैले हुए हैं। 'पद्मपुराण' में साढ़े तीन करोड़ तीर्थों का उल्लेख मिलता है। संक्षेप में तीर्थ का अभिप्राय है पुण्य स्थान, अर्थात् जो अपने में पुनीत हो, अपने यहाँ आनेवालों में भी पवित्रता का संचार कर सके। तीर्थों के साथ धार्मिक पर्वों का विशेष संबंध है और उन पर्वों पर की जानेवाली तीर्थयात्रा का विशेष महत्त्व होता है। यह माना जाता है कि उन पर्वों पर तीर्थस्थल और तीर्थ-स्नान से विशेष पुण्य प्राप्त होता है, इसीलिए कुंभ, अर्धकुंभ, गंगा दशहरा तथा मकर संक्रांति आदि पर्वों को विशेष महत्त्व प्राप्त है। पुण्य संचय की कामना से इस दिन लाखों लोग तीर्थयात्रा करते हैं और इसे अपना धार्मिक कर्तव्य मानते हैं।

हिंदू धर्म में तीर्थ को पाप से तारनेवाला कहा गया है। पुण्य का संचय और पाप का निवारण ही तीर्थ का मुख्य उद्देश्य है, इसलिए मानव समाज में तीर्थों की कल्पना का विस्तार विशेष रूप से हुआ है। पद्मपुराण में लाक्षणिक आधार पर तीर्थ का व्यापक अर्थ लगाकर गरुड़-तीर्थ, माता-पिता तीर्थ, पति-तीर्थ आदि का उल्लेख है। गुरु अपने शिष्य का अज्ञानरूपी अंधकार दूर करते हैं, अतएव शिष्यों के लिए गुरु ही परम तीर्थ हैं। पुत्रों के लिए माता-पिता की सेवा से बढ़कर कोई पूज्य तीर्थ नहीं। पत्नी के लिए पति सभी तीर्थ के समान बताया गया है। ज्ञान एवं गुण से संपन्न सदाचारिणी तथा पतिव्रता स्त्री सभी तीर्थों के समान है; और ऐसी स्त्री जिस घर में निवास करती है, वह घर तीर्थ बन जाता है। श्रीमद्भागवत में भक्तों को ही तीर्थ बताकर युधिष्ठिर विदुर से कहते हैं कि भगवान् के प्रिय भक्त स्वयं ही तीर्थ के समान होते हैं।

'स्कंदपुराण' में तीन प्रकार के तीर्थों का उल्लेख किया गया है—जंगम, स्थावर तथा मानस। जंगम तीर्थ ब्राह्मणों को बताया गया है। ब्राह्मण पवित्र स्वभाव

के होते हैं। इस कारण उनकी सेवा करने से तीर्थ का फल मिलता है, सभी पाप नष्ट हो जाते हैं और कामनाओं की सिद्धि होती है। धरती के कुछ पुण्य स्थानों को स्थावर तीर्थ कहा गया है। इन तीर्थों पर जाने से उत्तम फल मिलता है। सत्य, क्षमा, इंद्रिय-निग्रह, दया, दान, ब्रह्मचर्य, सत्यवादिता, ज्ञान, धैर्य आदि मन की उत्तम वृत्तियों को मानस तीर्थ कहा गया है।

पुराणों में कहा गया है कि जिस व्यक्ति ने इंद्रियों को अपने वश में कर लिया है, वह जहाँ भी निवास करे, वहीं उसे कुरुक्षेत्र, नैमिषारण्य और पुष्कर आदि तीर्थफलों की प्राप्ति हो जाती है। आपने देखा होगा, गंगा, गोदावरी, द्वारिका आदि तीर्थों में सैकड़ों मछलियाँ रहती हैं, मंदिरों में पक्षी बसेरा करते हैं, किंतु भक्ति-भाव न होने के कारण उन्हें तीर्थों और मंदिर में दिन-रात रहने पर भी कोई पुण्य फल नहीं मिलता। इसलिए तीर्थ फल-प्राप्ति के लिए अत:करण की शुद्धता जरूरी है।

प्रस्तुत पुस्तक में विभिन्न धर्मों के अनुयायियों के आस्था के केंद्रों—पवित्र तीर्थस्थलों—का रोचक वर्णन है। ये न केवल आपकी आस्था और विश्वास में श्रीवृद्धि करेंगे, बल्कि आपको मानव जीवन के मर्म का सार भी बताएँगे। पढ़ते हुए आपको साक्षात् उस तीर्थ का दर्शन हो, यह इस पुस्तक की विशेषता है। यदि आपका मन निर्मल है, और हमें विश्वास है कि वह है, तो आप घर बैठे ही तीर्थ का पुण्य-लाभ प्राप्त करेंगे।

# अनुक्रम

# रामेश्वरम्

भारत के चार धामों और बारह ज्योतिर्लिंगों में एक तमिलनाडु में स्थित रामेश्वरम् दक्षिण भारत का तीसरा सबसे बड़ा मंदिर है। शंखाकार रामेश्वरम् एक द्वीप है, जो एक लंबे पुल द्वारा मुख्य भूमि से जुड़ा हुआ है। 151 एकड़ भूमि में स्थित मद्रास-एगमोर-तिरुचिरापल्ली-रामेश्वरम् रेल-मार्ग पर तिरुचिरापल्ली से 270 कि.मी. की दूरी पर, रामेश्वरम् रेलवे स्टेशन से लगभग 2 कि.मी. दूर यह मंदिर द्रविड़ शैली का उत्कृष्ट नमूना है। इसे स्वामीनाथ मंदिर के नाम से भी जाना जाता है। इस मंदिर के पूर्वी द्वार पर दस और पश्चिमी द्वार पर सात मंजिलोंवाला गोपुरम् है। इसके 4,000 फीट लंबे बरामदे संसार के सबसे लंबे बरामदे माने जाते हैं। प्रत्येक बरामदा 700 फीट लंबा है। बरामदे के स्तंभों पर की गई उत्तम कोटि की सुंदरतम नक्काशी दर्शनीय है।

बारहवीं सदी में श्रीलंका के राजा पराक्रमबाहु ने इस मंदिर का गर्भगृह बनवाया था। इसके बाद अनेक राजा समय-समय पर इसका निर्माण करवाते रहे। भारत के इस अद्वितीय मंदिर का निर्माण लगभग 350 वर्षों में पूरा हुआ।

रामेश्वरम् मंदिर के गर्भगृह में रामनाथ स्वामी के प्रतीक के रूप में जो शिवलिंग है, उसकी स्थापना श्रीराम और सीता ने मिलकर की थी। इसीलिए इस शिवलिंग को 'रामलिंग' भी कहा जाता है। रामलिंग की दाहिनी ओर पार्वती मंदिर में प्रत्येक शुक्रवार को पार्वतीजी का श्रृंगार किया जाता है। रामनाथ मंदिर के उत्तर में भगवान शिवलिंगम् और उसके पास विशालाक्षी देवी का मंदिर है।

रामेश्वरम् का श्वेत पत्थरों से निर्मित गगनचुंबी रामस्वामी मंदिर उत्कृष्ट शिल्पकला और सुंदरता की दृष्टि से पर्यटकों के लिए आकर्षण का मुख्य केंद्र है। मुख्यद्वार, कलात्मक स्तंभ और गलियारे उच्च कोटि की द्रविड़ वास्तुकला के

खूबसूरत नमूने बड़े ही आकर्षक हैं। पूर्व- पश्चिम में 865 फीट लंबी और उत्तर-दक्षिण में 650 फीट चौड़ी दीवारें काफी ऊँची हैं। लंबाई की दृष्टि से यह मंदिर संसार का अन्यतम मंदिर है।

रामनाथ स्वामी मंदिर के विस्तृत परिसर में स्थित उल्लेखनीय प्रमुख मंदिरों में शेषशायी भगवान विष्णु का मंदिर विशेष रूप से दर्शनीय है। राम नाथ स्वामी के मूल मंदिर के सामने शंकरजी के वाहन नंदी की मूर्ति है, जिसकी जीभ बाहर की ओर निकली हुई है। दाहिनी ओर विघ्नेश्वर गणेशजी, पास ही कार्तिकेयजी, थोड़ा आगे भगवान श्रीराम का मंदिर और इसके पूर्व में राम, सीता, हनुमान, सुग्रीव आदि की मूर्तियाँ हैं। शिल्प की दृष्टि से यह मंदिर बहुत ही सुंदर है।

रामनाथ मंदिर परिसर में 22 कुंड हैं। लोगों का विश्वास है कि इन कुंडों में स्नान करने से कई रोगों से मुक्ति मिल जाती है। मंदिर के पूर्वी गोपुरम् के सामने समुद्र-तट को 'अग्नितीर्थ' कहा जाता है। पहले अग्नितीर्थ में स्नान कर गीले वस्त्रों सहित सभी कुंडों में स्नान किया जाता है।

रामेश्वरम् से लगभग 2 कि. मी. दूर गंधमादन पर्वत है। इस पर भगवान राम के चरण अंकित हैं। यहाँ एक झरोखा है। कहते हैं, श्रीरामजी ने इसी झरोखे से लंका पर आक्रमण के पूर्व समुद्र के विस्तार को मापा था। यहाँ अगस्त्य मुनि का आश्रम है। गंधमादन पर्वत से रामेश्वरम् मंदिर तथा द्वीप का मनोहारी दृश्य दिखाई देता है। रामनाथपुरम् के उत्तर-पूर्व नौ ग्रहोंवाला नव पाशनम मंदिर है, जिसे देवी पट्टनाम भी कहा जाता है। लक्ष्मणतीर्थ रामेश्वरम् से 2 कि.मी. दूर है। यहाँ पर लक्ष्मणेश्वर शिवमंदिर है। यहाँ से लौटते समय तीर्थयात्री सीतातीर्थ कुंड में स्नान करते हैं तथा श्रीराम और पंचमुखी हनुमान के दर्शन करते हैं। यहाँ से कुछ आगे खारे जल का रामतीर्थ नामक एक विशाल सरोवर है।

शुक्रवार मंडप में लक्ष्मण के विभिन्न रूपों की मूर्तियाँ दर्शनीय हैं। इस मंडप में आठ स्तंभों में काली चामुंडा, राजेश्वरी आदि देवियों की कलात्मक मूर्तियाँ भी देखने योग्य हैं। मंदिर के उत्तरी-पश्चिमी हिस्से में भगवान के आभूषणों का सुरक्षित भंडार है। सोने-चाँदी के आभूषणों के इस भंडार की सुरक्षा के लिए कड़ा प्रबंध है। इसे देखने के लिए निर्धारित शुल्क देना पड़ता है। इस भंडार के निकट ही श्वेत संगमरमर निर्मित भगवान विष्णु की मूर्ति है। इस मूर्ति में सेतुबंध भगवान विष्णु और लक्ष्मीजी को जंजीरों में बँधा दिखाया गया है। इस संबंध में एक पौराणिक कथा प्रचलित है।

इन मंदिरों के अलावा नटराज मंदिर, नंदी मंडप आदि भी दर्शनीय हैं।

रामेश्वरम् के साथ एक पौराणिक कथा जुड़ी हुई है। इस कथा के अनुसार भगवान राम ने रावण का वध किया था। रावण ब्राह्मण था, इसलिए ब्राह्मण-हत्या के पाप से मुक्ति के लिए भगवान राम ने शिव की आराधना करने का संकल्प किया। इसके लिए उन्होंने हनुमानजी को कैलास पर्वत पर जाकर शिवजी से मिलने और उनकी कोई उपयुक्त मूर्ति लाने का आदेश दिया। हनुमानजी कैलास पर्वत गए, किंतु उन्हें अभीष्ट मूर्ति नहीं मिली। अभीष्ट मूर्ति प्राप्त करने के लिए हनुमानजी वहीं तपस्या करने लगे। इधर हनुमानजी के कैलास पर्वत से अपेक्षित समय में न आने पर श्रीराम और ऋषि-मुनियों ने शुभ मुहूर्त में सीताजी द्वारा बालू से निर्मित शिवलिंग को स्वीकार कर लिया। उस ज्योतिर्लिंग को सीताजी और रामजी ने जब चंद्रमा नक्षत्र में, सूर्य वृष राशि में था, ज्येष्ठ शुक्ला दशमी, बुधवार को स्थापित कर दिया। यह स्थान रामेश्वरम् के नाम से जाना जाता है।

कुछ समय बाद हनुमानजी शिवलिंग लेकर कैलास पर्वत से लौटे, तो पहले से स्थापित बालुका निर्मित शिवलिंग को देखकर क्रुद्ध हो गए। उनका क्रोध शांत करने के लिए श्रीरामजी ने उनके द्वारा लाए गए शिवलिंग को भी बालूनिर्मित शिवलिंग के बगल में स्थापित कर दिया और कहा कि रामेश्वरम् की पूजा करने के पहले लोग हनुमानजी द्वारा लाए गए शिवलिंग की पूजा करेंगे। अभी भी रामेश्वरम् की पूजा के पहले लोग हनुमानजी द्वारा लाए गए शिवलिंग की पूजा करते हैं। हनुमानजी द्वारा लाए शिवलिंग को 'काशी विश्वनाथ' कहा जाता है।

कहा जाता है, इसी स्थान से समुद्र पार कर राम ने लंका पर आक्रमण किया था। यहीं से समुद्र में सेतु-निर्माण का कार्य आरंभ हुआ था। इसीलिए यह स्थान सेतुबंध रामेश्वरम् के नाम से भी जाना जाता है। लंका-विजय के बाद लौटते समय विभीषण ने राम से कहा कि इस सेतु से दूसरे लोग भी समुद्र पार कर लंका पर और लंकावासी इस ओर आकर आक्रमण कर सकते हैं, इसलिए इस पुल को तोड़ देना चाहिए। विभीषण की बात मानकर राम ने धनुष की नोक से पुल तोड़ दिया था। इसलिए इस स्थान को 'धनुषकोटि' कहा जाता है।

रामेश्वरम् में विभिन्न अवसरों पर धार्मिक उत्सव होते रहते हैं। यहाँ जनवरी-फरवरी में तैराकी पर्व की धूम रहती है और जुलाई-अगस्त में प्रभु-विवाह (तिरुकल्याणम्) का उत्सव मनाया जाता है। चैत्र माह में देवताओं का अन्नाभिषेक, ज्येष्ठ माह में रामलिंग-पूजा, वैशाख में दस दिनों तक वसंतोत्सव, नवरात्रि पर दस दिनों का उत्सव, दशहरे के अवसर पर अलंकार समारोह, आश्विन माह में त्रिदिवसीय कार्तिक उत्सव, मार्गशीर्ष (अगहन) में आर्द्रा-दर्शन उत्सव तथा महाशिवरात्रि

उत्सव धूमधाम से मनाए जाते हैं।

**कैसे पहुँचें**—रामेश्वरम् तक पहुँचने के लिए रेल एवं परिवहन सेवाएँ उपलब्ध हैं। निकटतम स्टेशन मंडप है। रामेश्वरम् धाम को समुद्र ने मुख्य भूमि से अलग कर दिया है। मंडप और पभवन रेलवे स्टेशनों के बीच देश का सबसे बड़ा रेल-पुल है। मदुरै से रेल या बस द्वारा रामेश्वरम् आसानी से पहुँचा जा सकता है। रामेश्वरम् का निकटतम हवाई अड्डा रामेश्वरम् से 173 कि.मी. की दूरी पर मदुरै है।

**कहाँ ठहरें**—रामेश्वरम् में ठहरने के लिए लॉज, धर्मशालाएँ और पर्यटन विभाग के गेस्ट हाउस उपलब्ध हैं।

**क्या खरीदें**—रामेश्वरम् में विक्रय के लिए तरह-तरह की वस्तुएँ तैयार की जाती हैं, जैसे—सजावटी झालरें, लैंप, गुच्छे, मंदिरों की आकृति के शो-केस आदि। इनके अलावा शंख, मनके, ताड़ के पत्तों से बनी आकर्षक वस्तुएँ भी खरीदी जा सकती हैं। ये वस्तुएँ रामनाथ स्वामी मंदिर के आस-पास बाजार में मिल जाएँगी।

□

# अमरनाथ

भारत एक धर्मप्राण देश है। समय-समय पर यहाँ मंदिरों का निर्माण होता रहा है और तीर्थस्थलों की स्थापना की जाती रही है। आदिगुरु ने भारत की चारों दिशाओं में चार तीर्थों की स्थापना की। इन तीर्थों की स्थापना से भारत की एकता और अखंडता की भावना को प्रोत्साहन मिलता रहा है।

द्वारका, रामेश्वरम् और जगन्नाथपुरी समुद्र-तटीय तीर्थ हैं, तो केदारनाथ, बदरिका-आश्रम, कैलाश मानसरोवर और अमरनाथ पर्वतीय तीर्थ हैं। इनमें से कुछ हिमालय की ऊँची चोटियों पर स्थित हैं तो कुछ हिमालय की उपत्यका में। इन तीर्थों की यात्रा कठिन और समयसाध्य व श्रमसाध्य है। किंतु जिनके मन में अगाध श्रद्धा और आस्था है, उनके लिए कुछ भी कठिन, दुर्गम और कष्टकर नहीं है।

अमरनाथ की तीर्थयात्रा भी कठिन, दुर्गम और कष्टसाध्य है, फिर भी पर्वत-शृंखला लिद्दर घाटी के अंतिम छोर पर सँकरे दर्रे में स्थित अमरनाथ गुफा में प्रकृति द्वारा स्वत: निर्मित शिवलिंग के दर्शनों के लिए तीर्थयात्रियों को पहलगाँव से 48 कि.मी. के बर्फीले, पथरीले, ऊबड़-खाबड़ मार्ग से गुजरना पड़ता है। फिसलन-भरे, सँकरे रास्ते पर उन्हें पैदल ही चलना पड़ता है। अमरनाथ की गुफा लगभग 100 फीट लंबी, 150 फीट चौड़ी और 15 फीट ऊँची एक प्राकृतिक गुफा है। गुफा में हिम-पीठ पर बर्फ से स्वत: निर्मित शिवलिंग कभी-कभी अपने आप 7 फीट ऊँचा हो जाता है। आश्चर्य की बात यह है कि यह शिवलिंग कभी भी पूर्ण रूप से विलीन नहीं होता। शिवलिंग के अलावा हिम-निर्मित एक गणेशपीठ और पार्वतीपीठ भी है।

इस गुफा के साथ कई आश्चर्यजनक और चामत्कारिक बातें जुड़ी हैं। लिंगपीठ (हिम-निर्मित चबूतरा) ठोस है, जबकि गुफा के बाहर कई मील तक कच्ची बर्फ

दिखाई देती है। गुफा में हमेशा बूँद-बूँद जल टपकता रहता है। यहाँ सफेद भस्म जैसी मिट्टी मिलती है। इस मिट्टी को भक्तजन प्रसाद के रूप में ग्रहण करते हैं।

गुफा के अंदर तीर्थयात्रियों को कबूतरों की आवाज सुनाई पड़ती है। यद्यपि ये कबूतर दिखाई नहीं पड़ते, लेकिन उनकी आवाज से उनकी उपस्थिति का अनुभव होता है। इस संबंध में कहा जाता है कि भगवान शिव जब पार्वतीजी को अमरकथा सुना रहे थे, तब एक जोड़ा कबूतर चुपचाप यह कथा सुना करता था।

अमरनाथ गुफा की खोज के संबंध में जो बात प्रकाश में आई है, वह सांप्रदायिक एकता का एक उदाहरण है। इस गुफा की खोज बूटा मलिक नामक एक मुसलमान गड़ेरिये ने की। कहा जाता है कि एक साधु ने मलिक को कोयले से भरी एक बोरी दी। घर पहुँचकर मलिक ने जब उस बोरी को खोला तो उसमें ढेर सारा सोना देखकर चकित रह गया। वह उस साधु की खोज में निकला, लेकिन वह साधु नहीं मिला। जिस जगह साधु मिला, उस जगह उसने एक गुफा देखी। उस गुफा के अंदर वह चला गया और वहाँ शिवलिंग के दर्शन किए। आज भी जो चढ़ावा या दान यहाँ एकत्र होता है, उसका एक हिस्सा मलिक के वारिसों को मिलता है और शेष प्रबंध समिति ट्रस्ट को।

अमरनाथ गुफा के साथ एक पौराणिक कथा जुड़ी हुई है। कहा जाता है कि एक बार पार्वतीजी ने भगवान शिव से तंत्र-मंत्र-यंत्र के बिना ही मुक्ति-प्राप्ति का उपाय जानना चाहा। भगवान शिव ने पार्वतीजी को इसी गुफा में वह अमरकथा सुनाई, जिससे मनुष्य को आत्मज्ञान हो जाता है और उसे असहज ही मुक्ति मिल जाती है। व्यास पूर्णिमा (गुरु पूर्णिमा-आषाढ़ पूर्णिमा) के दिन यह कथा आरंभ हुई और एक माह बाद श्रावण पूर्णिमा के दिन समाप्त हुई। इसीलिए श्रावण पूर्णिमा को अमरनाथ गुफा में धर्म-विधान के अनुसार भगवान शिव की पूजा-अर्चना की जाती है। तीर्थयात्रियों के लिए अमरनाथ गुफा वर्ष भर खुली रहती है। किंतु तीर्थयात्री 15 जुलाई से अगस्त के अंत तक ही यहाँ जाते हैं।

**छड़ी मुबारक यात्रा**—अमरनाथ यात्रा को 'छड़ी मुबारक यात्रा' भी कहा जाता है। बल्लम-युक्त लकड़ी अथवा बाँस की नुकीली छड़ी उठाए हुए कश्मीरी महंत इस यात्रा का मार्गदर्शन करते हैं। आषाढ़ शुक्ल द्वादशी को ब्राह्ममुहूर्त में छड़ी मुबारक यात्रा आरंभ होती है। यह यात्रा जम्मू के श्री रघुनाथ मंदिर से निकलती है। यात्रा के प्रथम पड़ाव पहलगाम से पवित्र छड़ी मुबारक यात्रा शुरू होती है।

यात्रा का पहला पड़ाव पहलगाम है। सभी यात्रियों को जम्मू में यात्रा पर जाने के लिए पंजीकरण कराना पड़ता है। जम्मू रेल, बस और हवाई मार्ग द्वारा देश

के सभी भागों से जुड़ा हुआ है। पहलगाम श्रीनगर से 60 कि.मी. दूर है। पहलगाम से पवित्र गुफा तक का मार्ग प्राकृतिक सुषमा से मंडित है। मार्ग में बर्फीली घाटियाँ, जलप्रपात, हिमाच्छादित सरोवर और उससे निकलनेवाली नदियाँ, हिम-निर्मित नदी-पुल-पर्वतमालाएँ—सबकुछ मोहक, मंत्रमुग्ध कर देनेवाला प्राकृतिक सौंदर्य मिलता है।

लिद्दर नदी के तट पर बसे इस छोटे से कस्बे में ठहरने के लिए होटल और सरकारी विश्राम घर उपलब्ध हैं। यात्रियों को भारी ऊनी कपड़े, मंकी कैप, बरसाती, छाते, घड़ी, टॉर्च, मोमबत्ती, पोलीथिन बैग तथा जलपान के लिए कुछ वस्तुएँ अपने पास रख लेनी चाहिए। यहाँ कुछ जरूरी सामान मिल जाते हैं। सरकारी रेट पर टेंट, पोनी (घोड़ा) मिल जाते हैं।

श्रावण पूर्णिमा से तीन दिन पूर्व पवित्र छड़ी कश्मीरी संतों के नेतृत्व में, जिनके हाथों में पवित्र छड़ी होती है, यात्री साधु-संतों की टोलियों के साथ अगले पड़ाव चंदनबाड़ी की ओर चल पड़ते हैं। रास्ते में ढोल, ढमकों, दुंदुभियों और महादेव के जयघोष से वातावरण गूँजता रहता है।

पहलगाम से सोलह कि.मी. दूर चंदनबाड़ी यात्रा का दूसरा पड़ाव है। यह 9,500 फीट की ऊँचाई पर पहाड़ी नदियों के संगम पर एक मनोरम घाटी है। यहाँ लिद्दर नदी पर बननेवाला बर्फ का पुल आकर्षण का केंद्र है। चंदनबाड़ी तक अब मोटर, जीप अथवा ट्रक से भी जाया जा सकता है। घोड़े भी मिलते हैं, किंतु श्रावणी पूर्णिमा को जानेवाले यात्री पैदल ही जाना पसंद करते हैं। चंदनबाड़ी की चाँदनी रात बड़ी सुहावनी होती है। रात को दशनामी अखाड़े में आरती पूजा होती है।

चंदनबाड़ी में खाने-पीने और विश्राम की समुचित व्यवस्था है। काफी बड़ी संख्या में तंबू लगा दिए जाते हैं। यात्रियों को बिछाने-ओढ़ने के सामान उपलब्ध हो जाते हैं। खाने-पीने की दुकानें तो हैं ही, इसके अलावा समाजसेवी संस्थाओं द्वारा लंगर भी चलाए जाते हैं। सवारी के लिए पिट्ठू और पोनी भी मौजूद रहते हैं। चंदनबाड़ी से बर्फ के पुल को तेज गति से पार करना पड़ता है, ताकि बर्फ पिघलने न लगे।

थोड़ी दूर चलने के बाद शुरू हो जाती है पिस्सू घाटियों की दुर्गम चढ़ाई। यात्रियों को ऊँचे-ऊँचे पहाड़ों की खड़ी चढ़ाई का मार्ग पार करना पड़ता है। कठिन चढ़ाईवाले इस मार्ग पर आगे बढ़ते हुए 'बाबा अमरनाथ की जय' के घोष के साथ यात्री समुद्र-तल से 14,000 फीट ऊँचे पिस्सू टॉप तक पहुँच जाते हैं।

यहाँ ऑक्सीजन की कमी महसूस होने लगती है, जिसके कारण साँस फूलने लगती है। इस संकट से यात्रियों को उबारने के लिए मेडिकल कैंप लगाए गए हैं। पिस्सू टॉप पहुँचकर थोड़ा विश्राम करने के बाद चंदनबाड़ी से शेषनाग 12 कि.मी. है। शेषनाग झील के नीले जल पर हिम की हलकी परत है। इसके पीछे और दोनों ओर पर्वतीय ढलानों के हिमपुंज पर जब सूर्य की किरणें चमकती हैं तो यह दृश्य बड़ा ही नेत्ररंजक होता है। 12,000 फीट की ऊँचाई पर हिमाच्छादित शिखरों के बीच स्थित यह सरोवर संसार के सर्वश्रेष्ठ सरोवरों में एक है। झील के जल पर ब्रह्मा, विष्णु नामक हिममंडित पर्वत-श्रेणियों का प्रतिबिंब बड़ा ही मनोहारी लगता है। कहते हैं, भगवान शिव ने पार्वतीजी को अमरकथा सुनाने के बाद शेषनाग को इसी झील में ठहरा दिया था--प्रहरी के रूप में।

शेषनाग से पंचतरणी के लिए प्रस्थान करने पर सीधी चट्टानों की दुरूह चढ़ाई शुरू हो जाती है। यात्री इस दुर्लभ चढ़ाई को पार करते-करते इस यात्रा की सबसे ऊँची चोटी महागुनाल दर्रे (14,500 फीट) पर पहुँच जाते हैं। यहाँ यात्रियों के विश्राम के लिए पर्यटन विभाग द्वारा टेंट लगे रहते हैं। सुबह होते ही यात्री भगवान शिव के दर्शनार्थ अमर गुफा की ओर चल पड़ते हैं।

अमरनाथ गुफा के पास यात्रियों के ठहरने की कोई व्यवस्था नहीं है। बर्फ के बने 2 कि.मी. लंबे पुल को पार करने के बाद यात्री अमरनाथ में स्नान करते हैं और प्रसाद आदि लेकर गुफा के अंदर प्रवेश करने के लिए पंक्तिबद्ध खड़े हो जाते हैं। उस समय आस-पास का वातावरण 'बाबा अमरनाथ की जय', 'बम-बम भोले' के जयघोष से प्रतिध्वनित हो उठता है।

पवित्र गुफा में 10-12 फीट लंबा शिवलिंग ठोस बर्फ से निर्मित है। व्यास पूर्णिमा के दिन पूरे शिव परिवार (पार्वतीजी, गणेशजी) के दर्शन होते हैं। श्रावण पूर्णिमा को यह यात्रा समाप्त होती है। इस दिन से शिवलिंग का आकार घटने लगता है और भाद्र अमावस्या को अदृश्य हो जाता है। यात्री यहाँ की सफेद मिट्टी को भस्म के रूप में ललाट में लगाते हैं और गुफा के अंदर बूँद-बूँद टपकनेवाले अमर जल को प्रसाद के रूप में ग्रहण कर अपने-अपने घरों को लौट जाते हैं। □

# काली मंदिर

दक्षिणेश्वर कलकत्ता के पूर्वी छोर पर करीब चौंसठ बीघे क्षेत्र में फैला विशाल प्रांगण-युक्त पावन स्थल है। यह हुगली नदी के पुराने पुल से बिलकुल सटा हुआ है। इसका निर्माण सन् 1856 में बंगाल की अहिल्याबाई रानी रासमणि ने कराया था, जहाँ स्वामी परमहंस रामकृष्ण देव और उनकी अर्द्धांगिनी शारदा देवी ने महाकाली की बरसों आराधना की थी। रामकृष्ण को इसी स्थान पर दिव्य ज्योति मिली और यह स्थल तभी से प्रसिद्ध हुआ। इसकी गणना प्रसिद्ध तीर्थस्थलों में होती है। मंदिर के घेरे में चबूतरे पर बारह शिव मंदिर भी हैं।

इसका विशाल प्रांगण, सीढ़ीदार भागीरथी का पक्का घाट, बंगाली स्थापत्य कला के अनुरूप बने मंदिर, आँगन के कोने में स्वामी रामकृष्णदेव का शांत पावन कक्ष और इसके चारों ओर फैला आस्था का वातावरण मन को बरबस मोह लेता है। इसके शांत वातावरण से आस्तिक व्यक्ति अभिभूत हुए बिना नहीं रहते।

आज यह स्थान मातृशक्ति माँ जगदंबा की प्रतिमा से मंडित काली मंदिर से सुशोभित है, जो द्रविड़ों, नागों की आद्य शक्ति थीं। कालांतर में इसे आर्यों ने महिषासुर मर्दिनी के रूप में अपनाया। चूँकि माँ जगदंबा जीवन का स्रोत हैं—जीवन का भरण-पोषण, जन्म-मृत्यु सबकुछ उस माँ की सृष्टि है और भक्ष्य भी; क्योंकि जो जन्म लेता है, उसकी मृत्यु भी निश्चित है। जो मर गए हैं, उनका पुनर्जन्म भी निश्चित है। यह चक्र एक अनंत और शाश्वत सत्य है। मृत्यु पूर्णतया सब कुछ नष्ट नहीं करती। बिलकुल शून्य भी नहीं बनाती। इस मायामय संसार में केवल रूप ही परिवर्तित होता है। अत: माँ की प्रतिकृति जीवन के अनंत नवीकरण का दिव्य आश्वासन रूप है। यह दक्षिणेश्वर आज माँ के काली मंदिर, रामकृष्णदेव के साधनापीठ, काली मंदिर से नासिदूर ग्राम में रामकृष्ण संघ परिचालित आद्यपीठ, मातृ आश्रम एवं बाल आश्रम के कारण प्रख्यात है। कथा बताती है कि रानी

रासमणि बंगभूमि की धर्मपरायण महिला थीं और वह शंकर-भवानी की पुजारिन थीं। बंगाल के तमाम मंदिर, धर्मशालाएँ, कुएँ, तालाब, घाट आदि उन्हीं के बनवाए हुए हैं।

एक दिन अपने जामाता मथुरा बाबू से उन्होंने काशी विश्वनाथ की दर्शनिच्छा व्यक्त की। यात्रा की योजना बनने लगी। किंतु एक दिन विश्वेश्वर विश्वनाथ की अन्नपूर्णा ने रानी रासमणि को स्वप्न में दर्शन दिया। बोली, "अरे बावली, तू विश्वेश्वर विश्वनाथ की खोज में काशी यात्रा कर रही है। यहीं गंगा तट पर मेरे पूजन-अर्चन का प्रबंध कर।" स्वप्नाविष्ट रानी ने काशी यात्रा की योजना स्थगित कर दक्षिणेश्वर ग्राम के निकट चौंसठ बीघे भूमि क्रय करके, 1847 ई. में जगदंबा के मंदिर के निर्माण का कार्य आरंभ किया गया। भागीरथी के तट पर सुदृढ़ बाँधों का निर्माण कर मंदिर निर्माण आरंभ किया गया। भवतारिणी के नवचूड़ा मंडित मंदिर के निर्माण के पूर्व बारह शिव मंदिरों का निर्माण हुआ था। जानेश्वर, जलेश्वर, जगदीश्वर, नाकेश्वर एवं निरजेश्वर आदि। योगेश्वर शिव के ये बारह रथ इन बारह शिव मंदिरों में स्थापित हैं, जिनमें प्रत्येक मंदिर की परिसीमा 4,40,220 है, जिन्हें देखकर 'नमो: विश्व सृजेत्रिधा स्थित्मत्मने' के भाव से चित्त परिपूरित हो उठता है। शिवजी की नित्य पूजा एवं संध्या समय आरती होती है। शिव मंदिर के बीच भीतर से गंगाजी के घाट पर जाने का रास्ता है। गंगा की पूर्व दिशा में नवचूड़ा मंडित काली मंदिर और विष्णु मंदिर हैं। इन मंदिरों के साथ ही मंदिर के कर्मचारियों का निवास कक्ष भी बनाया गया है।

यह मंदिर प्रांगण के बीच में है। देवी की मूर्ति चाँदी के शतदल पर विराजती है। शवासन की मुद्रा में शिव कमल पर लेटे हैं। उनके प्रशस्त वक्ष पर काली का दायाँ पैर अड़ा है। महाकाल सफेद संगमरमर के और महाकाली काले संगमरमर की हैं। महाकाली की दाईं ओर रामकृष्ण परमहंस का चित्र और बाईं ओर गणेश की प्रतिमा है। स्वामी रामकृष्ण की इच्छा के अनुसार उनके वंशज माँ की पूजा करते हैं। यहाँ पर शिवरात्रि, नवरात्र और काली-पूजा (दीपावली) के अवसर पर मंदिर में विशेष उत्सव होता है। काली-पूजा की रात्रि में भैंसे की बलि एवं अन्य अवसरों पर छागलों की बलि दी जाती है।

दक्षिणेश्वर काली मंदिर के निर्माण में आठ वर्ष लगे और करीब आठ लाख की राशि खर्च हुई। काली मंदिर के उत्तर में राधाकृष्ण मंदिर है। मंदिर के मुख्य प्रवेशद्वार के बगल में ही कोने पर यह पवित्र कक्ष है, जहाँ रामकृष्णदेव ने तीन दशकों तक निवास किया था। इस कक्ष में उनके द्वारा प्रयुक्त पलंग, मसहरी,

तकिया, लकड़ी का बक्सा, रामायण, चश्मा और वस्त्र स्मृति-चिह्न के रूप में सुरक्षित हैं। पलंग पर रामकृष्णदेव का मूल चित्र है। वे जिस चौकी पर बैठकर शास्त्र-चर्चा किया करते थे, वह मौजूद है। कमरे के पश्चिम में गोलाकार बरामदा है, जहाँ बैठकर स्वामीजी गंगा की लहरों को घंटों निहारा करते थे।

इस जगद्विख्यात मंदिर की एक महिमा यह भी है कि खुदीराम चटर्जी के सुपुत्र प्रभु रामकृष्णदेव ने इस मंदिर में तीस वर्षों तक पुजारी एवं साधक के रूप में वास किया था। इस मंदिर परिसर में अवस्थित साधन वेदी पंचवटी में अपनी साधना में लीन होने से पूर्व तक उन्होंने इस मंदिर के सांगोपांग पूजन-अर्चन का भार सँभाला। तत्पश्चात् अपने ही भ्राता रामलाल चटर्जी को यह कार्यभार दिया। आज भी उनके ही वंशज इस कार्य को संपन्न करते आ रहे हैं। यहाँ काली मंदिर में माँ की प्रतिदिन षोड्शोपचार पूजा होती है। मंदिर के विभिन्न कक्षों में सुप्रसिद्ध अवतारों की छवियाँ अंकित हैं।

दक्षिणेश्वर मंदिर के परिसर में कुठीबाड़ी है, जिसमें रानी रासमणि के मथुरा बाबू कहकर मंदिर का कार्य-कलाप, संचालन एवं प्रबंध-कार्य सँभालते थे। इसी परिसर में अवस्थित शांति कुटीर से ठाकुर (महाप्रभु रामकृष्णदेव) वेदांत पद्धति से माँ की आराधना करते थे।

आम, बेल, वट, पीपल इत्यादि वृक्ष समूहोंवाला वल्लरियों एवं गुल्मों से मंडित समस्त परिसर गंगा-तट पर हरीतिमा एवं शांति की मानो एक अपूर्व दृश्यावली उपस्थित करता है। ज्योत्स्ना निशीथ में संपूर्ण परिवेश की शोभा अतुलनीय हो उठती है। गंगा तट पर खड़े होकर देखने से इसकी छवि ज्योत्स्ना निशीथ में अनुपम दिखाई देती है।

दक्षिणेश्वर का दर्शन अपने में एक अपूर्व अनुभूति है, जो सहज ही मन को अन्य दिशाओं से हटाकर बाँध लेता है। आज यह तीर्थों का तीर्थ बन गया है। यहाँ पर रामकृष्णदेव की स्मृतियाँ भी अक्षुण्ण बनी हुई हैं, जिनसे बंगभूमि का प्रत्येक पर अनुप्राणित है। इसी परिषर में अवस्थित मुख्य मंदिर के समक्ष ही नाट्य मंदिर माँ के पूजन-अर्चन के सामूहिक भक्ति गीतों से जब मुखरित हो उठता है, तब एक-एक दर्शनार्थी हृदय से देवी स्तुति की भावमुद्रा में पहुँच जाता है। एक ऐसा आदर्श सम्मुख उपस्थित होता है, जिसमें समस्त सांसारिक क्षुद्रताएँ स्वत: विलीन हो जाती हैं।

आज इस स्थान पर कोलकाता से पहुँचने के लिए आधुनिकतम साधन मोटर, रेलगाड़ी दोनों ही हैं। पर्यटन कार्यालय से भी इस स्थान के परिदर्शन की

व्यवस्था है। वैसे तो सियालदह होकर बस से भी दक्षिणेश्वर जाया जा सकता है। ऐतिहासिक विलिंग्टन पुल से सटा हुआ दक्षिणेश्वर रेलवे स्टेशन है। रेल एवं बस स्टैंड से काली मंदिर दो-तीन मिनट का मार्ग है। गंगा-तट पर स्थित यह जगत्-प्रसिद्ध स्थान भक्ति की एक गवाक्ष सृष्टि है, जो सर्वजन सुलभ है और आत्मा को तेजोद्दीप्त बनाने की एक उद्दाम कल्पना है।

रामकृष्णदेव की यह साधना-भूमि उन गिने-चुने मंदिरों में से एक है, जहाँ पहुँचकर क्लांत मन को बड़ी शांति मिलती है और एक अनिर्वचनीय आनंद का बोध होता है। दक्षिणेश्वर काली भवतारिणी देवी हैं, इसलिए उनकी मुखमुद्रा सात्त्विक है। कहा जाता है कि भगवती ने उनकी साधना-तपस्या से प्रसन्न होकर बालिका के रूप में उन्हें दर्शन दिया था। इस तरह यह एक सिद्धपीठ है।

□

# सारनाथ

भगवान बुद्ध से लेकर आज तक के करीब ढाई हजार वर्षों के उत्थान-पतन, विकास और ह्रास के मूक साक्षी सारनाथ का खँडहर आज भी हमारे लिए, विशेषकर बौद्ध धर्म के अनुयायियों के लिए श्रद्धा और भक्ति का मुख्य केंद्र बना हुआ है। बौद्ध-धर्मावलंबियों के लिए जिन चार पवित्र स्थलों की परिक्रमा अनिवार्य मानी गई है, उनमें सारनाथ एक है। यह स्थान हिंदुओं की आद्य ऐतिहासिक नगरी वाराणसी से कोई आठ कि.मी. की दूरी पर है। बौद्ध-साहित्य में यह स्थल अपने प्राचीन नाम 'इसीपत्तन' या 'ऋषिपत्तन' या 'मृगदाव' से उल्लिखित हुआ है। बौद्धग्रंथ 'महावस्तु' के अनुसार पाँच सौ बुद्ध या ऋषियों के शरीर निर्वाणोपरांत यहाँ गिरे थे। इसी कारण यह 'ऋषिपत्तन' कहलाया। कहते हैं, कभी बोधिसत्त्व स्वयं मृग रूप में यहाँ विचरण करते थे। उनके आत्म-बलिदान से द्रवित होकर काशीराज ने यहाँ मृगों को अभयदान दिया था। इस कारण इसका दूसरा नाम 'मृगदाव' भी है।

पुरातत्त्वविद् कनिंघम सारनाथ को 'सारंगनाथ' का अपभ्रंश या संक्षिप्त रूप मानते हैं। जैनियों के तीर्थंकर श्रेयांसनाथ के चार कल्याणकों के कारण यह अत्यंत प्रागैतिहासिक काल से ही जैनतीर्थ रहा है। जैनियों के अनुसार श्रेयांसनाथ के नाम पर ही इस स्थान का नाम सारनाथ पड़ा। जैन साहित्य में 'सिंहपुरी' के नाम से भी इसका उल्लेख मिलता है। मध्यकालीन शिलालेखों में यह स्थल 'धर्मचक्र' या 'सद्धर्म चक्र परिवद्रन बिहारे' नाम से वर्णित है। यह नाम महात्मा बुद्ध द्वारा उन पंचवर्गीय भिक्षुओं को, जिन्होंने 'उरुविल्ब' में उन्हें पथ-भ्रष्ट समझकर साथ छोड़ दिया था, प्रथम धर्मोपदेश दिए जाने का सूचक है। आज से ढाई सौ वर्ष पूर्व अषाढ़ पूर्णिमा को यहीं से भगवान बुद्ध का धर्मचक्र प्रवर्तित हुआ था। उनका मध्यम

मार्गी, विश्व कल्याणकारी अष्टांग मार्ग तथा चार आर्य सत्यों का मांगलिक उद्घोष आसेतु हिमाचल भारतवर्ष में फैल गया।

सम्राट् अशोक के शासनकाल में 'ऋषिपत्तन' काफी उन्नत अवस्था में था। स्वयं बौद्ध धर्म में दीक्षित होकर उसने अनेक स्तूप यहाँ निर्मित कराए।

सारनाथ के मुख्य क्षेत्र में प्रवेश करते ही ईंटों का बना एक स्तूप मिलता है। यह स्तूप 'चौखंडी' नाम से प्रसिद्ध है। कहा जाता है, इसी स्थल पर पंच भद्रवर्गीय भिक्षुओं ने भगवान बुद्ध का पहला उपदेश सुना था। इस स्तूप पर निर्मित अष्टकोणीय शिखर अकबर द्वारा निर्मित बताया जाता है।

दूसरा प्रमुख स्मारक 'धर्मराजिका' स्तूप है, जिसका निर्माण मंजूषा में रखे बुद्ध के अवशेषों के ऊपर कराया गया था। 1794 ई. में काशी के राजा चेतसिंह के दीवान जगतसिंह के लोग इसे तोड़कर इसके मलबे को ले गए। उन्होंने इस स्तूप से प्राप्त संगमरमर की मंजूषा में रखे बुद्ध के अवशेषों को गंगा में फेंक दिया।

तृतीय सबसे बड़ा स्तूप 'धर्मेष' के नाम से जाना जाता है। यह गोलाकार स्तूप छियालिस मीटर ऊँचा और तीस मीटर चौड़ा है। इसपर विविध अलंकरण बने हैं। इसके ऊपर विविध प्रकार के फूलों की गोट बनी है। यह स्तूप कला की दृष्टि से अत्यंत महत्त्वपूर्ण है। स्थापत्य कला की दृष्टि से बौद्ध विहारों का अपना स्थान है। बौद्ध विहारों के अनेक खँडहर आज भी सारनाथ में विद्यमान हैं। इन विहारों में सर्वप्रसिद्ध धर्मचक्र जिन विहार है, जिसका निर्माण बारहवीं सदी में रानी कुमार देवी ने कराया था। इसकी रचना दक्षिण भारत के गोपुरों सदृश है। मृगदाव के मध्य स्वर्ण सदृश उज्ज्वल 'मूल गंधकुटी' के नाम से प्रसिद्ध कभी यहाँ एक बौद्ध मंदिर था। इसका वर्णन चीनी यात्री ह्वेनसांग ने अपने यात्रा-विवरण में किया है। इस मंदिर के मध्य उस समय बुद्ध की एक स्वर्णिम मूर्ति थी। इसी से सटे 1931 ई. में एक मंदिर का निर्माण महाबोधि सोसाइटी ने कराया है। इसमें तक्षशिला, नागार्जुन के कोंडा आदि स्थलों से प्राप्त बुद्धकालीन स्मृति-अवशेष सुरक्षित हैं। यहाँ के संग्रहालय में सुरक्षित कलात्मक वस्तुएँ तत्कालीन काशी के नागरिकों की परिष्कृत रुचि, कला-प्रेम तथा सौंदर्योपासना की सूचक हैं।

मौर्यकालीन मूर्तियों में कला की दृष्टि से सबसे सुंदर अशोकस्तंभ का प्रसिद्ध शीर्ष है। इसकी ऊँचाई दो मीटर है तथा इसका आकार खिले कमल जैसा है। इसके ऊपर पीठ-से-पीठ सटाकर बैठे चार सिंहों की आकृतियाँ हैं। ऐसा लगता है, किसी समय अपने ऊपर ये धर्मचक्र को वहन करती थी। चारों सिंह अत्यंत ही प्रभावोत्पादक हैं। इसके चारों ओर क्रमशः वृषभ, हाथी, अश्व तथा सिंह की

आकृतियों को बड़ी सजीवता से उकेरा गया है। यही अभी भारत का राज-चिह्न भी है। यहाँ की मूर्तियाँ इतनी सजीव व नेत्रग्राही हैं कि निर्माता की कला और निर्माण-उपकरण पर दंग हो जाना पड़ता है।

बौद्ध तीर्थराज सारनाथ की यात्रा एक सुखद अनुभव है। सारनाथ बौद्धों का अद्वितीय महामठ ही नहीं, बौद्धों का मठराज है। सचमुच कितना भव्य, कितना पवित्र, कितना सुंदर, कितना संवेदनशील है सारनाथ! मौर्यकला की उपलब्धियों का यह एक अत्यंत अविस्मरणीय, अद्‌भुत एवं अद्वितीय नमूना है।

बिड़ला द्वारा निर्मित धर्मशाला के अलावा पर्यटन विभाग की ओर से भी यहाँ रहने की उत्तम व्यवस्था है। बौद्ध धर्म के ह्रास के साथ सारनाथ भी विस्मृति के गर्भ में विलीन हो गया था, पर अब आवागमन आदि की सुविधा में वृद्धि होने के कारण पर्यटक भारी संख्या में यहाँ पहुँचने लगे हैं। चिंतक एवं साधक नित्यप्रति अपने श्रद्धासुमन कपिलवस्तु के उस मसीहा की स्मृति को अर्पित कर उसका ऋण स्वीकारते हैं।

□

# कोणार्क का सूर्य मंदिर

कोणार्क का मंदिर अपनी स्थापत्य कला और मानवीय प्रयत्नों के चरमोत्कर्ष के लिए विश्व-प्रसिद्ध है। यह कहना सच है कि यह भारत के सुंदरतम मंदिरों में से एक है, जो भारत तथा विदेशी सैलानियों के लिए आकर्षण का बिंदु है। प्रतिवर्ष इससे लाखों रुपए की विदेशी मुद्रा की प्राप्ति होती है। इस प्रकार इस सुंदरतम मंदिर से विदेशी दर्शनार्थियों से लाखों रुपए की विदेशी मुद्रा की आय होती है।

यह उड़ीसा की राजधानी भुवनेश्वर से लगभग साठ कि.मी. पूरब स्थित है, जिसका उत्तर और दक्षिण से हवाई मार्ग का संपर्क है। पुरी से भी इसकी दूरी लगभग वही है। समय के लंबे अंतराल और प्रतिकूल मौसमों को झेलता हुआ यह सदियों से उसी रूप में खड़ा है। इसके अन्य भग्नावशेष उड़ीसा की प्राचीन स्थापत्य कला की याद दिलाते हैं और साथ ही भारत की प्राचीन स्थापत्य कला की परंपरा की विशेषता को भी दरशाते हैं।

ऐसा कहा जाता है कि गंगा साम्राज्य के सम्राट् नरसिंहदेव ने 13वीं सदी के मध्य में इसका निर्माण कराया था। चूँकि यह मंदिर सूर्य के प्रति समर्पित भाव द्वारा निर्मित हुआ था, इसलिए इसे लोग 'सूर्य मंदिर' के नाम से भी जानते हैं। समझा जाता है कि राजा नरसिंहदेव सूर्य का उपासक था। यही कारण है कि इसे सूर्य भगवान के रथ के आकार से बनवाया गया था। कल्पना की जाती है कि सूर्य भगवान के रथ में सोलह पहिए और सात घोड़े हैं। इसी कारण इसे सूर्यरथ के अनुरूप बनाया गया था। सूर्य भगवान के मुख्य मंदिर के बाहर इसे ऊपर झूलते हुए बनाया गया है। ऐसा बताया जाता है कि सूर्य भगवान की प्रतिमा के ऊपर तथा नीचे शक्तिशाली चुंबक लगाए गए हैं, इस कारण दोनों की आकर्षण शक्ति के

मध्य यह प्रतिमा अटकी हुई है। इसे इस तरह प्रस्थापित किया गया है, जिससे पूर्व दिशा की ओर से आती प्रथम सूर्य किरण इसी पर पड़ती है।

इस सूर्य मंदिर की मुख्य विशेषता यह है कि इसकी सतह की इंच-इंच तक उड़ीसा की प्राचीन कलाकृति से भरी हुई है, यानी सतह का एक इंच भाग भी कलाकृति से वंचित नहीं है। कला की सूक्ष्मता का परिदर्शन तब होता है, जब हम छोटी-से-छोटी कलाकृति से लेकर बड़े मंदिर तक की निर्माण कला का अवलोकन करते हैं। इसकी दीवारों पर हजारों हाथियों के चित्र विभिन्न भाव-भंगिमाओं में अंकित हैं। आश्चर्य की बात तो यह है कि कोई भी हाथी-मुद्रा एक-दूसरे से सर्वथा अलग है। वृहदाकार पहिए, घोड़े, हाथी, उत्तेजक चित्र, नाचती बालिका का चित्र और आदमकद संगीतज्ञों के चित्र उड़ीसा की स्थापत्य और चित्रकला के उदाहरण प्रस्तुत करते हैं।

कोणार्क की दूसरी विशेषता यह है कि इसकी दीवारों पर तत्कालीन रीति-रिवाजों व सामाजिक जीवन आदि का चित्रांकन किया गया है। इन तथ्यों से यह पता चलता है कि उस समय उड़िया समाज का व्यापारिक संबंध दूर-दूर के देशों से था। चित्रांकन के आधार पर यह भी ज्ञात होता है कि उक्त काल में महिलाएँ विभिन्न दिशाओं में सक्रिय थीं। इससे इस निष्कर्ष पर पहुँचा जा सकता है कि महिलाएँ अधिकांशत: स्वतंत्र थीं और वे समाज के सभी कार्यकलापों में हिस्सा ले सकती थीं। वे शिकार और मल्लयुद्ध आदि के लिए भी स्वतंत्र थीं।

कुछ किंवदंतियों के अनुसार मंदिर का निर्माण 1200 शिल्पियों द्वारा 12 वर्षों में हुआ था। यह भी कहा जाता है कि 12 वर्षों तक के संपूर्ण राजस्व का व्यय इसी पर हुआ था।

ऐसा कहा जाता है कि महाशिल्पी विशु महाराणा ने इसकी रूपरेखा तैयार की थी। वह अपने नवजात शिशु धर्मपद और अपनी पत्नी को अपने गाँव में छोड़कर भाग आया था। धर्मपद की माँ ने तब उसे अपने परंपरागत पेशे की दीक्षा दी थी। जब धर्मपद बड़ा हुआ तो वह अपने पिता की खोज में निकल पड़ा। उसे पिता का पता मालूम नहीं था, फिर भी वह कोणार्क के निर्माण-स्थल की ओर चल पड़ा। उसे आशा थी कि उसके पिता शिल्पी हैं और कोणार्क जैसे महत्त्वपूर्ण मंदिर के निर्माण में उनका हाथ अवश्य ही हो सकता है। उसने सोचा—संभव है, वहीं उनसे मुलाकात हो जाए।

वह निर्माण-स्थल पर गया, किंतु वहाँ की हालत देखकर आश्चर्यचकित रह गया। महाशिल्पी विशु महाराणा के साथ ही अन्य सभी शिल्पी उदास मुद्रा में

थे। वे किसी अज्ञात भय से काँप रहे थे। उनकी समझ में नहीं आ रहा था कि अब किया क्या जाए! क्या कल सभी शिल्पियों के हाथ काट लिये जाएँगे?

बात ऐसी थी कि मंदिर बन जाने के पश्चात् उसके ऊपर त्रिपटधर का स्तूप का स्थापन लाख प्रयत्न के बावजूद नहीं हो रहा था। दरअसल, उसके स्थापन में शिल्पियों से थोड़ी भूल हो जाया करती थी और इसी कारण उसका स्थापन नहीं हो रहा था। युवक धर्मपद ने उसके स्थापित नहीं होने के कारण का पता लगाया। वह अचानक बोल उठा, ''आप लोग निराश नहीं हों, मैं इस काम को संपन्न करता हूँ।'' सब अवाक् होकर उसको ताकने लगे।

निश्चित अवधि के भीतर उसने यह काम कर दिखाया। सब शिल्पी बहुत प्रसन्न हुए। युवक की जय-जयकार करने लगे। जब यह बात राजा को मालूम हुई कि स्तंभ का स्थापन एक बारह वर्षीय बालक ने किया है, तो अपने शिल्पियों की शिल्पकला पर उन्हें संदेह हुआ। राजा सोचने लगे कि आखिर इतने बड़े-बड़े शिल्पी कर क्या रहे थे? अवश्य ही इन शिल्पियों ने जान-बूझकर इसमें देर की है या वे अकुशल हैं! अतः विशु के साथ ही बारह सौ अन्य शिल्पियों को दंडित करने का निर्णय राजा ने लिया। धर्मपद को यह बात मालूम हुई तो उसने मंदिर के कंगूरे पर चढ़कर निकटवर्ती चंद्रभागा नदी में कूदकर आत्महत्या करने का निर्णय ले लिया, ताकि महाशिल्पी विशु के साथ ही बारह सौ अन्य शिल्पियों की प्रतिष्ठा गिरने से बच जाए और राजा शिल्पियों को दंडित करने का अपना इरादा बदल सके। मगर युवक के निर्णय का जब राजा को पता चला तो उसने युवक के निवेदन पर अपना निर्णय बदल लिया और उसे पुरस्कृत किया। वहीं पिता-पुत्र का मिलन हुआ।

कोणार्क मंदिर का मुख्य भाग 220 फीट लंबा है। 128 फीट ऊँचा श्रोतागार या मुखशाला आज भी अपनी उसी गरिमा के साथ खड़ा है। यह पिरामिड के आकार का बना है। नाट्य मंदिर या नृत्यागार की सतह सपाट रूप से बनी हुई है। इसके मध्य तक चारों ओर से सीढ़ियों द्वारा पहुँचा जा सकता है।

संप्रति कोणार्क मंदिर का मुख्य भाग 'विमान' के नाम से पुकारा जाने लगा है। जगमोहन या श्रोतागार अपने मूल रूप में स्थित है। नाट्य मंदिर बिना छत का है। जनसाधारण के लिए बने आगार की दीवारें मिली-जुली हैं। मुख्यद्वार पर दो लड़ाकू घोड़े और दो हाथियों की आकृतियाँ हैं। सूर्य भगवान की पत्नी छाया देवी का मंदिर जीर्णावस्था में आ गया है। सोलह स्तंभोंवाला 'अरुण स्तंभ' जगन्नाथ मंदिर के आमने-सामने है। 1751 ई. के पश्चात् पुरी को कोणार्क से अलग किया गया।

मंदिर के भीतरी भाग में कमल के फूलों के चित्रांकन से सुंदर साज-सज्जा की गई है। दीवारों पर अंकित विभिन्न मुद्राओं में हाथियों के चित्र तथा भाँति-भाँति के पशु-पक्षियों के चित्र अत्यंत नयनाभिराम प्रतीत होते हैं।

इसकी शिल्पकला के पाँच महत्त्वपूर्ण पहलू हैं—साज-सज्जा, सामाजिक, धार्मिक, परंपरागत एवं उत्प्रेरक। चित्रांकन की संख्यात्मक दृष्टि से इतना विशाल और आकारिक दृष्टि से इतना बृहत् है कि सब पर सम्यक् रूप से प्रकाश डालना अत्यंत दुरूह है।

भुवनेश्वर और पुरी दोनों तरफ के राजमार्गों द्वारा वहाँ जाया जा सकता है। अनेक पर्यटक बसें भी उपलब्ध हैं। पर्यटकों के विश्राम के लिए राज्य के पर्यटन विभाग की ओर से 'पंथ निवास' नामक विश्रामगृह की व्यवस्था है। रात्रि के शांत प्रहर में कोणार्क दमक उठता है। समुद्र की सुनहरी लहर कासारिना गुफा की दूरी वहाँ से मात्र दो कि.मी. है। इसकी कलात्मकता एवं मनोहारी रूप के दर्शन किसी भी मौसम में किए जा सकते हैं।

सदियों प्राचीन होने पर भी कोणार्क के मंदिर पर भारत को गर्व है। इसकी प्राकृतिक एवं मनोरम छटा किसी को भी बरबस अपनी ओर खींच लेती है। इसका ऐतिहासिक महत्त्व तो है ही।

□

# महाबलिपुरम्

अरब देश में कहीं कोई एक छोटी सी पहाड़ी है। तलहटी में एक विशाल पत्थर का गुंबदनुमा टीला है। लोकाख्यान के अनुसार वहाँ के लोग ऐसा विश्वास करते हैं कि लैला-मजनू ने इसी टीले के नीचे एक साथ दम तोड़ा था। यह पाषाण टीला उनकी पाक मुहब्बत का कभी भी न मिटनेवाला एक निशान बन गया है।

प्रेम करनेवाले नवयुवक एवं नवयुवतियाँ जब यहाँ सैर करने आती हैं तो इस पत्थर के टीले को चूमती हैं और उनकी मुहब्बत को समाज दखल देकर तोड़ न दे, इसके लिए सिजदे करते हुए लैला-मजनू की रूह से दुआएँ माँगती हैं। इतना ही नहीं, वे इस टीले पर अपने नाखूनों और दाँत से कोई-न-कोई छोटी-बड़ी लकीर उकेरने की कोशिश करते हैं। उनका खयाल होता है कि न तो यह लकीर मिटेगी और न उनकी मुहब्बत कभी मिटेगी, न कभी इलजाम का शिकार बनेगी।

पत्थर युगों से आदमी का साथ देता रहा है। वैसे तो ऐसा एक युग ही था, जिसे हम 'पाषाण-युग' कहा करते हैं। प्रागैतिहासिक काल का कोई भी इतिहास पाषाण-काल की चर्चा किए बिना अधूरा माना जाता है।

यहाँ पर एक और तथ्य सामने आता है। बड़े-बड़े ऊँचे पर्वतों ने न सिर्फ उस पार के शत्रुओं से हमारी रक्षा की है, बल्कि उसकी वादियों से हमें जड़ी-बूटियाँ भी प्राप्त हुई हैं। इन पत्थरों ने न सिर्फ हमारी मुहब्बत की लकीरों को ही बचाकर रखा है, बल्कि इसने शरीरी प्रेम के अलावा हमारे अशरीरी प्रेम को भी अमर बनाया है। देश के मंदिरों के निर्माण इस बात के प्रमाण हैं, मूर्तियाँ प्रमाण हैं और इन प्रस्तर प्रतिमाओं के माध्यम से उकेरी गई वेद व पुराणकालीन आध्यात्मिक आख्यायिकाएँ इसकी प्रमाण हैं।

एलिफेंटा या भरहुत के मंदिर हों, साँची के मंदिर अथवा खजुराहो के, आप राजस्थान के प्राचीन मंदिरों को भी देखें तो इस तथ्य को सहज ही स्वीकार करेंगे कि इन प्रस्तर-पृष्ठों पर देवताओं और उनकी लीलाओं को इस प्रकार उकेरा गया है कि इनकी सुरक्षा के लिए न तो किसी रासायनिक द्रव की आवश्यकता रही है और न खास प्रकार की आलमारियों से सजा-सजाया खास प्रकार का हॉल अथवा कक्ष।

इन प्रस्तरों के अतिरिक्त खुला हुआ संग्रहालय बने रहने की भला और किस चीज में क्षमता है। धर्म और अध्यात्म की जड़ बेहद गहरी होती है और इन प्रस्तरों पर सदा-सदा के लिए रोप दी गई धर्म व अध्यात्म की कहानियाँ भी स्थायी रही हैं और स्थायी रहेंगी।

महाबलिपुरम् आज एक छोटी सी जगह है। कभी यहाँ पल्लवों का पोताश्रय था। ईसा पूर्व से ही ग्रीक नाविक अपने पोत यहाँ खड़ा किया करते थे। आस-पास के स्थलों से प्राप्त असंख्य रोमन सिक्के इसके अंतरराष्ट्रीय व्यापार केंद्र होने का संकेत देते हैं। ग्रीक भूगोलविद् टालेमी ने इसका उल्लेख 'मालंग' नाम से किया है। वैसे तो किंवदंतियों के आधार पर कुछ लोग इसे पुराणों में वर्णित विष्णु दमित महाबली का क्षेत्र मानते हैं; पर, वस्तुत: यह क्षेत्र तो 'माम्मल' शासकों का है। दक्षिण भारत में पल्लवों का आधिपत्य छठी सदी के मध्य से लगभग 900 ई. तक रहा। पल्लव राजाओं की पदवी 'मामल्ल' हुआ करती थी। इसीलिए यह प्रदेश 'मामल्लपुरम्' के नाम से भी जाना जाता है। लेकिन समय की कहानी कितनी अजीब है! जिन देवालयों में कभी वेदमंत्र उच्चरित होते होंगे, वे आज खाली पड़े हैं—वीरान। पर यहाँ के मंदिरों और मूर्तियों की कला भारत की प्राचीन कलाप्रियता की परिचायक तो है ही, आज यह स्थल कला-प्रेमियों, इतिहासज्ञों एवं पुरातत्त्व के पारखियों का तीर्थस्थल भी बन गया है। वैसे यह शिला-शिल्प के लिए भी विश्वविख्यात है।

और, इसी जिज्ञासा और उत्साह में महाबलिपुरम् की यात्रा कर सकते हैं।

दक्षिण भारत की यात्रा में निकलने पर यदि महाबलिपुरम् का अवलोकन न किया जाए तो शायद यह यात्रा अधूरी ही कहलाएगी। पर्यटन विभाग की बसें नित्य प्रात: मद्रास से आठ बजे छूटती हैं और बारह घंटे की यात्रा में कई स्थानों की सैर करा देती हैं। ऐसे स्थलों में महाबलिपुरम्, पक्षीतीर्थम्, कांचीपुरम् आदि के नाम उल्लेखनीय हैं। यह स्थल मद्रास के करीब साठ किलोमीटर दक्षिण में समुद्र-तट पर स्थित है। पल्लव राजाओं ने इसका निर्माण कराया। कहते हैं, यह कभी पुर्तगालियों का बंदरगाह था।

यह अत्यंत पवित्र धार्मिक स्थल है। समुद्र-तट पर स्थित होने के कारण मानव-मन को यहाँ बड़ी शांति मिलती है। जब आप कई स्थलों का भ्रमण करके यहाँ पहुँचते हैं तो लगता है, जैसे देवताओं और मंदिरों के देश में चले आए हैं। समुद्र-तटीय अलौकिक छटा निहारने के अलावा प्रस्तर मूर्तियों में प्राण फूँकनेवाले कलाकारों की कारीगरी देखते ही बनती है। दर्शक जैसे इन्हें देखते हुए आत्मविभोर-सा हो जाता है। वह अपनी सुधबुध खो बैठता है।

कहा जाता है कि पांडवों ने चौदह वर्षों के वनवास-काल में कुछ समय तक यहाँ अज्ञातवास किया था।

महाबलिपुरम् में प्राप्त विशालकाय चट्टान राशि, जो प्रतिमाओं का रूप पा चुकी है और जिसके निर्माण में शिल्पियों की दीर्घकालीन कठिन साधना लगी हुई है, भारत की एक दर्शनीय वस्तु है। दक्षिण भारत में, जो प्राचीन प्रतिमाओं तथा बौद्ध प्रतिमाओं का केंद्र माना जाता है, वह महाबलिपुरम् का विशाल शिव मंदिर आज भी अपने अलौकिक शिल्प-सौंदर्य के लिए विख्यात है। मंदिर सागर की तूफानी लहरों एवं कालचक्र के कठोर आघातों के बीच आज भी अक्षुण्ण है। उसकी प्रतिमाओं के ऊपर निश्चय ही खारे जल के आघात के चिह्न स्पष्ट अंकित हैं, फिर भी उनकी दर्शनीयता पर जरा भी आँच नहीं आई है। मंदिर का कलश बड़ा ही सुंदर है, जो मानवीय शिल्पकला की प्रवीणता का परिचायक है। बाहर के सभी स्तंभ प्रायः खंडित हो गए हैं। फिर भी, इनके भग्नावशेष प्राचीन भारत की शिल्पकला की श्रेष्ठता के नयनाभिराम नमूने हैं।

ये विशाल मंदिर जिन पर रथों की आकृतियाँ अंकित हैं, भारतीय संस्कृति के गौरव के प्रतीक हैं। ये मंदिर प्रायः एक ही चट्टान को काटकर बनाए गए हैं। पाँच पांडवों के नाम से यह जाना जाता है; यथा—युधिष्ठिर, अर्जुन, भीम, नकुल और सहदेव। सबसे छोटा रथ द्रौपदी के नाम पर है। यह कलाकार की अद्‌भुत शिल्पकला का नमूना है। इनकी निर्माण-शैली में वैविध्य के दर्शन होते हैं। किसी का आकार घोड़े की नाल की तरह है, तो किसी का छोटी-लंबी नौकाओं की तरह। मंदिरों की दीवारों पर नायक-नायिकाओं की अनेक श्रृंगारिक मुद्राएँ अंकित की गई हैं। पास ही प्रकाश-स्तंभ भी स्थित है, जो समुद्र यात्रियों का पथ-प्रदर्शन करता है। यहाँ ऐसे मंदिरों का भी अभाव नहीं, जो ऊँचे-ऊँचे पहाड़ों को काटकर गुफाओं के रूप में ढाल दिए गए हैं और जिनकी दीवारों पर अनेक देवी-देवताओं के कलापूर्ण चित्र अंकित हैं।

कृष्ण-मंदिर के ऊपरी स्तंभ पर ब्रजवासियों की रक्षा के लिए गोवर्धन को

अपनी कनिष्ठिका पर धारण किए हुए भगवान कृष्ण का चित्र अंकित है, जो बड़ा ही सुंदर लगता है। अन्य स्तंभों पर वाराह का मोहक चित्र अंकित है। इसी प्रकार दूसरे स्तंभों पर अंकित महिषासुरमर्दिनी की प्रस्तर मूर्ति शिल्पकला की दृष्टि से विस्मय-विमुग्धकारी है।

महाबलिपुरम् के चित्र-खंडों पर अंकित प्रतिमाएँ या मूर्तियाँ बौद्ध शैली की हैं। इनमें गंगावतरण का दृश्यांकन एवं अनंतनाग पर सोए विष्णु विशेष रूप से सुंदर हैं उन अंकित प्रतिमाओं को देखने से स्पष्ट होता है कि प्रत्येक प्राणी तपस्या में लीन है। तपस्या में लीन सपरिवार गजराज का दृश्य तो बड़ा ही मार्मिक है। शिशु हाथियों के चित्र सुंदर रूप से अंकित किए गए हैं। वैसे तो अजंता में भी हाथियों के सुंदर चित्र हैं, किंतु महाबलिपुरम् की शिशु हस्तिमूर्तियाँ एक विशेष सौंदर्य से युक्त हैं। ऐसी मूर्तियाँ अन्यत्र दुर्लभ हैं। इसी प्रकार इन चट्टानों पर बंदरों की सौंदर्ययुक्त प्रतिमाएँ भी अद्वितीय हैं। समुद्र-तटवर्ती शिवालय भी भारतीय वास्तुशिल्प का अनोखा उदाहरण है। उदयोन्मुख कला-साधकों के लिए महाबलिपुरम् इस दृष्टि से एक महत्त्वपूर्ण प्रेरणास्थल है।

महाबलिपुरम् की सांस्कृतिक, धार्मिक और कलात्मक ऐतिहासिक संपदा का अनुभव आप यहाँ के तट-मंदिर में बैठकर ही कर सकते हैं। भारत की उत्तरी हिस्से से जुड़े आख्यानों का चित्रण सुदूर दक्षिण के कलाकारों द्वारा होना, इन देश की धार्मिक, सांस्कृतिक एकता का ही तो प्रतीक है। कला की दिशा में भूगोल का प्राचीर नहीं होता, मात्र भावनाओं का उन्मेष होता है।

यहाँ की शोभा और विशेषताओं को देखने के लिए केवल भारतवासी ही नहीं, विदेशी पर्यटक भी आया करते हैं। और, तब हमारा यह भ्रम दूर होता है कि भारतीय कला विदेशियों की दृष्टि में शिशु-कला रही है। यह हमारे स्वभाव का दुर्भाग्य रहा है कि हम अपनी कलाओं को व अपने कलाकारों का सम्मान करने में गर्व का अनुभव नहीं करते। हम भारतीयों ने इसी कारण अपनी हजारों कला-स्मृतियाँ खो दी हैं।

□

# विवेकानंद समाधि-शिला और कन्याकुमारी

जिस प्रकार ईसाइयों के लिए 25 दिसंबर एक महत्त्वपूर्ण दिवस है, उसी प्रकार भारतवासियों के लिए स्वामी विवेकानंद की समाधि-शिला पर ध्यानमग्न होना महत्त्व रखता है। इस चट्टान को 'विवेकानंद रॉक' की संज्ञा दी जाती है, जिसपर बैठकर स्वामीजी ध्यानमग्न हुए थे।

सन् 1892 में भारत के आध्यात्मिक पुनर्जागरण के प्रतीक स्वामी विवेकानंद ने रामेश्वरम् एवं मदुरई के बाद कन्याकुमारी की यात्रा की थी।

तीन ओर समुद्र से घिरा हुआ है कन्याकुमारी का यह पवित्र स्थल। कहते हैं, जब स्वामीजी यहाँ पहुँचे, तब समुद्र में तैरकर उस शिला तक पहुँच गए। साधारण तैराक इतनी दूर वेगवती समुद्री धारा में तैरने की हिम्मत भी नहीं कर सकता। यह स्थान तीन सागरों का मिलन-स्थल है। इसके एक ओर बंगाल की खाड़ी, दूसरी ओर अरब सागर तथा सामने हिंद महासागर लहरा रहा है। तीन दिनों तक स्वामीजी बिना कुछ खाए-पिए उस शिला पर बैठे आत्मचिंतन करते हुए ध्यानमग्न हो गए। इधर तट पर श्रद्धालु भक्तों की भीड़ इकट्ठा हो गई। सभी उनकी जीवन-रक्षा के लिए प्रभु से प्रार्थना करने लगे। तीन दिनों के बाद जब चौथे दिन उनका ध्यान टूटा, तब उन्हें नौका पर बिठाकर किनारे लाया गया। तभी से इस चट्टान का नामकरण उन्हीं के नाम पर किया गया और अध्यात्म-प्रेमियों के लिए यह दर्शनीय हो गया। स्वामी विवेकानंद ने देश के दुर्बल, शोषित एवं पीड़ित मानवता के कल्याण के लिए ही यह समाधि ली थी।

समाधि-शिला पर ध्यानरत स्वामीजी के सामने भारत का अतीत, वर्तमान

और भविष्य—तीनों काल जैसे घूम गए। उन्हें ऐसा आभास हुआ कि देश के पतन का कारण धर्म नहीं, अपितु सही धर्म-भावना का अभाव है।

जब वे समाधि से उठे, तो उनका चित्त प्रसन्न था। उनके मन और मस्तिष्क में भारत की दीन-हीन मानवता की सेवा के लिए एक सेवा-योजना बन चुकी थी। उन्होंने कहा, "एक राष्ट्र के रूप में आज हम अपना व्यक्तित्व गँवा बैठे हैं। उदात्त और निर्विकार व्यक्तित्व का अभाव ही हमारे सब कष्टों का कारण है। हमें राष्ट्र को उसका खोया हुआ व्यक्तित्व लौटाना होगा और इसके लिए सामान्य जनजीवन को जाग्रत् करना होगा।"

उसके बाद वे जन-जन के कष्टों का निवारण करने के लिए घूम-घूमकर धर्मोपदेश करते रहे। उनकी योजना मिशन के माध्यम से समस्त देश में फैल गई।

किंतु, कन्याकुमारी में समुद्र के मध्य शिला पर बैठकर उन्होंने जो शांति और प्रेरणा अर्जित की, वह अपरिमित थी। आज भी हजारों की संख्या में यात्री वहाँ पहुँचकर और 'विवेकानंद रॉक' के दर्शन कर अपने को धन्य मानते हैं।

कन्याकुमारी ग्राम में स्वामीजी की स्मृति में एक सार्वजनिक पुस्तकालय तथा वाचनालय भी है, जिसमें हिंदू धर्म-दर्शन एवं साहित्यिक पुस्तकों की संख्या पाँच हजार के करीब है।

## उदयास्त का अपूर्व आनंद

इस प्रकार कन्याकुमारी का धार्मिक महत्त्व तो है ही, यहाँ पहुँचकर दर्शक सूर्य का उदय और अस्त भी देख सकते हैं। यहाँ भारत की अंतिम दक्षिणी सीमा है। चैत्र पूर्णिमा की सायंकाल यदि बादल न हो तो इस स्थान से एक साथ बंगाल की खाड़ी में चंद्रोदय तथा अरब सागर में सूर्यास्त का अद्‌भुत दृश्य दीख पड़ता है। उसके दूसरे दिन प्रातःकाल बंगाल की खाड़ी में सूर्योदय तथा अरब सागर में चंद्रास्त का दृश्य बहुत की नयनाकर्षक प्रतीत होता है। बादल न होने पर समुद्र जल से ऊपर उठते या समुद्र तल से पीछे जाते हुए सूर्य-बिंब का दृश्य बहुत आकर्षक लगता है। इस दृश्य को देखने के लिए प्रतिदिन प्रातः-सायं समुद्र-तट पर लोगों की भीड़ इकट्‌ठी होती है।

कन्याकुमारी में ऐसा प्रतीत होता है, जैसे सूर्य समुद्र से निकलकर समुद्र में ही डूबता है। इतना ही नहीं, बल्कि पूर्णिमा के दिन जिस समय पश्चिम की ओर जल-स्नान के लिए सूर्य नीचे उतरता है, उसी समय पूर्व की ओर से जल-स्नान करके पूर्णचंद्र ऊपर आता है। इस प्रकार सूर्यास्त और चंद्रोदय के एक साथ दर्शन

मानो मूर्तिमान काव्य बन जाता है। यही इस स्थान की विशेषता है। कहते हैं, इस प्रकार का दृश्य दुनिया में कहीं भी दिखाई नहीं देता।

कन्याकुमारी के नामकरण के बारे में अनेक धारणाएँ हैं। इस जिज्ञासा को शांत करने के लिए भी हमें जनश्रुतियों का आश्रय लेना पड़ता है। राजा भरत, जिनके नाम पर हमारे देश का नाम 'भारत' पड़ा, कहा जाता है कि उनके आठ पुत्र एवं एक पुत्री थी। जब राजा भरत ने राजकाज से संन्यास लेना चाहा, तब उन्होंने राज्य के नौ भाग किए और प्रत्येक संतान को एक-एक भाग सौंप दिया। जनश्रुति के ही अनुसार, देश का दक्षिणी भाग उनकी पुत्री को मिला। तभी से इस क्षेत्र का नाम 'कुमारी' पड़ा।

समुद्र के किनारे कन्याकुमारी का विशाल मंदिर है। दक्षिण भारत के अन्य मंदिरों के वास्तुशिल्प की विशिष्टताओं की अपेक्षा यह मंदिर बिलकुल मामूली है, लेकिन उसकी भौगोलिकता उसके महत्त्व को द्विगुणित कर देती है। कन्याकुमारी की मोहिनी और सलोनी मूरत दर्शकों के हृदयों में स्वत: आध्यात्मिक स्फुरण पैदा करने में सक्षम है। उसके दाहिने हाथ में बड़ी-बड़ी मणियों की माला है और वह खड़े-खड़े जाप कर रही है। यों विशेष उत्सवों पर देवी की मूर्ति को अमूल्य रत्नादि से मंडित तो किया ही जाता है, सामान्य दिनों में भी उनका शृंगार दर्शनीय होता है।

समुद्र-तट पर जहाँ स्नान का घाट है, एक छोटा सा गणेशजी का मंदिर घाट से ऊपर दाहिनी ओर है। गणेशजी के दर्शनोपरांत लोग कुमारी देवी का दर्शन करने जाते हैं। मंदिर में और भी अनेक देव विग्रह हैं। मंदिर से उत्तर थोड़ी दूरी पर मीठे जलवाली बावली है। यात्री इसके जल से भी स्नान करते हैं।

## कन्याकुमारी से संबधित लोककथा

जब भगवान शंकर देवी पार्वती के साथ कैलास पर्वत निवास कर रहे थे, तब मयासुर की पत्नी पुष्पकाशी ने शिवजी की आराधना शुरू की। अपने आनंदयुक्त आँसुओं से उसने उनका अभिषेक किया। स्मित का पुष्प, साँस का चंदन, शरीर की सुगंध का धूप, मधुर वचनों का नैवेद्‍य और दृष्टि का दीप बनाकर तीन युगों तक उसने भगवान शंकर की आराधना की। तब शिवजी ने प्रसन्न होकर उसे पूछा, "बेटी, तुम क्या चाहती हो?"

पुष्पकाशी ने उत्तर दिया, "हे त्रिनेत्र! सृष्टि के संहार काल में आपके साथ क्रीड़ा करने का सौभाग्य मुझे प्राप्त हो, इतनी ही मेरी इच्छा है। उसे आप पूर्ण करें।"

भगवान शंकर ने 'तथास्तु' कहकर उसे वर दिया और कहा, "जब तक निज लोक सर्वसंहार की वेला में ही हम दोनों क्रीड़ा करेंगे, तब तक तुम दक्षिणी सागर के किनारे तपश्चर्या करती रहो।"

अपने आराध्य देव की इस आज्ञा को सिर-आँखों पर लेकर पुष्पकाशी दक्षिणी समुद्र के किनारे खड़ी-खड़ी तपस्या करने लगी।

उन दिनों दैत्यों का राजा वाणासुर बड़ा प्रबल था। जब उसने पुष्पकाशी के रूप की चर्चा सुनी तो वह उसके लिए पागल बन गया और वहाँ जाकर साम, दाम दंड, भेद—सभी प्रक्रियाओं से उसपर अधिकार जमाने की व्यर्थ चेष्टा करने लगा। अंत में पुष्पकाशी ने युद्ध करके उसे मार डाला और फिर से पूर्ववत् शिवजी के साहचर्य-प्राप्ति के लिए तपस्या करने लगी। कहते हैं, यह वही कन्याकुमारी है।

कन्याकुमारी आनेवाला कोई भी यात्री प्रायः मरुत्वामला पहाड़ी के दर्शन किए बिना वापस नहीं जाता। कहते हैं, रामायण-काल में जब हनुमानजी लक्ष्मणजी के उपचार के लिए संजीवनी बूटी पर्वत लेकर वापस लौट रहे थे, तब उसका एक अंश यहाँ गिर पड़ा। लोगों को ऐसा विश्वास है कि इस जगह थोड़ा समय बिताने से ही अनेक असाध्य रोग-व्याधियाँ दूर हो जाती हैं।

कन्याकुमारी और विवेकानंद समाधि-शिला के धार्मिक व प्राकृतिक आकर्षण के फलस्वरूप देश-विदेश के हजारों पर्यटक यहाँ प्रतिवर्ष आते हैं। उनकी सुख-सुविधा के लिए यहाँ सरकारी और गैर-सरकारी आवास उपलब्ध हैं। सरकारी धर्मशाला भी है, जहाँ तीन दिनों तक यात्री मजे में ठहर सकते हैं। केप होटल और रेस्ट हाउस भी है, जो आधुनिक साधन-सुविधाओं से युक्त है। समुद्र-तट पर एक 'स्वीमिंग पूल' भी बनाया गया है, जिसमें यात्री निरापद रूप से स्नान कर सकते हैं।

यहाँ पर रोमन कैथोलिक ईसाइयों का बाहुल्य है। ये समुद्र-तट पर अपने छोटे-छोटे घरों में रहते हैं। यहाँ का प्राचीन और विशाल गिरजाघर अनूठा है। इस गिरजाघर की विशेषता यह है कि इसमें एक साथ एक हजार आदमी बैठ सकते हैं। यहाँ मुसलिम भाइयों की भी छोटी सी आबादी है। फलतः मसजिद का होना भी स्वाभाविक ही है।

सारांशतः निस्संकोच कहा जा सकता है कि धार्मिक, आध्यात्मिक, प्राकृतिक और सांस्कृतिक दृष्टि से कन्याकुमारी का महत्त्व अशेष है, स्मरणीय है।

□

# देलवाड़ा जैन मंदिर

आबू राजस्थान के दक्षिण-पश्चिम भाग में बसा प्रकृति की अनुपम विरासत है। यह प्राचीन कला एवं संस्कृति का अद्‌भुत संगम भी है। आबू का महत्त्व उसकी प्राकृतिक सुषमा के लिए तो है ही, उसकी धार्मिक महत्ता भी कम नहीं है।

आबू के देलवाड़ा मंदिर विश्व-विश्रुत हैं। इन मंदिरों की स्थापत्य कला ने संसार की शास्त्रीय वास्तुशिल्प परंपरा में कीर्तिमान स्थापित किया है। ग्यारहवीं सदी में मंदिर-निर्माण कला में भुवनेश्वर शैली का प्राधान्य था। ये मंदिर भी भुवनेश्वर शैली में बने हुए हैं। इस जैन मंदिर ने आबू पर्वत को पूरे विश्व में ख्याति दिलवाई है। इसके विशाल प्रांगण में स्थित जैन मंदिरों की संख्या पाँच है। इनके नाम क्रमशः विमल वसहि, लूण वसहि, श्री ऋषभदेव, श्री पार्श्वनाथ एवं श्री महावीर स्वामी हैं। यदि धार्मिक दृष्टिकोण से देखा जाए तो इन सबका समान महत्त्व है; परंतु शिल्प एवं कला की दृष्टि से विमल वसहि, लूण वसहि एवं श्री पार्श्वनाथ के मंदिर उत्तम कहे जा सकते हैं।

'विमल वसहि' का पूरा मंदिर श्वेत संगमरमर से निर्मित है। इसका निर्माण सन् 1031 में गुजरात के राजा के सेनापति विमल शाह ने करवाया था। विमल शाह के पापों के प्रायश्चित्त के रूप में निर्मित इस मंदिर को बनाने में लगभग तीन हजार श्रमिकों तथा शिल्पियों ने दिन-रात एक कर दिए थे। उनके चौदह वर्ष के अथक परिश्रम का परिणाम था यह सुंदर मंदिर। कहा जाता है कि इस मंदिर को बनाने हेतु आबू के ब्राह्मणों ने भूमि देने से इनकार कर दिया था। इसपर विमल शाह ने उन्हें प्रसन्न करने हेतु अपनी सातों पीढ़ियों का धन निकलवाकर सोने के सिक्कों से भूमि को ढँक दिया। जितनी भूमि पर वे सिक्के बिछे, वे ही इस मंदिर के निर्माण में

लगे। इस भव्य 'विमल वसहि' मंदिर के रंगमंच में 48 स्तंभ हैं, जो भिन्न-भिन्न आकृतियों से अलंकृत हैं। इसकी छत पर भी भिन्न-भिन्न दृश्यों का सुंदर अलंकरण है। आदिनाथ स्वामी की भव्य प्रतिमा वाले इस मंदिर में 51 देवरियाँ हैं। विमल वसहि मंदिर की शिल्पकला में भगवान नेमिनाथजी की मूर्ति के ऊपर गुंबजों में कमल पुष्प, पंक्तिबद्ध सिंह, नर्तक व वादकों के चित्र हैं। इन देवरियों में जैन धर्म के तीर्थंकरों की प्रतिमाएँ हैं। इसके बाहर स्थित है—परिक्रमा मंडप, जिस पर बनी छतों पर आकर्षक मूर्तियाँ देख ऐसा प्रतीत होता है, मानो अभी बोल उठेंगी। मंदिर के कुल 121 स्तंभों में से 30 पर आकर्षक शिल्पकला देखने को मिलती है।

'लूण वसहि' मंदिर का निर्माण गुजरात के राजा वीर धवन के दो मंत्री भाइयों ने करवाया था। वीरपाल तथा तेजपाल नाम के उन दो मंत्रियों के स्वर्गीय भाई के नाम पर इस मंदिर का नाम 'लूण वसहि' पड़ा। इस मंदिर के निर्माण में 13 करोड़ रुपए से भी अधिक राशि लगी। इस मंदिर के शिल्पकार का नाम शोभनदेव था।

इस मंदिर में जैन धर्म के बाईसवें तीर्थंकर श्री नेमिनाथ की एक भव्य प्रतिमा है। यह मंदिर करीब डेढ़ हजार कारीगरों के सात वर्ष के अथक परिश्रम का परिणाम है। विमल वसहि के ही मंदिर की भाँति इसके द्वार, छतों, तोरणों आदि पर भी संगमरमर को तराशकर बनाई गई जीवंत आकृतियों की सज्जा है। मूर्तिकारों ने अपने कुशल हाथों से पत्थर में जान फूँक दी है। इसमें भी विमल वसहि के मंदिर की भाँति देवरियाँ बनी हैं, जिनमें जैन तीर्थंकरों की प्रतिमाएँ हैं। 'परिक्रमा' की छतों पर आकर्षक, मन मोह लेनेवाली आकृतियाँ हैं। इन मूर्तियों में जैन एवं हिंदू देवी-देवताओं, फूल-पत्तियों आदि की प्रमुखता है। इस मंदिर में भी अलंकृत स्तंभ तथा सुंदर तोरण बने हैं।

श्री पार्श्वनाथ मंदिर में ऋषभदेव की 108 मन की पीतल से निर्मित मूर्ति आकर्षण का केंद्र है। इस मंदिर को गुजरात के भीमाशाह ने एवं इस मूर्ति को एक मंत्री सुंदर ने बनवाया। यह मंदिर भी अन्य मंदिरों की भाँति ही शिल्पियों की अद्‌भुत कला का जीता-जागता प्रमाण है। देलवाड़ा मंदिर के प्रांगण में अनेक छोटे-बड़े मंदिर स्थित हैं, जो धार्मिक एवं कला-प्रेमी पर्यटकों को आकर्षित करते हैं। देश-विदेश से आए कला-प्रेमी व सैलानी उसके सौंदर्य से अभिभूत हो इसकी कृतियों को घंटों निहारते रहते हैं।

**अचलगढ़ :** यह आबू पर्वत से लगभग 10 कि.मी. दूर स्थित है अचलगढ़ नाम का यह ऐतिहासिक स्थल है। अचलगढ़ पर कई जैन मंदिर एवं हिंदुओं के भी अनेक मंदिर स्थित हैं। इन सबों में सर्वाधिक पूज्य स्थल है—अघलेश्वर महादेव।

यह अत्यंत प्राचीन मंदिर है। इस मंदिर में विशेष आकर्षण के केंद्र हैं भगवान शिव के वाहन नंदी की विशालकाय मूर्ति। यह मूर्ति पीतल तथा कुछ अन्य धातुओं से मिलकर बनी है। इस मंदिर में शिव के पैरों के अँगूठे की पूजा-अर्चना की जाती है।

**प्राचीन कुंड :** इस प्राचीन खंड के बारे में एक किंवदंती है कि प्राचीन समय में यह कुंड सदैव घी से भरा रहता था, जिसका उपयोग यहाँ रहनेवाले ऋषि-मुनि यज्ञ आदि धार्मिक कार्यों में करते थे। कहते हैं, तीन राक्षस पाड़ों का रूप धर घी को पी जाते एवं धार्मिक कार्यों में बाधा पहुँचाते थे। ऋषियों को कष्ट होते देख राजा आदिपाल ने उन राक्षसों का संहार किया। राजा आदिपाल की वीरता की यह कथा यहाँ की मूक प्रस्तर मूर्तियाँ यहाँ आनेवाले पर्यटकों को सुनाती हैं। जिस स्थान पर ये मूर्तियाँ स्थापित हैं, वह स्थान 'मंदाकिनी' कुंड के नाम से जाना जाता है। अचलगढ़ की हरियाली मनमोहक है। रंग-बिरंगे फूलों से लदे पेड़-पौधे सर्वत्र दिखाई पड़ते हैं। पक्षियों का गूँजता हुआ स्वर भी वादी के सौंदर्य में वृद्धि कर देता है।

इस मंदिर में भी जैन तीर्थंकरों के चित्र, हाथी-घोड़ों के साथ-साथ पेड़-पत्तियों की कलाकृतियाँ बनाई गई हैं। इस मंदिर में एक 'कुंभ स्तंभ' भी है, जिसे मेवाड़ के राजा कुंभा ने सन् 1449 में बनवाया था। यहाँ पर जैन आचार्य श्री जिनदत्त सूरि, जिन्हें 'दादा साहब' भी कहते हैं, उनके पदचिह्नों की संगमरमर की छतरी बनी हुई है, इसलिए इसे 'दादा साहब की छतरी' भी कहा जाता है। यहाँ का 'पीतलहर मंदिर' भी दर्शकों के देखने योग्य है।

**चौमुखीजी मंदिर :** यहाँ पर चौमुखीजी का दो-मंजिला मंदिर अवस्थित है। पंच धातुओं से निर्मित अनेक जैन तीर्थंकरों की आकर्षक मूर्तियाँ हैं। इसके अलावा जैन तीर्थंकरों के जीवनचरित को भी यहाँ आकर्षक रूप से प्रस्तुत किया गया है।

माउंट आबू के प्राकृतिक सौंदर्य में 'नक्की झील' चार चाँद लगाती है। कहते हैं कि इस झील का निर्माण देवताओं ने स्वयं अपने नाखूनों से किया था, इस कारण इसका नाम 'नक्की झील' पड़ गया है। इस झील के समीप ही 'टाइक रॉक' चट्टान है। इस चट्टान के निकट से पूरे नगर के विहंगम दृश्यों का अवलोकन किया जा सकता है।

सारांशतः देलवाड़ा मंदिर को देखने देश-विदेश के पर्यटक भारी संख्या में आया करते हैं। अनेक मंदिरों को देखने के बाद पर्यटक आबू के सूर्यास्त का भी दृश्य देखना नहीं भूलते। सचमुच संगमरमर पर शिल्प के अदभुत नमूने हैं देलवाड़ा के जैन मंदिर!

□

# अंबिका स्थान

हमारे देश में अनेक तीर्थस्थल और सिद्धपीठ हैं। इन सिद्धपीठों पर श्रद्धालु मनोकामना-पूर्ति और सिद्धि प्राप्त करने के लिए दूर-दूर से आते रहते हैं।

बिहार में भी अनेक तीर्थस्थल और सिद्धपीठ हैं। गया अत्यंत प्राचीन तीर्थ है। पुराणों में भी इसका उल्लेख है। यहाँ अपने दिवंगत पूर्वजों को पिंडदान करने के लिए देश के कोने-कोने से लोग आते हैं। गया में मंगला गौरी और बगलामुखी के अलावा हजारीबाग का छिन्नमस्ता मंदिर भी प्रसिद्ध सिद्धपीठ है। इसी प्रकार सारण (छपरा) जिले में भी अनेक सिद्धपीठ हैं। इनमें अंबिका स्थान, जिसे 'आमी' भी कहा जाता है, एक प्राचीन शक्तिपीठ है।

अंबिका स्थान सोनपुर-छपरा रेलखंड के दिघवारा स्टेशन से पाँच कि.मी. पश्चिम बाईं ओर, गंगा नदी के उत्तरी तट पर आमी नामक स्थान पर स्थित है। मंदिर के अंदर एक वृहदाकार मिट्टी की पिंडी स्थापित है। इस पिंडी को ही 'माँ अंबिका' माना जाता है। पुरातत्त्वविदों के अनुसार, यह पिंडी पुरातात्त्विक काल की है। यहाँ गंगा शिव रूप में लिंगाकार है। पिंडी के पास एक छोटा छिद्र है। इस छिद्र की विशेषता यह कि इसमें एक हाथ की गहराई में पानी भरा रहता है। पीछे बगीचे में एक कुआँ है, जिससे एक बहुत ही भारी चक्की निकली है। इस चक्की को तीन-चार व्यक्ति मिलकर ही चला सकते हैं। शोधकर्ताओं के अनुसार अंबिका स्थान का मंदिर चतुष्कोण और त्रिकोण शिवलिंग पर स्थित है।

यह एक विचित्र संयोग है कि इस मंदिर के उत्तर में सिल्हौड़ी, दक्षिण में बिहटा, पूरब में हरिहरनाथ और पश्चिम में शिवलिंग (छपरा) स्थापित है। इन सभी स्थानों की दूरी समान है। इसी प्रकार काशी विश्वनाथ, देवघर और पशुपतिनाथ (नेपाल) की दूरी भी समान है। जिस स्थान पर अंबिका मंदिर है, वह एक ऊँचा

डीह है। इसे गढ़ भी कह सकते हैं। इस मंदिर के आस-पास अनेक मंदिर हैं—कालीस्थान (सोनपुर), हरौली की बूढ़ी माई, कालरात्रि स्थान (हुमरी बुजुर्ग) तथा दिघवारा बुजुर्ग ग्राम में नकटी देवी (महिषासुर-मर्दिनी) का मंदिर।

सोनपुर के प्रसिद्ध कालीघाट पर गंडकी नदी के तट पर प्रसिद्ध काली मंदिर है। इस मंदिर की एक विशेषता यह है कि यहाँ महाकाल शिव रूप में काली के चरणों में लेटे हुए हैं। यहाँ महाकाली के अत्यंत विकराल और रौद्र रूप के दर्शन होते हैं। उनके गले में नरमुंडों की माला है। असुरों के रक्त से उनकी जिह्वा रक्तरंजित है। चतुर्भुजी काली के ऊपरवाले हाथ में रक्ताक्त खड्ग है। नीचे असुरों के कटे मुंड हैं। उनके कानों में भी असुर मुंडों के ही कुंडल हैं। मंदिर के दक्षिण, उत्तर एवं पूर्व में श्मशान है। महापंडित राहुल सांकृत्यायन ने इस मंदिर की प्राचीनता और महिमा का विशद वर्णन किया है।

अंबिका मंदिर के समीप एक बड़े से कुएँ के विषय में वहीं के एक बुजुर्ग ने मुझे बतलाया था कि सैकड़ों साल पहले तीर्थयात्री यहाँ आया करते थे। जिनके पास बरतन नहीं होते, वे इस कुएँ के किनारे पर बैठकर कहते थे, ''हे अंबिका भवानी! हमें खाना बनाने के लिए बरतन दो।'' इतना कहते ही कुएँ का खाली भाग जल से भर जाता और उसकी सतह पर अपेक्षित बरतन तैरने लगते थे। तीर्थयात्री का यह कर्तव्य होता था कि उपयोग के बाद उन बरतनों को अच्छी तरह धो-माँजकर पुनः उसी कुएँ में डाल दे। लेकिन एक और बात। जो लोग उन बरतनों को लेकर चंपत हो जाना चाहते थे, उनके पास से वे बरतन गायब हो जाया करते थे।

इस मंदिर के विषय में अनेक जनश्रुतियाँ और दंतकथाएँ प्रचलित हैं। एक कथा के अनुसार यह वही स्थान है, जहाँ प्रजापति ने यज्ञ किया था। उन्हें नहीं बुलाने और अपने पति भगवान शिव के मना करने पर भी सती वहाँ से घर चली गईं। वहाँ वे अपने पति का अपमान सहन न कर सकीं और यज्ञाग्नि में कूद गईं। भगवान शिव जब आए तो सती के अधजले शरीर को कंधे पर रखकर तांडव करने लगे। जहाँ-जहाँ सती का शरीर जलकर गिरा, वही स्थान शक्तिपीठ बन गया।

दूसरी पौराणिक कथा 'मार्कंडेय पुराण' में राजा सुरथ और समाधि वैश्य के बारे में आई है। राजा सुरथ शत्रुओं से पराजित होकर और समाधि वैश्य अपने पुत्रों द्वारा घर से निकाले जाने पर मेधा ऋषि के आश्रम में पहुँचे और उन्हें अपनी दयनीय स्थिति बताकर इससे छुटकारा पाने का उपाय पूछा। इन दोनों को अपनी मनोकामनाओं की प्राप्ति के लिए मेधा ऋषि ने महामाया आमी शक्ति की शरण में

जाने की सलाह दी। मेधा ऋषि की सलाह पर वे दोनों गहन वन में एक नदी के तट पर पहुँचे और जगन्माता की मिट्टी की मूर्ति बनाकर उनकी आराधना करने लगे। जहाँ भगवती अंबिका ने तीन वर्षों के बाद साक्षात् प्रकट होकर उन्हें दर्शन दिए और उनकी मनोकामना पूरी की। यह कथा 'दुर्गा सप्तशती' में वर्णित है। 'दुर्गा सप्तशती' मार्कंडेय पुराण का एक अंश है।

अंबिका स्थान में शारदीय एवं वासंती नवरात्रों में दूर-दूर से बड़ी संख्या में पूजन एवं तंत्र-साधना के लिए लोग आते हैं।

□

# महावीर मंदिर

पूजन-अर्चन और उपासना-प्रधान मानसिकता से परिपूर्ण हमारे देश की अनेक नदियों के तट मंदिरों के कारण शोभायमान हैं। गंगा के विस्तीर्ण तट इसके जीवंत उदाहरण हैं। अनेक भारतीय नगर मंदिरों के कारण ही महान् तीर्थस्थल के रूप में जाने-माने जाते हैं। बिहार से होकर गुजरनेवाली पवित्र नदी गंगा के तट पर भी अनेक मंदिर हैं। कुछ विदेशी पर्यटकों ने तो भारत को 'मंदिरों का देश' तक कहा है।

पटना जंक्शन स्टेशन के समीप एक नयनाभिराम मंदिर है—महावीर मंदिर। मंदिर की पश्चिम दिशा में बिलकुल करीब ही एक विशाल मसजिद भी है। पहले यह महावीर मंदिर छोटे रूप में था। इसका भवन पहले कच्चा-पक्का था। किंतु कुछ वर्षों पूर्व भक्तों की श्रद्धा ने आज उसे जो रूप दिया है, यह गौरवपूर्ण और दर्शनीय है। करीब 130 फीट ऊँचा यह मंदिर दूर-दूर के यात्रियों को, उनकी भक्ति-भावना को जाग्रत् एवं उत्साहित करता है। भक्तजन पहले नीचे हनुमानजी के दर्शन करते हैं, फिर दूसरी मंजिल पर भगवान राम, सदाशिव और दुर्गा आदि देवी-देवताओं की अभ्यर्थना कर अपना अहोभाग्य समझते हैं।

भक्तजनों की श्रद्धा-प्रेरणा से स्थापित इस मंदिर में मुख्य मूर्ति तो संकटमोचन हनुमानजी की है, किंतु अन्य देवी-देवताओं की भी मूर्तियाँ हैं—जैसे राम-लक्ष्मण शबरी आश्रम में। कृष्ण, शंकर और दुर्गा की भी मूर्तियाँ हैं। तपस्यारत पार्वती की मूर्ति में गहन तल्लीनता विराजती है। इस मंदिर की सबसे बड़ी विशेषता है कि यहाँ हनुमानजी की दो-दो मूर्तियाँ हैं। मंदिर-परिसर में गोस्वामी तुलसीदास की श्वेत प्रस्तर प्रतिमा अंतिम छोर पर विराजती है, जिसे देखकर उस महान् संत के प्रति मन में असीम श्रद्धा उमड़ पड़ती है। अपनी कलात्मक विशेषताओं के कारण

सभी प्रतिमाएँ एकदम सजीव लगती हैं।

कहते हैं, कहीं भी महावीर मंदिर में एक ही जगह दो-दो हनुमानजी की मूर्तियाँ स्थापित नहीं मिलतीं। साथ ही, मंदिर को जितना भव्य बनाया गया है, वैसी भव्यता अन्यत्र देखने को नहीं मिलती। मंदिर से सटे दो स्टॉल हैं—एक में पुस्तकें-पत्रिकाएँ बिकती हैं तो दूसरे में दक्षिण भारत के तिरुपति के लड्डू। लड्डुओं के पैकेट दूर से ही दिखाई पड़ते हैं। बगल में बोर्ड पर लड्डू की विक्रय-दर अंकित रहती है। श्रद्धालुजन दोनों ही स्टॉलों से सामग्री खरीदते हैं। दर्शकों में कुछेक वहीं पर काफी समय तक 'गीता प्रेस' की पुस्तकें उलटते-पुलटते एवं पढ़ते रहते हैं। कुछ इन पुस्तकों की खरीद भी करते हैं। सेवानिवृत्त व्यक्ति संध्या में यहाँ आकर कुछेक घंटे भगवद् सुमिरन करके अपना समय बिताते हैं।

दर्शनार्थियों की सुविधा के लिए सामने ही जूताघर बना है। पैर धोने के लिए पानी से भरे हौद भी हैं। यहाँ से एक मासिक पत्रिका 'धर्मायण' का प्रकाशन भी होता है। इसमें धर्म, आचार, नीति विषयक निबंध और कविताएँ प्रकाशित होती हैं। इसका संपादन संस्कृत और हिंदी के अधिकारी विद्वान् डॉ. श्रीरंजन सूरिदेवजी करते हैं। इस कार्य में उन्हें अन्य विद्वानों का सहयोग भी मिलता है। मंदिर से सटे पश्चिम की ओर फूलमालाओं से सज्जित दुकानें कतार में हैं। पास ही मिठाई की भी दुकानें हैं। वहीं पर पत्र-पत्रिकाओं की फुटपाथी दुकानें भी दिखलाई देती हैं।

इस मंदिर के पुनरुद्धार के प्रसंग में यह जानकारी मिली कि इसमें जनता एवं मंदिर का संचित धन खर्च हुआ है। पटना के तत्कालीन सीनियर एस.पी. श्री किशोर कुणाल (अब पुलिस विभाग से सेवानिवृत्त) के अलावा अनेक प्रबुद्धजन, धर्म-प्रेमी जनता और अधिकारियों का भरपूर सहयोग इस मंदिर को प्राप्त हुआ। मंदिर-निर्माण के समय श्री आभास कुमार चटर्जी की प्रेरणा से बहुतों ने स्वेच्छया अपना शारीरिक श्रमदान किया, जो जनश्रद्धा का परिचायक है।

महावीर मंदिर की सभी मूर्तियाँ प्रस्तर की हैं, जो सजीव लगती हैं। मंदिर में प्रतिदिन काफी चढ़ावा आता है। दुकानों से किराया मिलता है, जो इसकी आय का मुख्य स्रोत है। मंदिर की देखरेख एक प्रबंध समिति के जिम्मे है। रोगियों की चिकित्सा हेतु एक अस्पताल-औषधालय का संचालन भी प्रबंध समिति करती है। यह अस्पताल और औषधालय 'महावीर आरोग्य संस्थान' के नाम से जाना जाता है।

पटना का यह अति लोकप्रिय हनुमान मंदिर, जो 'महावीर मंदिर' के नाम से प्रसिद्ध है, भक्तजनों की सहज भक्ति का जीवंत प्रतीक है। यहाँ पर प्रतिदिन लाखों दर्शनार्थियों की भीड़ जुटती है, परंतु मंगलवार और शनिवार को तो जैसे सारा शहर

ही उमड़ पड़ता है। मंगलवार को प्रसाद चढ़ाने के लिए लोग पंक्तिबद्ध हो बहुत दूर तक खड़े रहते हैं। यहाँ की व्यवस्था देखकर मन प्रसन्न हो जाता है। मंदिर के पट भक्तों के लिए सर्वदा खुले रहते हैं। घंटा-ध्वनि से मंदिर का वातावरण गुंजायमान रहता है।

रामनवमी, महावीर जयंती, कृष्णाष्टमी, दशहरा आदि अवसरों पर बहुत धूमधाम से आयोजन होते हैं। भक्तों की टोली प्रति संध्या मंदिर परिसर के खुले प्रांगण में बैठकर भजन-प्रवचन का श्रवण करती है। मंदिर के बाहर दोनों ओर भिखारियों की भीड़ लगी रहती है। उन्हें मंदिर की ओर से प्रतिदिन भोजन कराया जाता है।

इस मंदिर में नगर एवं बाहर से आनेवाले विशिष्टजन, संत, महात्मा, राजनीतिक नेता आदि यदा-कदा आया करते हैं। उनके प्रवचन का प्रबंध होता है। जनमानस उनके प्रवचनों से लाभान्वित होता है। ऐसे अवसरों पर मंदिर में अत्यधिक भीड़ लगती है।

सचमुच, ऐसा पवित्र भक्तिभावन मंदिर को पाकर पटनावासी गौरवान्वित हैं। अनेक नवविवाहित जोड़े धार्मिक स्थलों के दर्शनार्थ इस मंदिर परिसर में भी पहुँचकर अपने सुख-सौहार्द की याचना पवनपुत्र हनुमानजी से करते हैं।

□

# संत फ्रांसिस गिरजाघर

यह भारत में बने ईसाई धर्म से जुड़े धार्मिक अनुष्ठान का प्रतीक और स्थापत्य कला का अद्वितीय नमूना है। देश में बना यह पहला गिरजाघर है, जिसे 'संत फ्रांसिस गिरजाघर' के नाम से जानते हैं। यह दक्षिण भारत (केरल) में कोचीन में स्थित है। इस गिरजाघर का इतिहास भारत में यूरोपीय शक्तियों के उपनिवेशीय संघर्ष पर प्रकाश डालता है, जो 15वीं सदी से 20वीं सदी तक चला।

सन् 1498 में वास्को-डि-गामा पहली बार भारत के कालीकट बंदरगाह पर समुद्री मार्ग से आने में सफल हुआ। 24 दिसंबर, 1500 को एक और पुर्तगाली जहाज समुद्री मार्ग से ही कोचीन पहुँचा। इस यात्रा का नेतृत्व एडमायल कैवराल ने किया। पुर्तगाली यात्रियों की मुलाकात कोचीन में उस वक्त के राजा से हुई। पुर्तगालियों ने भारत से व्यापारिक संबंध बनाने की इच्छा प्रकट की, जिसे राजा ने सहर्ष स्वीकार किया। सन् 1503 में पुर्तगालियों के साथ व्यापारिक सुविधाओं और सुरक्षा को ध्यान में रखकर राजा साहब ने अल्फांसों को चौड़ी नदी के मुहाने पर एक किले के निर्माण की आज्ञा दे दी। किले की चहारदीवारी पत्थर और बालू के ढेर से सुरक्षित की गई थी। इसी निर्मित किले के भीतर, बाहर से आए इन पुर्तगाली व्यापारियों ने घने जंगलों के बीच एक गिरजाघर का भी निर्माण किया, जो संत बार्थोलोंपु को समर्पित था। आगे चलकर इस गिरजाघर के इर्द-गिर्द और भी निर्माण कार्य हुए।

सन् 1524 में वास्को-डि-गामा फिर कोचीन आया, जहाँ उसी वर्ष 'क्रिसमस ईव' के अवसर पर उसकी मृत्यु हो गई और उसे इसी चर्च के अहाते में दफना दिया गया।

सन् 1663 तक कोचीन स्थित यह गिरजाघर संत फ्रांसिस के अधिकार-क्षेत्र

में रहा, लेकिन डचों के पहुँचने के बाद यहाँ परिवर्तन आरंभ हो गए। संत फ्रांसिस गिरजाघर की साज-सँवार के इस नए दौर में बहुत सारे खूबसूरत पत्थरों को भी निकाल दिया गया और तमाम बेशकीमती चीजों को निकालकर वायपीन के गिरजाघर में पहुँचा दिया गया, जिसे रोम कैथोलिक बना रहे थे। यह सन् 1665 के आस-पास की बात है। प्रार्थना सभा कक्ष में रखा टेबल और अन्य फर्नीचर भी संत फ्रांसिस गिरजाघर से हटा दिए गए।

संत फ्रांसिस गिरजाघर की दीवारों के पास बनी कब्रगाह के पत्थर गिरजाघर के मध्य भाग से सन् 1886 में निकाले गए थे। आज भी उत्तर की तरफ पुर्तगालियों की कब्रों के पत्थर और दक्षिणी दीवार के पास डचों की कब्रों के पत्थर देखे जा सकते हैं। वास्को-डि-गामा की कब्र का पत्थर भी दक्षिण की तरफ है। पश्चिमी दरवाजे के पास रखा 'टेबलेट' एकमात्र उदाहरण है कि सन् 1887 में मद्रास सरकार ने महारानी विक्टोरिया के आदेश पर इसे फिर से शुरू करने का प्रयास किया था।

संत फ्रांसिस गिरजाघर में रखी ईसाई बनाने में संस्कारों और नियमों पर आधारित ड्रप बुक और 1751 ई. लेकर 1804 ई. तक हुई शादियों का रिकॉर्ड के रूप में सुरक्षित मैरिज रजिस्टर गिरजाघर की उतार-चढ़ाव से भरी यात्रा का ऐतिहासिक दस्तावेज है। ये पूरे चालीस साल तक हस्तलेख में सुरक्षित रहा। इसके बाद 1932 ई. में इसे विशेषज्ञों द्वारा ठीक-ठाक करने के लिए इंग्लैंड भेजा गया। वहाँ से यह पुस्तक और रजिस्टर अपनी मौलिक दशा में वापस आए। इसकी एक छायाप्रति संत फ्रांसिस गिरजाघर में दर्शनार्थियों के लिए रखी है।

इस गिरजाघर को स्थापत्य सुरक्षा अधिनियम, 1923 में ठीक कर दिया गया है और कार्यकारी अध्यक्ष हॉल हेरिसन आँस की स्मृति से जोड़कर सुरक्षा दी गई है। अन्य कीमती चीजों पर भी उन लोगों की स्मृतियों की मोहर लगा दी गई है, जिन्होंने अपने जीवनकाल में गिरजाघर और मिशनरी सोसाइटी के लिए काम किया था।

आज यह गिरजाघर पूरी तरह अपने भक्तों के पूजन-अर्चन के लिए खुला है। साथ ही, बड़ी संख्या में दक्षिण की यात्रा पर जानेवाले पर्यटक कोचीन रुकने पर स्थापत्य कला के इस अद्भुत निर्माण को देखना नहीं भूलते।

रविवार और दूसरे समारोहों के दिनों में यहाँ पादरियों द्वारा विशेष पूजा का आयोजन होता है।

## गोवा का गिरजाघर

गोवा के गिरजाघरों की गिनती विश्व के भव्यतम गिरजाघरों में होती है। 'सी कैथड्रल' और 'वाम जीसस गिरजाघर' इसी कोटि में आते हैं।

सी कैथड्रल गोवा का सबसे पुराना गिरजाघर है। प्रचीन गोवा पर विजय पाने की खुशी तथा महिला संत कातारीना के सम्मान में अलबुकर्क ने इसका निर्माण कराया था। इसकी वास्तुकला पर डोरिक, तस्कनी तथा कोरिंथी शैली की छाप है।

आज से लगभग 400 वर्ष पहले एक धनी व्यक्ति की आर्थिक सहायता से 'वाम जीसस गिरजाघर' का निर्माण हुआ था। इसमें संत फ्रांसिस जेवियर की कब्र है। यह संसार के भव्यतम और परम पवित्र गिरजाघरों में से एक है। इसका निर्माण गोथिक शैली के आधार पर हुआ है।

संत आगस्ताइन का गिरजाघर पवित्र पहाड़ी पर निर्मित है। अगस्ताइन के एक शिष्य ने इसका निर्माण कराया था। इसकी मीनार काफी ऊँची थी। इसका कुछ अंश टूटकर गिर चुका है।

गुंबददार छतवाले गिरजाघर के अंत:पुर की दीवारों पर बड़ी अच्छी सजावट है। लकड़ी के बने पूजा के स्थान और व्याख्यान-मंच उत्कृष्ट वास्तुकला के बने हैं। यहाँ कई प्रसिद्ध पुर्तगाली राजनेताओं के ताबूत और समाधि के पत्थर भी हैं। रोम के सेंट पीटर कांस्टेंटाइन ने सात गिरजाघर बनवाए थे। ये वास्तुकला और शिल्पकला की दृष्टि से उत्कृष्ट माने जाते हैं। गोवा में सेंट कजेतन के गिरजाघर की निर्माण-कला इन गिरजाघरों से मिलती-जुलती है। यहाँ एक-एक विशाल और भव्य गिरजाघर है।

गोवा, दमन और दीव की राजधानी पणजी में 'चर्च ऑफ ऑवर लेडी ऑफ इमैक्युलेट कसेप्शन' नामक गिरजाघर गोवा का सबसे सुंदर गिरजाघर माना जाता है। इसके अनुपम सौंदर्य के कारण ही लोग इसे पत्थरों में अंकित कविता भी कहते हैं। इस गिरजाघर में 'ऑवर लेडी ऑफ फातिमा' की प्रतिमा है। 13 अक्तूबर को हजारों मोमबत्तियों के साथ इस प्रतिमा को बाहर निकाला जाता है।

गिरजों की नगरी गोवा का सबसे महत्त्वपूर्ण गिरजाघर है—बाम जीसस। यह गिरजाघर वहाँ बने गिरजाघरों में अकेला है, जो गोथिक भवन-निर्माण शैली में बना हुआ है। इस गिरजे का निर्माण सोलहवीं सदी के अंत में डाम जेरोनियो म्हासकरेनहैस नाम के एक अमीर व्यक्ति की आर्थिक सहायता से हुआ था। इसका पुण्यार्पण 1605 ई. में आर्क बिशप डाम एलिक्सियो डी मेलेन द्वारा हुआ

था। पोप के आदेश से इस गिरजाघर को रोम में कांसबेंटाइन द्वारा संस्थापित सात गिरजों में से एक की बराबरी का दर्जा दिया गया। इसकी दो बाजू हैं। पहली बाजू में महान् संत पुरुष फ्रांसिस जेवियर की कब्र है। दूसरी बाजू में प्रभु-भोज हैं। संत फ्रांसिस की कब्र पर छोटा गिरजाघर 1655 ई. में बना था। कब्र के चारों ओर काँसे की कलात्मक नक्काशी कला का उच्चतम प्रतिमान है। सेंट जेवियर का पार्थिव शरीर बिना किसी क्षय के सुरक्षित है। खास मौकों पर यहाँ संत फ्रांसिस का शव कब्र से निकाला जाता है, तब यहाँ देश-विदेश से संत के दर्शन करनेवालों की भीड़ उमड़ पड़ती है। रोमन कैथोलिक संप्रदाय के ईसाइयों का यह महान् धार्मिक केंद्र है।

उपर्युक्त गिरजाघरों के अलावा यहाँ राइस मागो का गिरजाघर, रासाल सेमिनरी, दमन का बड़ा गिरजाघर, सेंट मोनिका का कॉन्वेंट, सेंट पाल्स कॉलेज तथा ऑवर लेडी ऑफ रोजरी आदि संस्थान और गिरजाघर भी देखने योग्य हैं। □

# सूर्य मंदिर

बिहार के औरंगाबाद जिले से करीब 20 कि.मी. दूर स्थित देव का सूर्य मंदिर है। यह अपने अप्रतिम सौंदर्य एवं शिल्प के कारण सैकड़ों वर्षों से श्रद्धालुओं, सैलानियों, इतिहासकारों, अन्वेषणकर्ताओं, वैज्ञानिकों, मूर्तिकारों के आकर्षण का केंद्र बना हुआ है। मंदिर में लगे शिलालेख के अनुसार बारह लाख सोलह हजार वर्ष त्रेता युग के बीत जाने पर इलापुत्र पुरूरवा आयल ने इसका निर्माण आरंभ किया। शिलालेख से पता चलता है कि सन् 2000 में इस पौराणिक मंदिर के निर्माणकाल के दो लाख पचास हजार वर्ष पूरे हो गए।

यह मंदिर एक सौ फीट ऊँचा है। देव के मंदिर में सात रथों में सूर्य की उत्कीर्ण प्रस्तर मूर्तियाँ अपने तीनों रूपों में विद्यमान है—उदयाचल प्रातः सूर्य, मध्याचल मध्य सूर्य एवं अस्ताचल अस्त सूर्य।

त्रेता युग बीत जाने पर इलापुत्र आयल ने इसका निर्माण आरंभ किया। मंदिर के निर्माण के बारे में अनेक प्रकार की किंवदंतियाँ हैं, लेकिन निर्माण के संबंध में अब तक भ्रामक स्थिति बनी हुई है। सूर्य पुराण की सर्वाधिक प्राचीन जनश्रुति के अनुसार एक राजा आयल थे, जो किसी ऋषि के शाप से श्वेत कुष्ठ से पीड़ित थे। राजा आयल एक बार जंगल में शिकार करते हुए वह देव के वन-प्रांतर में पहुँचे और रास्ता भूल गए। भूखे-प्यासे राजा आयल भटक रहे थे कि उन्हें एक छोटा सा सरोवर दिखाई पड़ा, जिसके किनारे वे पानी पीने गए और अंजुली में पानी भर-भरकर पीया। पानी पीने के क्रम में ही वे घोर आश्चर्य में डूब गए, क्योंकि जिन-जिन जगहों पर पानी के छींटे पड़े, उन-उन जगहों पर श्वेत दाग जाते रहे थे। इससे प्रसन्न होकर राजा अपने वस्त्रों की परवाह किए बिना सरोवर के गंदे पानी में लेट गए और कहा जाता है कि उनका श्वेत कुष्ठ पूरी तरह जाता रहा। राजा चंगे हो गए।

राजा आयल अपने शरीर में आश्चर्यजनक परिवर्तन देख प्रसन्न होकर इसी वन-प्रांतर में रात्रि-विश्राम करने का निर्णय लिया। रात्रि में राजा आयल को स्वप्न दिखाई दिया कि उसी सरोवर में भगवान भास्कर की प्रतिमा दबी पड़ी है, जिसे निकालकर वहीं मंदिर बनवाकर उसमें प्रतिष्ठित करने का निर्देश उन्हें स्वप्न में प्राप्त हुआ। कहा जाता है कि राजा ने इसी निर्देश के अनुसार सरोवर से दबी मूर्ति को निकालकर मंदिर में स्थापित कराने का काम किया और सूर्यकुंड का निर्माण कराया।

मंदिर-निर्माण के संबंध में एक कहानी यह भी प्रचलित है कि इसका निर्माण एक ही रात में भगवान विश्वकर्मा ने अपने हाथों किया था। इसके काले पत्थरों की नक्काशी अप्रतिम है।

दूसरी किंवदंती हमें यह बताती है कि औरंगजेब जब विभिन्न स्थानों की मूर्तियाँ तोड़ता और मंदिरों को नष्ट करता हुआ यहाँ आ पहुँचा तथा उसने भगवान सूर्य के मंदिर को तुड़वाने एवं मूर्ति उखाड़ने का प्रयास किया तो श्रद्धालु भक्तों एवं देव मंदिर के पुजारियों ने उससे विनती की कि वे इस मंदिर को न तोड़ें। यहाँ के भगवान का बहुत बड़ा माहात्म्य है। इसपर औरंगजेब जोर से हँसा और उसने धमकी दी कि यदि इस भगवान में सचमुच शक्ति है तो रात भर में प्रवेशद्वार पूरब से पश्चिम हो जाए, तो मैं सत्यता के सामने नतमस्तक होऊँगा, अन्यथा सवेरे मंदिर को ध्वस्त कर दूँगा। भगवान सूर्य ने भक्तों की लाज रख ली और रात भर में ही एकाएक प्रवेशद्वार पूरब से पश्चिम हो गया, जो आज भी देखा जा सकता है। सवेरे औरंगजेब को जब यह खबर मिली तो वह सचमुच नतमस्तक होकर लौट गया।

इस मंदिर की महिमा को लेकर लोगों के मन में अटूट श्रद्धा एवं आस्था बनी हुई है। यही कारण है कि हर साल चैत्र और कार्तिक के छठ मेले में पंद्रह से बीस लाख लोग विभिन्न प्रांतों से यहाँ आकर भगवान भास्कर की आराधना-पूजन करत हैं।

इस मंदिर के संबंध में यह किंवदंती है कि एक बार एक चोर मंदिर में आठ मन वजनी स्वर्ण कलश चुराने आया। वह मंदिर पर चढ़ ही रहा था कि उसे कहीं से गड़गड़ाहट की आवाज सुनाई दी और वहीं पत्थर बनकर मंदिर से सटकर रह गया। किंतु जनश्रुतियाँ जो भी हों, इस मंदिर की प्रसिद्धि सर्वत्र व्याप्त है।

इस तरह यह मंदिर भगवान सूर्य के आराधना-स्थल के साथ-साथ कलात्मक शिल्प का एक अनूठा नमूना भी है। □

# कामाख्या

भारत में इक्यावन शक्तिपीठ हैं, जिन्हें सिद्धपीठ माना जाता है। ये पीठ तांत्रिक साधना के लिए सर्वाधिक उपयुक्त स्थान माने जाते हैं। यहाँ साधकों को सिद्धियाँ प्राप्त होती हैं और आराधकों की मनोकामनाएँ पूर्ण होती हैं।

देश के इक्यावन शक्तिपीठों में कामाख्या सर्वाधिक जाग्रत् शक्तिपीठ है। यहाँ बड़े-बड़े साधक तांत्रिक साधना के निमित्त आते रहते हैं। यह शक्तिपीठ असम राज्य की राजधानी गुवाहाटी के निकट लोहित (ब्रह्मपुत्र) नदी के तट पर नीलांचल पर्वत पर स्थित है। वास्तुकला की दृष्टि से कामाख्या मंदिर स्थापत्य कला का सुंदर नमूना है। मंदिर में प्रवेश करने के लिए चार द्वार हैं, जिन्हें गणेश द्वार, हनुमान द्वार, सिंह द्वार और व्याघ्र द्वार कहा जाता है।

शक्तिपीठों की स्थापना के विषय में पुराणों में वर्णित आख्यान के अनुसार, देवी सती के पिता दक्ष प्रजापति सती के पति शिव से विक्षुब्ध रहते थे। उन्होंने एक बार बहुत बड़ा यज्ञ किया। यज्ञ में उन्होंने न शिव को बुलाया, न सती को, न शिव का कोई अंश दिया। शिवजी के मना करने पर भी सती बिना बुलाए यह देखने के लिए अपने पिता दक्ष प्रजापति के घर चली गईं। वहाँ जब उन्होंने देखा कि सभी देवताओं का अंश है, लेकिन शिवजी का नहीं है। साथ ही, जब उनके पिता शिवजी की निंदा करने और उनके विरुद्ध अपमानजनक बातें बोलने लगे तो सती से पति का अपमान न सहा गया। क्रोधावेश में वे यज्ञकुंड में कूद गईं। उनके साथ आए शिवजी के गण यज्ञ विध्वंस करने लगे। यह समाचार सुनकर शिवजी क्रोधाभिभूत होकर यज्ञस्थल पर आ पहुँचे और सती के शव को कंधे पर रखकर उन्मत्त हो तीनों लोकों में विचरने लगे। तीनों लोकों में हाहाकार मच गया। प्रलय की सी स्थिति उत्पन्न हो गई।

शिव के क्रोध को शांत करने के लिए विष्णु ने सुदर्शन चक्र से सती के शव को 51 भागों में खंडित कर दिया। सती के शव का जो भाग जहाँ गिरा, वह शक्तिपीठ हो गया। सती के सारे अंग गिरते ही पत्थर में परिणत हो गए। कामाख्या में सती का योनि मंडल गिरा था। यह स्थान सभी शक्तिपीठों में सर्वाधिक जाग्रत् शक्तिपीठ माना जाता है। जिस क्षेत्र में सती की महामुद्रा (योनि) गिरी, उस क्षेत्र का रंग नीला हो गया। इसीलिए इस क्षेत्र का नाम नीलांचल पड़ा तथा वह पीठ 'कामाख्या पीठ' के नाम से विख्यात हुआ।

वर्तमान धरातल प्राचीन मंदिर से बहुत नीचे चला गया है। गर्भगृह से सती के योनि मंडल के दर्शनों के लिए दस फीट नीचे उतरना पड़ता है। एक प्राकृतिक शिला पर उत्कीर्ण योनि मंडल से सदा जल स्रवित होता रहता है। वहाँ देवी की किसी प्रतिमा के नहीं, योनि मंडल के दर्शनों के लिए ही श्रद्धालु आते हैं।

## कामरूप

जहाँ कामाख्या मंदिर है, उस जगह को कामरूप कहा जाता है। पुराणों में वर्णित कथा के अनुसार कामदेव ने जब शिवजी को कामासक्त करने का प्रयास किया तो शिवजी ने अपने तीसरे नेत्र की ज्वाला से उसे भस्म कर दिया। कामदेव की पत्नी रति ने जब शिवजी ने अपने पति को पुनर्जीवित करने के लिए अनुनय-विनय किया तो शिवजी ने उसे पुनर्जीवित कर दिया; किंतु कहा कि तुम सशरीर किसी को दिखलाई नहीं पड़ोगे। इसीलिए कामदेव को 'अनंग' कहा जाता है। इसी कथा के आधार पर इस स्थान को कामरूप कहा जाता है।

गर्भगृह के बाहर गौरी मंडप है। यह बारह स्तंभों पर टिका है। इस मंडप में धातु निर्मित हरगौरी की प्रतिमा है, जिसे 'भोगमूर्ति' भी कहा जाता है। गौरी मंडप के बाहर की ओर वृहदाकार नृत्यमंडप है। मंदिर के बाहरी और भीतरी द्वारों पर भैरव, गणेश, हनुमान, योगिनियों और उपासकों की प्रस्तर मूर्तियाँ हैं। नीलांचल के शीर्ष पर, कामाख्या मंदिर के निकट ही, भुवनेश्वरी मंदिर है। कहा जाता है कि यहाँ बिना दर्शन किए कामाख्या की यात्रा पूरी नहीं हो पाती।

## उमानंद महादेव

गुवाहाटी के तट से बहनेवाली ब्रह्मपुत्र नदी के बीच एक द्वीप है। किंवदंती है कि सती द्वारा शरीर त्यागने के बाद शिवजी इस द्वीप पर ध्यानस्थ रहने लगे। ध्यान की अवस्था में उन्हें आभास हुआ कि सती उनके पास ही है। इस आभास से

उनके हृदय में अभूतपूर्व आनंद का संचार हुआ। इसीलिए उन्होंने इस द्वीप का नाम उमानंद रखा। यह द्वीप नीलांचल पर्वत के पास ही है। लोगों का विश्वास है कि उमानंद के दर्शन बिना कामाख्या शक्तिपीठ के दर्शन की पुण्य-प्राप्ति नहीं होती है।

## पूजोत्सव

कामाख्या में वर्ष में कई पूजोत्सव संपन्न होते हैं। इनमें नवरात्र, अंबुवासी तथा देवध्वनि प्रमुख हैं। यहाँ चार नवरात्र होते हैं। सर्वसाधारण के लिए चैत्र मास में, मंत्र-सिद्धि एवं तांत्रिकों के लिए आषाढ़, लौकिक सुख-शांति के लिए आश्विन में और संन्यासियों तथा योगियों के लिए मार्च महीने में।

आषाढ़ सप्तमी से दशमी तक मंदिर के पट बंद रहते हैं। पट खुलने पर देवी की विशेष पूजा-अर्चना होती है। पट बंद रहने की अवधि में नीलांचल पर्वत के किसी भी भाग में की गई साधना अवश्य फलीभूत होती है। पट खुलने पर लोग महामुद्रा के दर्शन करते हैं। पूजा-अर्चना के क्रम में नृत्य-संगीत और भजन-कीर्तन अनवरत रूप से होता रहता है।

इस अवसर पर होनेवाला देव नृत्य बड़ा रोमांचकारी होता है। किसी शस्त्र तलवार या ऐसे ही किसी और शस्त्र की तेज धार पर लोग नृत्य करते हैं; किंतु उनके पैर कटते नहीं हैं तथा हथियार की धार उनके पैरों में नहीं चुभती है।

कामाख्या मंदिर में 'कुमारी पूजा' का विशेष महत्त्व है। लोग कुमारी पूजा करके अपनी मनौती उतारते हैं। मनौती पूरी हो जाने पर लोग एक जोड़ा कबूतर उड़ाते हैं। बँधे कबूतरों को खुला छोड़ दिया जाता है और ये कबूतर उड़कर फिर मंदिर के परिसर में ही आ जाते हैं। कबूतर के जोड़े प्रति जोड़ा तीस रुपए की दर से पंडों से प्राप्त हो जाते हैं।

## मंदिर-निर्माण

मंदिर का बाहरी हिस्सा नवनिर्मित है। पूर्व निर्मित मंदिर का सिर्फ नीचे का भाग बचा हुआ है। कहा जाता है कि सती के मंदिर का सिर्फ नीचे का भाग बचा हुआ है। कहा जाता है कि सती की महामुद्रा पर विश्वकर्मा के सहयोग से कामदेव ने स्वर्ण मंदिर का निर्माण कराया था। इस मंदिर के किसी कारणवश ध्वस्त हो जाने के बाद कामाख्या के राजा नरकासुर ने दूसरा मंदिर बनवाया। कहा जाता है कि आदि शंकराचार्य जब वैदिक धर्म का प्रचार कर रहे थे, उसी समय कूच बिहार के राजा विश्व सिंह ने मंदिर का जीर्णोद्धार कराया था। बंगाल के पालवंशीय राजाओं

ने भी मंदिर के पुनर्निर्माण में योगदान दिया। म्याँमार के अहेल राजाओं का जब कामाख्या पर आधिपत्य स्थापित हो गया तो इस वंश के प्रतापी राजा रुद्र सिंह और उनके पुत्र शिव सिंह ने भी मंदिर के नवनिर्माण में महत्त्वपूर्ण भूमिका निभाई।

## महत्त्व और माहात्म्य

प्राचीनकाल में तंत्र-साधना के अतिरिक्त यह स्थान ज्योतिष विद्या के लिए भी विख्यात था। दक्षिण-पूर्व एशिया और भारत के सुदूरवर्ती क्षेत्रों से लोग यहाँ ज्योतिष और तंत्र-विद्या का ज्ञान प्राप्त करने के लिए आते थे। चीनी यात्री ह्वेनसांग जब सातवीं सदी में भारत आया था, उस समय कामरूप का राजा भास्करवर्मन था। ह्वेनसांग ने इस स्थान का बड़ा ही प्रभावशाली वर्णन किया है।

कामाख्या तंत्र-मंत्र-साधना में विश्वास रखनेवालों के लिए तो दर्शनीय और स्मरणीय स्थान है ही, अपनी प्राकृतिक सुषमा के कारण यह पर्यटकों के लिए भी दर्शनीय है।

□

# वंशीधर मंदिर

नगर उटारी का मुख्य आकर्षण है वंशीधर मंदिर, जिसमें भगवान कृष्ण-राधा की एक अनुपम मूर्ति विराजमान है। यह मूर्ति अष्टधातु की बनी हुई है और इसका आकार लगभग पाँच फीट है। मुरली मनोहर रूप में भगवान कृष्ण की ऐसी आकर्षक मूर्ति विश्व के किसी स्थान पर उपलब्ध नहीं है। एक बार दर्शन कर लेने पर इसकी मनमोहनी छवि जीवन भर के लिए हृदय में अंकित हो जाती है।

पलामू जिले में बाँकी नदी के तीर पर नगर उटारी एक छोटा सा शहर है, जो विगत डेढ़ सौ वर्षों से इस अंचल का एक तीर्थस्थल-सा बना हुआ है। राँची से डालटेनगंज, रजहरा, परवल मोड़, गढ़वा और रेहुला होते हुए रेणुकोट एवं वाराणसी जानेवाले सड़क मार्ग पर यह बसा हुआ है। राँची से उत्तर प्रदेश, दिल्ली और पंजाब जानेवाली सभी रेलगाड़ियाँ नगर उटारी होकर गुजरती हैं।

मंदिर के बारे में जानकार बताते हैं कि संवत् 1741 के लगभग दिल्ली के अंतिम मुगल सम्राट् शाह आलम के समय अहमद शाह दुर्रानी ने भारत पर आक्रमण किया। लूटने के साथ-साथ मूर्ति एवं मंदिर-भंजक के रूप में वह कुख्यात था। ग्रांड ट्रंक रोड पर लाहौर से बंगाल की ओर जाती हुई मुगल सेना भी लूट-खसोट में पीछे नहीं रहती थी। जनश्रुति है कि उन्हीं लुटेरों के भय से किसी राजा ने वंशीधर के इस विग्रह को शिवपहरी पहाड़ की चोटी पर खोह में छुपा दिया। यह पहाड़ी मनहरा नदी के इस पार बिहार राज्य पथ से तीन किलोमीटर दक्षिण तथा महुअरिया रेलवे स्टेशन से उत्तर की ओर है। उस समय शिवपहरी बहुत घनघोर और भयानक जंगल रहा होगा, क्योंकि आज भी वहाँ बीहड़ जंगल है।

वंशीधर मंदिर की मूर्ति की स्थापना तथा मंदिर-निर्माण नगर उटारी के राजा भवानी सिंह की धर्मपत्नी रानी शिवमणि कुँवर ने कराया था। रानी बाल विधवा

तथा निस्संतान थीं। वे धर्मनिष्ठ, दानी, दयालु तथा भगवान श्रीकृष्ण की अनन्य पुजारिणी थीं। वह श्रीकृष्ण के दर्शन, भजन व कीर्तन में सदा लीन रहा करती थीं। जनश्रुति है कि एक बार कृष्ण जन्माष्टमी के अवसर पर निराहार श्रीकृष्ण नाम का जप करते-करते बेसुध पड़ गईं। इसी अवस्था में उन्हें स्वप्न हुआ, जिसमें श्रीकृष्ण के अद्भुत प्रकाश में रानी की आँखों से अश्रुधारा अविरल बहने लगी। वह भाव विह्वल होकर भगवान के चरणों में गिर पड़ीं। भगवान ने विह्वल रानी से कहा, "मैं तुमसे अत्यंत प्रसन्न हूँ, वर माँगो।"

रानी के स्वर फूट पड़े, "भगवान, मुझे यही वरदान दो कि मैं तुम्हारी छवि निरंतर निहारती रहूँ।" भगवान ने कहा, "कनहर नदी के इस पार शिवपहरी पहाड़ी की चोटी पर मैं गड़ा हुआ हूँ। तुम मुझे वहाँ से लाकर अपने राज्य में स्थापित करो, इसी से तुम्हारी मनोकामना पूर्ण हो जाएगी।" फिर भगवान श्रीकृष्ण की छवि अंतर्ध्यान हो गई।

कहते हैं, सुबह होते ही रानी अपने विश्वस्त कर्मचारियों, पंडितों, स्वजनों, हाथी और गाजे-बाजे के साथ कीर्तन करती हुई निर्दिष्ट स्थल के लिए चल पड़ीं। स्वप्न में देखे स्थल पर पहुँचकर उन्होंने घुटने टेका तथा प्रार्थना कर, माथा टेका तथा दोनों हाथों से मिट्टी हटाने लगीं। कुछ देर में ही एक अद्भुत शब्द हुआ। भगवान वंशीधर का शीर्ष भाग चमक उठा। मंत्रोच्चार के साथ खुदाई की गई। पूरा विग्रह निकल आया। रानी आनंदविभोर हो गईं।

साढ़े बत्तीस मन वजन तथा साढ़े चार फीट ऊँचाई की अष्टधातु निर्मित यह प्रतिमा उत्तरी भारत में सर्वश्रेष्ठ कलाकृति है। मूर्ति की विधिवत् स्थापना संवत् 1885 में की गई थी। अष्टधातु निर्मित स्वर्ण वर्ण शेषनाग के मस्तक पर जड़ित कमल पुष्प पर मुसकराती हुई बाँकी चितवन से त्रिभंगी रूप में श्रीकृष्ण वंशीवादन कर रहे हैं। अब कमलपुष्प पीठिका का ही दर्शन हो पाता है, शेषनाग भूगर्भ में गड़े होने के परिणामस्वरूप नहीं दिखाई पड़ता है। भगवान के शरीर पर पीतांबर, गले में रुद्राक्ष की माला शोभित है। भगवान के कानों में चमकते हुए कुंडल, सिर के बालों के ऊपर करंड, भुजा में भुजबंध, कलाई में वलय, माथे पर मणि उर्णा, कमर में करधनी, अंगुली में अँगूठी धारण किए हुए हैं। मंदिर में राधा-कृष्ण की प्रतिमा के साथ ही सीता-राम, हनुमान, शंकर-पार्वती की प्रतिमाएँ भी स्थापित हैं।

सदियों पुरानी मूर्ति होने के बावजूद इसकी चमक सोने जैसी बनी हुई है, इसलिए लोगों को ऐसा भ्रम होता है कि यह स्वर्ण मूर्ति है। यहाँ श्रीकृष्ण जन्माष्टमी के अवसर पर श्रद्धालु जुटते हैं। शिवरात्रि के समय एक महीने तक यहाँ मेला

लगता है। इसमें दूर-दराज से काफी संख्या में लोग पहुँचते हैं। मेले में पालतू पशुओं की खरीद-बिक्री भी बड़े पैमाने पर की जाती है।

मंदिर के पुजारी श्री रिद्धेश्वर तिवारी मंदिर का संक्षिप्त इतिहास बताते हुए अंकित शिलालेख की ओर इशारा करते हैं, जिसपर लिखा है—

"श्री स्वस्ति श्री ठाकुरजी श्री कृष्णजी का धाम। महाराज भवानी सिंहस्थ धर्मपत्नी शिवमानी कुँवरदेव देवी ने तैयार की श्री शुभ संवत् 1885 की श्री कृष्ण प्रीतयर्थ शुभम्।"

□

# महाकाल मंदिर

भारत के द्वादश ज्योतिर्लिंगों में प्रमुख, मध्य प्रदेश के उज्जैन नामक नगर में महाकाल का मंदिर है। यह दक्षिणाभिमुख महाकालेश्वर का गगनोन्नत मंदिर है।

महाकाल—काल के अनंत समुद्र का अतिक्रमण कर सहस्रों वर्षों से जिसका निनाद मुखरित है, अनेक कवि-कोविदों ने जिसकी अर्चना की है, जिसके विषय में पुराण की उक्ति है—'मृत्युलोके महाकालम्।' आज से कई सौ वर्ष पहले महाकवि बाण ने जिसके विषय में लिखा था। अवंती देश में उज्जयिनी नाम की नगरी है। उसकी शोभा अमरलोक से भी बढ़कर है। वह सब भुवनों का तिलक है। सतयुग की मानो जन्मभूमि है। तीनों भुवनों की उत्पत्ति, पालन और नाश करनेवाले श्री महाकालेश्वर महादेव ने अपने रहने के योग्य मानो दूसरी पृथ्वी बनाई है।

ब्रह्मांडपुराण, अग्निपुराण, गरुड़पुराण तथा लिंगपुराण में महाकालेश्वर मंदिर की महिमा का वर्णन है। वामनपुराण में यह कथा विस्तार से दी हुई है कि किस प्रकार प्रह्लाद शिप्रा-स्नान कर महाकालेश्वर के दर्शन करने पहुँचे। स्कंदपुराण के प्राय: दो सौ पृष्ठों में उज्जयिनी और महाकालेश्वर का विशद वर्णन है।

उज्जयिनी के साथ महाकालेश्वर का नाम अटूट रूप से जुड़ा हुआ है। उज्जयिनी इतिहास के आदिकाल से भी प्राचीन नगरी मानी गई है और यहाँ भारत के सुप्रसिद्ध बारह ज्योतिर्लिंगों में से एक की स्थापना होने के कारण सहस्रों वर्षों से यह देश का प्रमुख तीर्थ रहा है।

शिवपुराण की एक कथा के अनुसार, ब्रह्माजी का वर पाकर दूषण नामक एक राक्षस शिवभक्तों का विनाश करता हुआ उज्जयिनी आया। जब इस राक्षस ने भगवान शिव की आराधना में लीन एक ब्राह्मण पर प्रहार करना चाहा, तब भीषण

नाद के साथ महादेव प्रकट हुए और महाकाल का रूप धारण कर उन्होंने राक्षस का वध किया। महाकालेश्वर की स्थापना इसी समय की गई।

कहा जाता है कि मानवलोकेश्वर महाकाल की पूजा भगवान राम और कृष्ण ने भी की थी। भगवान श्रीकृष्ण अपने बड़े भाई बलराम और बंधु सुदामा के साथ उज्जयिनी पढ़ने आए थे और महर्षि व्यास से उन्होंने शिक्षा ग्रहण की थी। शिक्षा समाप्त कर घर लौटने के पूर्व वे महाकाल मंदिर में पूजा करने आए थे। उन्होंने एक सहस्र कमल शिवजी के सहस्र नाम के साथ समर्पित किए थे।

काल का अजस्र स्रोत बहता गया। यह महाकालपुरी समय की आँधियों को झेलती रही। फिर एक दिन 'मेघदूत' के स्रष्टा महाकवि कालिदास का आविर्भाव हुआ। महाकालेश्वर की घंटियाँ बजती रहीं। लाखों शिवभक्तों के श्रद्धा-प्रेरित हाथ इन घंटियों को बजाते रहे। भगवान शिव की विशाल स्वयंभू दक्षिण मूर्ति की प्रार्थना महाकवि कालिदास को भी श्रद्धा विगलित करती रही। आज से दो हजार वर्ष पूर्व महाकवि ने अपनी पद्य-पुष्पांजलि महाकालेश्वर के चरणों में अर्पित की थी।

विरह से दग्ध यक्ष के लिए कवि ने 'मेघदूत' की सृष्टि की। मेघ को शीघ्रता से जाने का आदेश देकर भी कवि अपनी प्रिय नगरी अवंती और महाकालेश्वर के मंदिर को नहीं भुला पाया। उसने मेघ से कहा था—"हे मेघ! यदि तुम महाकालेश्वर के मंदिर में साँझ होने से पहले पहुँच जाओ तो वहाँ तब तक ठहर जाना, जब तक सूर्य भली प्रकार आँखों से ओझल न हो जाए और जब महादेव की साँझ की सुहावनी आरती होने लगे, तब तुम भी अपने गर्जन का नगाड़ा बजाने लगना। तुम्हें अपने गंभीर गर्जन का पूरा-पूरा फल मिल जाएगा।"

प्राचीन उज्जयिनी के इस महामंदिर के स्तंभों की संख्या 121 थी और मंदिर भी 121 गज ऊँचा था। यह मंदिर अनेक रत्न-अलंकारों से जड़ा हुआ था और इसके धवल प्रांगण में मणि-मुक्ताओं के तोरण झूला करते थे।

लेकिन वह प्राचीन वैभव प्राचीन गौरव की तरह ही इतिहास के गर्भ में विलीन हो गया। यह मंदिर अनेक बार क्षत-विक्षत हुआ। शताब्दियों बाद भोज के आत्मज उदयादित्य ने इसका जीर्णोद्धार करवाया था। फिर सन् 1734 में सिंधिया-शासन के ब्राह्मण दीवान श्री रामचंद्र राव ने इसका नवनिर्माण करवाया।

मंदिर चाहे जिस अवस्था में रहा, भक्तों की श्रद्धा में कभी कोई कमी नहीं आई। हजारों साल से यह महामंदिर पावन तीर्थ बना रहा।

कहा जाता है कि भारत का सर्वप्रथम अभिनय इंद्रध्वज महोत्सव के प्रसंग पर इसी मंदिर के प्रांगण में अभिनीत हुआ था।

प्राचीन राजाओं ने इस मंदिर के लिए सनदें प्रदान कीं। उसी परंपरा को मुगल बादशाह अकबर और जहाँगीर ने भी कायम रखा। मंदिर में नंदा-दीपक जलाने के लिए शासको से व्यय प्राप्त होता रहा।

मंदिर के भीतर गुहा-गृहद्वार से प्रवेश किया जाता है। मंदिर के दो भाग हैं—ऊपरी और भीतरी। ऊपरी भाग में ओंकारेश्वर महादेव की मूर्ति है। भीतरी भाग भूमिगत है। यहाँ भगवान शिव की विशाल स्वयंभू दक्षिण मूर्ति स्थित है। शिवजी के समक्ष नंदीगण, पश्चिम में गणेशजी, उत्तर में पार्वतीजी तथा पूर्व में कार्तिकेय की मूर्तियाँ हैं। तांत्रिक दृष्टि से शिव की इस दक्षिण मूर्ति की आराधना का महत्त्व है, बारह ज्योतिर्लिंगों में यह महत्त्व केवल यहीं प्राप्त होता है।

इस मंदिर में लगातार दो नंदा-दीप जलते रहते हैं। पहले प्रवेश के लिए एक ही द्वार था, कुछ समय पहले एक दूसरा द्वार भी बन गया है। रात के समय बिजली के प्रकाश में इसकी भव्यता और बढ़ जाती है। इस मंदिर के सामने एक जलकुंड है, जिसका नाम 'कलह नाशन' है। कुंड के निकट गर्भागार में ब्राह्मणों की बैठक है।

मंदिर का पिछला हिस्सा भी बहुत विशाल है। सैकड़ों आदमी यहाँ आसानी से अट सकते हैं। मंदिर के प्रवेश-द्वार के प्रांगण में कोटितीर्थ का विशाल भाग चारों तरफ से खुला और फैला हुआ है। महाकालेश्वर के सभा-मंडप में एक और अवंतिका देवी की मूर्ति है, जो प्राचीन उज्जयिनी नगरी की अधिष्ठात्री देवी मानी जाती है।

श्रावण के महीने में महाकालेश्वर मंदिर मानो एक मेला-स्थल बन जाता है। श्रावण मास के सोमवार तो उज्जयिनी के लिए समारोह के दिन हैं। शिवरात्रि के समय नवरात्रि का जो उत्सव यहाँ होता है, वह तो अद्‌भुत ही है। बारह वर्षों में सिंहस्थ का जब महापर्व उज्जयिनी में होता है, उस समय महाकालेश्वर के प्रांगण में भक्तों का समुद्र उमड़ पड़ता है।

महाकालेश्वर की त्रिकाल-पूजा होती है। प्रातःकाल सूर्योदय से पहले एक पूजा होती है, जिसमें शिव पर चिताभस्म का लेपन किया जाता है। महाकालेश्वर की पूजा प्रातः, मध्याह्न और सायंकाल होती है। पूजा का दृश्य अद्‌भुत होता है। समवेत स्वर से भगवान शिव का स्तवन मन-प्राण में एक अलौकिक भावना का उद्रेक करता है। धूप, दीप, नैवेद्य, आरती, मंत्र, पुष्पांजलि, अर्चन, पूजा—ये सभी वातावरण में उदात्त भावना का संचार करते हैं। मंदिर के दक्षिण भाग में ऊपर वृद्ध कालेश्वर, अनादि कालेश्वर और शिव मंदिर हैं।

मंदिर के स्थापत्य पर यदि हम दृष्टि डालें तो यहाँ तीसरी-चौथी सदी के मृत्तिका चित्रों की उपलब्धि होती है। उसके बाद महाकाल का समृद्ध चित्र हम परमार-काल में पाते हैं। ध्वस्त अवशेषों और पुरातत्त्व सामग्री से हमें ज्ञात होता है कि एक बहुत ही ऊँचा देवालय यहाँ खड़ा था। मूर्तियों तथा स्तंभों में परमार और चालुक्य शिल्प का प्रभाव स्पष्ट है। रामचंद्र राव ने अठारहवीं सदी में पुरातन अवशेषों को लेकर ही नवीन मंदिर खड़ा किया। आज दक्षिण और उत्तर शैलियों का संगम इस मंदिर में स्पष्ट दिखलाई पड़ता है।

महाकालेश्वर के निकटवर्ती भूभाग को 'महाकालवन' कहा जाता था। महाकालेश्वर का मंदिर, कुंड और उसके चारों ओर छोटे-छोटे मंदिर हैं। पूर्णिमा की रात में इन्हें देखने पर लगता है, मानो यह किसी कल्पना-लोक की सृष्टि है।

भगवान शिव मंगलमय हैं। महाकालेश्वर का मंदिर मानव-मन की शुचिता का प्रतीक है। यहाँ की वाणी में मानवता की कल्याण-कामना है। यहाँ के घंटों की ध्वनि में मानव-मन की श्रद्धा भरी आस्था है।

□

# हरिहरनाथ मंदिर

हरिहर क्षेत्र मंदिरों का नगर है। गंडकी के दोनों किनारों पर छोटे-बड़े पचास से भी अधिक मठ-मंदिर हैं। हरिहरनाथ मंदिर इस क्षेत्र का प्रतिनिधि मंदिर है और इसी मंदिर में 'हरि' और 'हर' की संयुक्त प्रतिमा प्रतिष्ठित है। यह प्रतिमा अत्यंत प्राचीन है तथा भारत के किसी दूसरे हिस्से में इस तरह की कोई दूसरी प्रतिमा नहीं है। मंदिर में स्थापित शिवलिंग अन्य शिवलिंगों से सर्वथा भिन्न है। कहते हैं, वाममार्गियों के मंदिरों में ही ऐसा शिवलिंग पाया जाता है। इस लिंग से जुड़ी हरि यानी विष्णु की मूर्ति भी विलक्षण है—नाक चिपटी हुई, हाथ में कमल नहीं और पैर कटा हुआ। कटे हुए पैर के स्थान पर नकली पैर रखे गए हैं। विद्वानों के अनुसार यह प्राचीनता का द्योतक है।

पौराणिक कथा के अनुसार महर्षि वेदशिरा गंगा के उत्तरी तट स्थित वन में तपस्यालीन थे। देवराज इंद्र ने उनकी तपस्या भंग करने हेतु भेजा। अप्सरा ने अपने नृत्य से महर्षि की तपस्या भंग करने की चेष्टा की, जिससे महर्षि क्रोधित हुए एवं शाप दिया कि अपने चंचल स्वभाव के कारण तू एक चपला नदी होगी। मुनिवर के शाप से दुःखी अप्सरा ने मुनिवर से शाप-विमोचन का उपाय पूछा। मुनिवर ने कहा कि 'तू एक पवित्र नदी समझी जाएगी एवं तेरे उदर में भगवान विष्णु शिला रूप में वास करेंगे।' कहते हैं, तभी से इस नदी को हम 'नारायणी या शालिग्रामी' के नाम से भी जानते हैं एवं कालक्रम से इसी नदी में भगवान विष्णु गज की रक्षा करने पधारे थे। 'पद्मपुराण' में भी इसकी उल्लेख मिलता है कि हिमालय पर्वत के दक्षिण में शालिग्रामी नदी का क्षेत्र धर्मक्षेत्र एवं महाक्षेत्र है। इन्हीं कारणों से हरिहर क्षेत्र भारत के कुरुक्षेत्र, वाराह क्षेत्र की तरह एक पावन क्षेत्र है।

'पद्मपुराण' में यह भी वर्णन आया है कि शालिग्रामी से उत्तर हिमालय के

दक्षिण की पृथ्वी महाक्षेत्र है। यहाँ बाबा हरिहरनाथ का मंदिर है। उसी स्थान पर भगवती शालिग्रामी पतित-पावनी गंगा में आकर मिली है। अत: संगमक्षेत्र होने के कारण इस महाक्षेत्र का माहात्म्य बहुत बढ़ गया है। यह भी कथा है कि शालिग्रामी तथा गंगा का संगम होने एवं महाक्षेत्र का अंतिम भाग होने के कारण ही यहाँ 'हरिहर' की स्थापना हुई।

यह स्थल सारण जिले के पूर्वी छोर सोनपुर तथा वैशाली के पश्चिमी भाग हाजीपुर के लंबे भाग में फैला है। इसके मध्य से गंडकी बहकर दक्षिण में गंगा नदी से मिलती है। यहाँ कार्तिक मास में स्नान का विशेष महत्त्व है।

हरिहर क्षेत्र की उत्पत्ति के संबंध में कहा जाता है कि 28 मन्वंतर के पूर्व मध्य नामक पर्वत के शिखर पर ब्रह्माजी संपूर्ण यज्ञों का भार लेकर विष्णु और शंकर के साथ पहुँचे। ब्रह्मा की बड़ी पत्नी सरस्वती का आह्वान हुआ, पर वे विलंब से पहुँचीं। इसी बीच शीघ्रतावश ब्रह्मा की छोटी पत्नी गायत्री से आवश्यकतानुसार दीक्षा-कार्य संपन्न कराया गया। सरस्वती पीछे पहुँचीं और इस कार्य से बहुत कुपित हुईं। देवताओं तथा गायत्री को उन्होंने शाप दिया कि आप जड़ीभूत होकर नदी में बह जाएँ । गायत्री ने भी क्रोधांध होकर सरस्वती को नदी होने का शाप दे दिया। फलस्वरूप ब्रह्मा, विष्णु, महेश नदी हो गए और अन्यान्य देवगण पाषाण। यह यज्ञ समाप्त तो न हुआ, अंतत: ब्रह्मा ने हरि और हर के लिंग की स्थापना कर दी, जिससे हरिहर क्षेत्र विख्यात हुआ।

यह निर्विवाद है कि 'हरि' की संयुक्त प्रतिमा के कारण इस क्षेत्र को 'हरिहर' क्षेत्र की संज्ञा दी गई। किंतु, यह प्रतिमा कब और किसके द्वारा स्थापित की गई, इस पर एक मत नहीं है। कहते हैं कि प्राचीन काल में सनातन हिंदू समाज शैव और वैष्णव संप्रदायों में कटुता के साथ विभक्त था। शैव हर यानी शिव के उपासक थे। वैष्णव हरि-पूजक। इन संप्रदायों का मतभेद जब हिंसक रूप लेने लगा तो धर्माचार्यों ने इनमें आपसी सद्भाव कायम करने के लिए एक महासम्मेलन बुलाया। महासम्मेलन में दोनों संप्रदाय के लोग इस नतीजे पर पहुँचे कि हरि और हर में कोई भेद नहीं है, बल्कि वे दोनों वस्तुत: एक ही सर्वेश्वर का रूप हैं। सर्वेश्वर ही हरि के रूप में पालन तथा हर के रूप में संहार की क्रियाएँ करते हैं। ऐसा विश्वास है कि उसी महासम्मेलन में हरि और हर की संयुक्त प्रतिमा की प्राण-प्रतिष्ठा हुई। जिस स्थल पर यह प्रतिमा स्थापित की गई, उसे शास्त्रों में हरिहर क्षेत्र कहा गया। वह संयुक्त प्रतिमा आज भी हरिहरनाथ मंदिर में प्रतिष्ठित है, जहाँ प्रत्येक वर्ष कार्तिक पूर्णिमा के दिन लाखों तीर्थयात्री जल अर्पित कर मोक्ष की कामना करते हैं।

हरिहर क्षेत्र पौराणिक गज-ग्राह युद्ध से भी जुड़ा है। कहते हैं, यहीं गंडकी नदी में गज-ग्राह का लंबा युद्ध चला था। गजेंद्र अपनी हस्तनियों के साथ स्नान करने के लिए नदी में जैसे ही उतरा कि एक ग्राह ने उसका पैर पकड़ लिया। दोनों में कई वर्षों तक युद्ध चला। गजेंद्र जब पराजित होने लगा तो उसने भगवान विष्णु को पुकारा। वह विष्णुभक्त था। तब भगवान विष्णु ने कार्तिक पूर्णिमा के दिन कोनहारा घाट के निकट ग्राह का वध कर गज का उद्धार किया था। हरिहर क्षेत्र मेले की उत्पत्ति उस कथा से जुड़ी बताई जाती है।

हरिहर क्षेत्र को सिद्ध तंत्रपीठ भी माना गया है। वाममार्गियों का कभी यह साधना-स्थल रहा है। दक्षिणमुखी नदी के किनारे तंत्रपीठ की अवस्थिति मानी गई है। यहाँ गंडकी उत्तर से दक्षिण दिशा में बहती हुई गंगा में मिलती है। दूसरी तरफ हाजीपुर के कोनहरा घाट स्थित नेपाली मंदिर भी वाममार्गियों का साधना केंद्र माना जाता है। नेपाली मंदिर और काली मंदिर आमने-सामने हैं। बीच से गंडक नदी बहती है।

कार्तिक पूर्णिमा के अवसर पर यहाँ एक माह का मेला लगता है। कहते हैं, इतनी बड़ी मात्रा में पशुओं की खरीद-बिक्री किसी भी मेले में नहीं होती। □

# श्रीनवद्वीप धाम

प्रेम और भक्ति के अमर गायक, भक्त शिरोमणि महाप्रभु चैतन्य की जन्मभूमि होने के कारण नवद्वीप दिव्य तीर्थ बन गया है। चैतन्य पंद्रहवीं सदी के अंत में अवतरित हुए थे। उस समय देश में धर्म के नाम पर आडंबर, दिखावा, अंधविश्वास और आपसी झगड़ों का सिलसिला जारी था। ऐसे समय चैतन्य देव ने भटके हुए लोगों को धर्म का मर्म समझाया।

पश्चिम बंगाल के विभिन्न तीर्थों में नवद्वीप धाम का अपना महत्त्वपूर्ण स्थान है। यह चैतन्य महाप्रभु की लीलाभूमि है। इसीलिए यह हिंदुओं का सबसे पावन तीर्थ है और यह श्रीनवदीप धाम या 'बंगाल का वृंदावन' के नाम से पुकारा जाता है। यह कोलकाता से लगभग 96 कि.मी. पर गंगाजी के तट पर बसा बंगाल के नदिया जिले में पड़ता है।

किसी समय यह विभिन्न शास्त्रों की शिक्षा का केंद्र था और यहाँ उस काल के प्रसिद्ध शास्त्रवेत्ता रहा करते थे। यह स्थान ज्योतिषशास्त्र की शिक्षा का भी केंद्र था। पूर्वी बंगाल के ढाका और जसहर शहरों की तरह यह भी किसी समय बारीक मलमल के लिए प्रसिद्ध था।

इसके नाम संबंधी कई मत आए हैं। कुछ इतिहासकारों का कथन है कि इसका नाम नया द्वीप या नवद्वीप इसलिए पड़ा, क्योंकि यह गंगा में से अकस्मात् उभरकर ऊपर आ गया था। कुछ इतिहासकारों का मत है कि योगासन करने के लिए एक संन्यासी ने यहाँ रात के समय नौ दीये जलाए थे, जिससे लोग इस स्थान को नवद्वीप कहने लगे। कुछ और इतिहासकारों का मत है कि नौ द्वीपों का समूह होने के कारण इसका नाम नवद्वीप पड़ा। वे द्वीप हैं—अंत:द्वीप, सीमांत द्वीप, गोद्रम द्वीप, कोल द्वीप, ऋतु द्वीप, क्षण द्वीप, मोदद्रुम द्वीप और रद्र द्वीप।

चैतन्यदेव ने 1486 ई. में फाल्गुन मास की पूर्णिमा के दिन जन्म लिया था। उनकी माता शची देवी ने उनका नाम निमाई रखा था। कुछ लोग उन्हें 'गौरांग' कहकर पुकारते थे, क्योंकि उनका रंग अत्यंत गोरा था। अपनी पहली पत्नी लक्ष्मी की मृत्यु के पश्चात् उन्होंने विष्णुप्रिया से विवाह किया। युवावस्था में ही उनके पांडित्य की चर्चा होने लगी थी। कहा जाता है कि गया में अपने मृत पिता का अंतिम संस्कार करते समय वे 'गदाधर पद्म' को देखकर बहुत विचलित हुए थे। इस संबंध में सच्चाई जानने के लिए उन्होंने संन्यासी ईश्वरपुरी से दीक्षा ली और फिर वे पूर्ण रूप से चिंतन में लीन हो गए। कुछ वर्षों के बाद 1531 ई. में उत्तरायण के दिन उन्होंने केशव भारती से संन्यास दीक्षा ली, जो कटवा के माधवेंद्रपुरी के शिष्यों में से थे। तब से उनका नाम 'श्रीकृष्ण चैतन्य' पड़ गया। उनके प्रेम सिद्धांत और भक्ति-भावना से भरे गीतों को सुनकर नवद्वीप और आस-पास के इलाकों के लोग इतने प्रभावित हुए कि कुछ ही समय में वे उनका अनुकरण करने लगे और उनके शिष्य बन गए। यह उन्हीं के प्रेम का प्रताप था कि उस समय के दो प्रसिद्ध हत्यारे जगाई और मधाई भी उनकी शरण में आए और उनके शिष्य बन गए। शनैः-शनैः उनका प्रेम-सिद्धांत देश में चारों ओर दूर-दूर तक फैलने लगा। नवद्वीप में अपना काम समाप्त कर उन्होंने देश के विभिन्न तीर्थों की यात्रा की और अपने प्रेम सिद्धांत का प्रचार किया। 1533 ई. के आषाढ़ मास में 48 वर्ष की अल्पायु में वे इस भौतिक संसार से विदा हो गए। वैष्णव भक्त आज भी उनके बताए मार्ग पर चलते हैं और उन्हें ईश्वर मानते हैं।

चैतन्य प्रभु का जन्मस्थान नवद्वीप शहर गंगा और जलंधी नदियों के संगम पर स्थित है। यह बताना बहुत कठिन है कि क्या वर्तमान नवद्वीप उसी स्थान पर बसा हुआ है, जहाँ प्राचीन नवद्वीप स्थित था। पर, यह अनुमान लगाया जा सकता है कि गंगा के तट पर स्थित होने के कारण इसकी स्थिति में फर्क पड़ गया होगा।

कहते हैं कि प्राचीन काल में नवद्वीप में वैष्णव धर्म और संस्कृति के बढ़ते हुए प्रचार से शाक्त संप्रदायवाले, जिनके धर्म और संस्कृति का उस समय बोलबाला था, बहुत घबराए हुए थे। यह भी कहा जाता है कि वैष्णव संस्कृति और धर्म का खंडन करने के लिए उन्होंने कई स्थानों पर मंदिरों का निर्माण किया।

नवद्वीप धाम में कई दर्शनीय स्थान हैं। वहाँ प्रतिदिन उत्सव मनाए जाते हैं। शाम के समय कीर्तन होता है, शास्त्रों का पाठ होता है और सभी मंदिरों में कथा होती है। यहाँ भजनाश्रम है और वहाँ यात्रियों के ठहरने की सुविधा भी है। वैष्णव भक्तों द्वारा यहाँ वैशाख में चंदन-यात्रा, सावन में झूला, भादों में जन्माष्टमी, माघ में

घुलोट पर्व तथा फाल्गुन में गौर पूर्णिमा या डोल-यात्रा पर्व मनाया जाता है, जिसमें देवी काली की बड़ी-बड़ी मूर्तियाँ रखी जाती हैं। इसे 'पट-पूर्णिमा मेला' भी कहते हैं। यह मेला दो दिनों तक रहता है और इस अवसर पर बहुत बड़ी संख्या में लोग इकट्ठे होते हैं।

यहाँ एक योगीपीठ मंदिर भी है। भद्रकाली की विशाल मूर्ति देखकर दर्शक प्रभावित हुए बिना नहीं रहता। कारीगरों की कला-कुशलता चकित व मुग्ध कर देती है।

□

# मैहर की माँ शारदा

यह महज संयोग है या कि अंत:प्रेरणा कि मन में यह लालसा बराबर बलवती रही कि आल्हा-ऊदल की जन्मभूमि मैहर अथवा मातृगृह में माँ शारदा के भक्तिपीठ का दर्शन-पूजन करूँ। मुझे बराबर बताया गया था कि मैहरवासिनी माँ शारदा जगत् की प्राणाधार हैं और अपने भक्तों की रक्षा के लिए आश्चर्यजनक प्रमाण प्रकट किया करती हैं। इन्हीं माँ शारदा के वरदानस्वरूप इतिहासपुरुष आल्हा को अमरत्व का वरदान प्राप्त है और ऊदल को प्राप्त है अनेक राजाओं व अपने शत्रुओं से अजेय पराक्रम तथा जीत का श्रेय। इस संसार सागर में जो लोग लिप्त हैं और उन्हें हरेक क्षण स्थूल और सूक्ष्म विघ्न-बाधाएँ एवं अपने वैरियों से भिड़ंत की संभावना रहती है। यह माँ शारदा की कृपा है और जिसे माँ का आशीर्वाद मिल गया है, वह सिर्फ इतना ही कहता है—"रूप देहि, जय देहि, यशो देहि, द्विषो जहि।" यही कामना है, यही अभिलाषा है और माँ इन सभी अभिलाषाओं को पूरा करती हैं। माँ अपने भक्तों को जब बुलाना चाहती हैं, तब बुलाती हैं और भक्त उनकी पुकार पर खिंचे चले आते हैं।

मध्य प्रदेश का जिला मुख्यालय सतना सुरम्य पहाड़ियों के बीच घिरा हुआ एक शांत और सुंदर नगर है। सीमेंट फैक्टरी बन जाने से जनरव और कलरव तो बढ़े हैं, लेकिन बिहार प्रांत के नगरीय जीवन की तरह यहाँ आपाधापी, शोर-शराबा और धूल-धक्कड़ नहीं है। सुरम्य स्थान में बसे रहने के कारण सतना पर्यटकों का एक आकर्षक स्थल है। सतना को केंद्र मानकर यदि पर्यटन सुख उठाया जाए तो चित्रकूट धाम, मैहर धाम और खजुराहो के आकर्षक ऐतिहासिक स्थलों का केंद्र-बिंदु है—सतना। इसी उद्देश्य से मैंने अपनी यात्रा का पड़ाव सतना को बनाया और रात्रि-विश्राम कोलाहल से दूर एक स्वच्छ होटल पार्क में बिताया। सुबह

चार-साढ़े चार बजे मैं उठ गया और तैयार होकर राज्य बस डिपो पर आया। मैहर जानेवाली बस जबलपुर-कटनी के रास्ते में जाने वाले बस रूट में है। सारी बस तीर्थयात्रियों से भरी हुई थी, जिसमें मुख्यतः पश्चिमी उत्तर प्रदेश के असंख्य तीर्थयात्री गण सपरिवार यात्रा कर रहे थे। कई स्थानों पर रुकती हुई यह बस लगभग डेढ़ घंटे में मैहर पहुँची। सतना से इसकी दूरी लगभग 54 कि.मी. है।

मैहर का संक्षिप्त इतिहास यही है कि यह बुंदेलखंड मंडल के अंतर्गत सतना जिला रीवा संभाग में स्थित है। यहाँ पर त्रिकूट श्रीशैल पर माँ शारदा और नरसिंह भगवान की मूर्ति एवं प्राचीनतम मंदिर अवस्थित है। यह मंदिर गुप्त राजाओं के समय में निर्मित है। मैहर के आस-पास बिखरे इतिहास से जो कुछ मुझे प्राप्त हुआ है, उससे यह स्पष्ट होता है कि माँ शारदा की प्रतिमा एवं मंदिर-निर्माण काल ईसवी सन् 502, विक्रम संवत् 559 है। शारदा देवी का मंदिर एवं नरसिंह पीठ मैहर-खजुराहो के मंदिरों से 448 से लेकर 548 वर्ष प्राचीन है।

श्री शारदा देवीजी मैहर का स्थान शक्तिपीठ की श्रेणी में तो नहीं आता, लेकिन उसकी पौराणिकता में कोई संदेह नहीं है। आस-पास की जनश्रुतियों के अनुसार वे अट्ठाईसवें सतयुग के प्रमुख सत्य अवतार नरसिंह अवतार के प्रमुख शक्तिमान पीठ के रूप में है, जिसका आज भी नाम शारदा नरसिंह पीठ ही है। नरसिंह अवतार के साथ जो शक्ति रही है, वही शक्ति श्री लक्ष्मीस्वरूप माँ शारदा के नाम से जानी जाती है। यह त्रिशक्ति स्वरूप है, जो धन, बुद्धि, ज्ञान एवं अमरता आदि सकल मनोरथों की सिद्धिदात्री हैं। इस पीठ पर श्री शारदा नरसिंह की कृपा से मृत्यु पर विजय होकर अमरता प्राप्त होती है।

यह मंदिर एक ऊँची पहाड़ी पर अवस्थित है, जिसपर जाने के लिए 560 सीढ़ियों का मार्ग है, जिसे मैहर के राजा श्रीमान बृजनाथ सिंह के पूर्वज श्री दुर्जन सिंह ने सन् 1820 में बनवाया था। उन्होंने उत्तर दिशा में एक जलाशय का भी निर्माण कराया था। वर्तमान समय में भी मंदिर के अंतिम छोर तक कार-टैक्सी और टैंपो से कम समय में पहुँचा जा सकता है। टैंपो का भाड़ा यदि पूर्ण सुरक्षित रहे तो बीस रुपए के आस-पास होता है। इस स्थान पर आश्विन एवं चैत्र के नवरात्र में काफी बड़ा मेला लगता है।

आल्हा-ऊदल ने इन्हीं माँ शारदा की कृपा से उस समय लड़ी जानेवाली बुंदेलखंड की पाँच बड़ी लड़ाइयों में विजय प्राप्त की। और मैहर के साथ जुड़ी है आल्हा की वीर-गाथा, जो 'पावस का गीत' समझा जाता है। पावस ऋतु आई नहीं कि सुप्रसिद्ध कवि जगनिक के इस काव्य ग्रंथ के मधुर लोकगीत जन-जन के होंठों

पर थिरक उठते हैं। आचार्य शुक्ल ने 'परमाल रासो' अर्थात् 'आल्हा' के मूल रूप को हिंदी-साहित्य के काल-विभाजन में 'वीरगाथा काल' के अंतर्गत अत्यंत महत्त्वपूर्ण स्थान दिया था। मूल ग्रंथों का तो कोई पता नहीं है, लेकिन वीर छंदों में आज भी जनता का प्रेम और प्रोत्साहन पाकर आल्हा जीवित है।

आज भी आल्हखंड काव्य लोक-रुचि के साँचे में ढलकर जिंदा है, क्योंकि यह काव्य लोकचित्त की चंचल लहरों पर चलकर आया है। यह जनता को प्रिय था, उनके सुख-दुःख का साथी था और अपने इन महान् गुणों के कारण जनता के प्रति प्रीति पा सके और जीवित रहा। इसके समवयस्क काव्य लोक-रुचि के अनुकूल नहीं थे, इसलिए जनता की प्रीति नहीं पा सके और लुप्त हो गए। 'रामचरितमानस' के बाद लोकप्रियता अगर किसी काव्य-ग्रंथ ने पाई है तो वह है परमालरासो यानी आल्हखंड। इसमें वर्णित छंदों को सुनते ही कमजोर-से- कमजोर व्यक्तियों की शिराएँ तन जाती हैं और भर जाती है मन-प्राण में स्फूर्ति की एक नवीन धारा। मुझे ऐसा लगता है कि जिस तरह से महावीर हनुमान ने तुलसी को आशीर्वाद देकर रामचरितमानस का जनमानस में समाहित कराया, उसी तरह माँ शारदा ने बुंदेलखंड के इस वीररस से ओत-प्रोत काव्य-ग्रंथ को भारत के एक बड़े भू-भाग में समादृत कराया और यही आल्हा की अमरता का रहस्य है; क्योंकि काल के कपोल पर लोक-रुचि की रचनाएँ जीवित रहती हैं। माँ शारदा के पास पहुँचने के पहले मंदिर के प्रांगण में बाहर नारियल फोड़कर उसके बाद माँ का दर्शन किया जाता है और मंदिर के प्रकोष्ठ में पहुँचने पर भक्त श्रद्धालुओं को एक विद्युत् शक्ति के झटके का आभास होता है और सब भक्तों की तो माँ के सान्निध्य में दृष्टि जाती है और एक क्षण के लिए लगता है जैसे मन-प्राण जुड़ गए हों।

□

# ओंकारेश्वर मंदिर

तीर्थ एवं पर्यटन की दृष्टि से अमरेश्वर काफी महत्त्वपूर्ण है। यह मध्य प्रदेश के पूर्वी निमाड़ जिले में पश्चिम रेलवे के ओंकारेश्वर रोड (मोटरक्का) रेलवे स्टेशन से 12 कि.मी. की दूरी पर स्थित है।

अमरेश्वर स्थित ओंकारेश्वर ज्योतिर्लिंग की उत्पत्ति की कथा रोचक है। प्राचीनकाल में देवर्षि नारदजी शिवोपासना करते हुए विंध्यगिरि पर पधारे। विंध्य पर्वत ने नारदजी का भक्तिभावपूर्ण अतिथि-सत्कार किया। विंध्य ने श्रद्धावनत होकर कहा, ''भगवान, मेरा अहोभाग्य है कि आपकी कृपा से यहाँ किसी प्रकार की कमी नहीं है। मैं आपकी क्या सेवा करूँ?''

विंध्य की अहंकार भरी बातें सुनकर नारदजी ने उसका अहंकार घटाने का निश्चय किया। वे क्रोध में आकर अपनी श्वास रोककर वहीं खड़े रहे। नारदजी के क्रोध रूप को देखकर विंध्य ने प्रश्न किया, ''मुनिवर, आप क्यों रुष्ट हैं? मुझसे कोई भूल हुई हो तो कहिए।''

विंध्य का वचन सुनकर नारदजी ने कहा, ''तुम्हारे यहाँ निश्चय ही किसी प्रकार की कमी नहीं है, किंतु तुम सर्वश्रेष्ठ नहीं हो, क्योंकि तुम्हारे शिखर सुमेरु पर्वत के शिखरों के समान देवलोक तक नहीं पहुँचते हैं।'' यह कहकर नारदजी चले गए। नारदजी का इस प्रकार का कथन सुनकर विंध्य को अत्यंत आत्मग्लानि हुई तथा वह बहुत दुःखी हुआ और इस न्यूनता से मुक्ति पाने के लिए कोई उपाय सोचने लगा, और अंत में इस निश्चय पर पहुँचा कि भगवान शंकर को प्रसन्न किया जाए। अपने निश्चय के अनुसार उसने शंकर की कठोर तपस्या की।

उसकी कठोर तपस्या से प्रसन्न होकर आशुतोष भगवान शंकर ने विंध्य को अपने दर्शन दिए और अपने दिव्य स्वरूप का उसे दर्शन कराया, जो देवता-मुनियों

को भी महान् दुर्लभ था। भक्ति-विभोर होकर विंध्य ने शंकर से सभी सिद्धियाँ पूरी कर वर माँगा। शिवजी ने विंध्य की मनोकामना पूर्ण की।

कहते हैं, जिस स्थान पर विंध्य ने तपस्या की थी, उसकी प्राकृतिक रचना में 'ओम' के आकार का पर्वत दृष्टिगत होता है और यथानाम तथागुण की लोकोक्ति को पूर्णतया चरितार्थ करता है। तभी से इस ज्योतिर्लिंग का नाम ओंकारेश्वर ज्योतिर्लिंग प्रसिद्ध हुआ।

विंध्य पर्वत का रोमांचक पर्वतीय क्षेत्र बरबस पर्यटकों का मन मोहता है। साथ ही इस पर्वत पर ओंकारेश्वर शिव मंदिर के अतिरिक्त ममलेश्वर महादेव का मंदिर भी है, जो नर्मदा के दक्षिण तट पर स्थित है। धर्मावलंबियों के लिए यह पवित्र स्थान है। ओंकारेश्वर के प्राचीन स्थान मार्कंडेय आश्रम पर अन्नपूर्णा मंदिर महाकाली, सरस्वती एवं दुर्गा की प्रतिमाओं के साथ भगवान विष्णु के विराट् रूप दर्शन योग्य हैं। गौरी सोमनाथ से विख्यात यह शिव मंदिर अनेक किंवदंतियाँ अपने साथ जोड़े हुए है।

ओंकारेश्वर शिव मंदिर के ऊपर पहाड़ी पर स्थित राजपरिवार की कुल देवी का सुंदर मंदिर है। इसके अलावा सिद्धनाथ मंदिर के बाहर बनी हुई बारहद्वारी कलात्मकता की दृष्टि से बहुत ही महत्त्वपूर्ण है। इन स्तंभों का सौंदर्य पत्थरों पर लिखी गई कविता के समान है। यहाँ नेमावर स्थित सिद्धनाथ मंदिर देश के इने-गिने मंदिरों में से एक है। ओंकारेश्वर शिव मंदिर के दक्षिण तट पर मुख्य मंदिर के सामने दोनों ओर ब्रह्मा, विष्णु के मंदिर हैं, जो 'ब्रह्मपुरी' तथा 'विष्णपुरी' कहलाते हैं। इसी क्षेत्र में गौमुख, त्रिशूलभेद कुंड, विज्ञानशाला तथा नयापुल स्थित हैं। यहाँ नर्मदा और कावेरी, दोनों नदियाँ एक स्थान पर मिलकर संगम बनाती हैं। कावेरी नर्मदा में मिलने के बाद एक बार फिर अलग घेरा बनाती है और आगे चलकर फिर मिल जाती है। इससे बने टापू पर ही आशापुरी और सिद्धनाथ राजमहल स्थित हैं।

नर्मदा नदी के समीप पहुँचने पर प्राकृतिक दृश्यों का अनुपम सौंदर्य, मत्स्य एवं अन्य जल-जंतुओं की क्रीड़ाएँ देखकर नास्तिक के हृदय में भी आस्तिकता के भाव जाग्रत् होने लगते हैं। पर्यटक एवं तीर्थयात्री यहाँ के दृश्य देकर मंत्रमुग्ध हो जाते हैं। उनके ठहरने के लिए यहाँ धर्मशालाएँ भी हैं।

□

# तीर्थधाम डाकोर

उत्तरी भारत के पवित्रतम तीर्थस्थानों में से डाकोर भी एक महत्त्वपूर्ण तीर्थधाम है। यह कस्बा भव्य ऐतिहासिक मंदिर और श्री रणछोड़राय की महिमा के कारण भारत-विख्यात है। प्राचीन काल में यहाँ खाखरिया नामक छोटा सा गाँव था। डंक मुनि के आश्रम के पास होने से इसका 'डंकपुर' नाम पड़ा तथा वर्तमान में यह 'डाकोर' नाम से जाना जाता है।

ढाक की सघन झाड़ियों से आच्छादित सुरम्य वन में यत्र-तत्र छोटे-छोटे निर्मल एवं शीतल जल से भरा जलाशय और उनमें विकसित कमल-दल उनकी शोभा-वृद्धि में सहायक थे। सरोवर किनारे संत-महात्माओं की झोंपड़ियाँ एवं आश्रम थे। उन्हीं में से एक कुटिया में तपोधन कंडक ऋषि के गुरुभ्राता तथा परम शिवोपासक डंक मुनि निवास करते थे। वे आश्रम के पास के वटवृक्ष के तले बैठकर शिव-आराधना करते थे। एक दिन अकस्मात् उनके मन में आराध्य के साक्षात् दर्शनों की इच्छा जाग्रत् हुई। उसके लिए उन्होंने वर्षों तक कठोर तपस्या करके सफलता प्राप्त की। साथ ही वे शिव से उनकी कुटिया में स्थायी वास के लिए वर प्राप्त करने में भी सफल हुए। मुनि भावनानुरूप महादेव बाण रूप में सदा के लिए वहाँ स्थापित हो गए। लोक-विश्वास अनुरूप उस बाण के प्रतीक हैं डंकेश्वर महादेव।

पौराणिक कथा बताती है कि द्वापर के अंतिम चरण में जब श्रीकृष्ण भीम के साथ हस्तिनापुर से द्वारका लौट रहे थे तो मार्ग में भीम को प्यास लगी। उसने श्रीकृष्ण से कहा तो उन्होंने हाथ से संकेत करके बताया कि उधर थोड़ी ही दूरी पर सरोवर एवं डंक मुनि का आश्रम है। उसी ओर चलते-चलते उसने श्रीकृष्ण से पूछा कि हे भगवन! आप तो अखिल विश्व में पूज्य हैं, फिर मुनि-दर्शनों को क्यों

महत्त्व देते हैं?

यह सुनकर श्रीकृष्ण हँसकर कहने लगे कि मेरे दर्शन तो वही करता है, जो मुझे भाता है; परंतु ऋषि-मुनियों के दर्शन तो सर्वत्र सुलभ हैं। गंगा केवल पापियों के पाप धोती है, चंद्रमा शीतलता प्रदान करता है, कल्पवृक्ष दरिद्रता दूर करता है और मैं केवल अपने भक्तों को मुक्ति देता हूँ; किंतु मुनिवृंद तो ये सभी चीजें एक साथ देने में समर्थ हैं।

मेरे दो रूपों में से अचल की प्रतीक प्रतिमा है तो चल रूप का व्यापक स्वरूप संत-महात्मा हैं। अतः संत-दर्शन, स्पर्श, कीर्तन और चरण-वंदना से पापी प्राणी भी पवित्र एवं पुण्यात्मा बन जाता है।

सरोवर पहुँचकर उसके शीतल एवं स्वच्छ जल से प्यास बुझाकर श्रीकृष्ण विश्रामार्थ सुरम्य तला-मंडप में जाकर बैठे थे। वहाँ का प्राकृतिक मनोरम दृश्य और मंद-मंद वायु के सुस्पर्श का सुखानुभव करते हुए वे मार्ग की थकान तथा कष्टों को भूल गए। भीम ने एक वृक्ष के तले बैठकर उस सरोवर को विशेष उपयोगी बनाने की कल्पना की थी। वह सरोवर के मध्य पहुँचा और अपनी विशाल गदा को घुमाकर इतने जोर से मारा कि सरोवर का आकार नौ सौ निन्यानबे बीघा में फैल गया।

गदा-प्रहार की प्रतिध्वनि से समूचे वन प्रदेश में प्रलय काल-सा आतंक छा गया। उससे वन-विहारी चौंके तो डंक मुनि की समाधि भंग हो गई। सरोवर का फैलाव और उसे जल से लबालब भरा देखकर मुनि को अत्यधिक विस्मय हुआ। अकस्मात् उनकी निगाह श्रीकृष्ण और भीम पर पड़ी, जो उन्हीं के आश्रम की ओर आ रहे थे। उन्होंने मंडली सहित श्रीकृष्ण का स्वागत किया और भीम का प्रणाम स्वीकारा।

श्रीकृष्ण के यह कहने पर कि मुनिराज, मेरे योग्य क्या सेवा है? यह सुन तुरंत उन्होंने कहा कि मैं स्वयं आपकी सेवा का अधिकारी हूँ। फिर भी, मेरी इच्छा है कि आप भी शंकर की तरह इस आश्रम में हमेशा के लिए निवास करें। यह सुनकर श्रीकृष्ण विचारमग्न हो गए। उसी क्षण शिव प्रकट हुए और कहने लगे कि मुनि की माँग लोक-कल्याणार्थ है। आपके दर्शन करके कलियुगी प्राणी पापमुक्त होंगे। इस पर श्रीकृष्ण ने कहा कि मैं आपके आग्रह और मुनि की भावना को स्वीकार करता हूँ। किंतु अभी तो मैं अपने अपूर्ण कार्यों को पूर्ण करने में व्यस्त हूँ। किंतु उनको पूर्ण कर द्वारका में निवास करूँगा और उसके पश्चात् वहाँ से डंकपुर आकर रहना आरंभ करूँगा।

कहावत है कि यदि कोई यात्री डाकोर में निष्काम भाव से सावन से चार मास बराबर निवास करता है और नियमित तुलसी-पत्र अर्पण कर प्रभु दर्शनों से अनिर्वचनीय फल-प्राप्ति का अधिकारी होता है।

इस तीर्थधाम के महत्त्व को उजागर करने तथा यात्रियों को आकर्षित करने में आस-पास के दर्शनीय स्थानों का भी कम योगदान नहीं रहा है।

डाकोर से वायव्यकोण में दो कोस की दूरी पर सुरेश्वर ऋषि ने तपस्या कर अपने आराध्य महादेव को प्रसन्न किया था। उस प्राचीन स्थान पर सुरेश्वर महादेव की स्थापना की गई। उसी शिवालय के पास ही रेणु कुंड था, जो काल के प्रभाव से अदृश्य हो गया।

डाकोर से चार कोस पूर्व दिशा में नीलकंठ ऋषि द्वारा स्थापित रणमुक्तेश्वर महादेव का मंदिर है। यहाँ शिवरात्रि पर मेला लगता है।

इस प्रकार डाकोर से पश्चिम की ओर चार कोस पर खलदपुर गाँव में नीलकंठ महादेव की मूर्ति है। वहाँ पर गालव ऋषि के उपदेश से तेजपाल और राजपाल वैश्यों ने महादेव को प्रसन्न करने हेतु आराधना की थी।

डाकोर से अग्निकोण में दो कोस की दूरी पर भैषज वन में चमत्कारी हनुमानजी की मूर्ति है। लोक-मान्यता है कि यहाँ नियमित सेवा-पूजा करने से शनि की पीड़ा मिटती है।

डाकोर से पूर्व दिशा की ओर छह कोस की दूरी पर गलतेश्वर महादेव का विशालकाय मंदिर है। इस शिवालय की स्थापना गालव ऋषि ने की थी। वहाँ गालवी गंगा की निरंतर जलधारा आज भी प्रवाहित होती रहती है।

यह तीर्थस्थान नड़ियाद से 38 और आणंद से 30 कि.मी. दूर है तथा बस मार्ग से जुड़ा हुआ है। यहाँ से बड़ौदा, सूरत, बंबई, अहमदाबाद, इंदौर, उज्जैन, शामलाती, उदयपुर, नाथद्वारा आदि अनेक शहरों एवं धार्मिक स्थानों को पथ-परिवहन निगमों की बसें नियमित आती-जाती रहती हैं।

□

# पक्षी तीर्थ

दक्षिण भारत का लगभग हरेक मंदिर किसी-न-किसी रूप में भगवान शंकर से जुड़ा हुआ है। दूसरे देवताओं के मंदिर तो वहाँ बहुत कम देखने को मिलते हैं। हाँ, वहाँ पर यह परंपरा जरूर है कि शिव मंदिर में ही भगवान विष्णु, ब्रह्मा आदि अन्य देवताओं की मूर्तियाँ भी बनवाई जाती हैं, लेकिन इन सब मूर्तियों में प्रमुखता शिवजी की मूर्ति को ही दी जाती है। इसीलिए शिवरात्रि के अवसर पर यह स्थल, जो कि 'पक्षी तीर्थ' के नाम से पूरे भारत में मशहूर है, देखने लायक होता है।

पक्षी तीर्थ का असली नाम 'तिरुक्कलुकोंड्रम' है। यहाँ पहुँचने के लिए मद्रास से 56 कि.मी. की दूरी पर स्थित चेंगलपट्टु जंक्शन पर उतरना होता है। इस जंक्शन पर उतरने के बाद पक्षी तीर्थ पहुँचने के लिए यहाँ से बस पकड़नी होती है। कई मील का चक्करदार रास्ता तय करने के बाद वेदगिरि की 500 फीट ऊँची पहाड़ी पर एक छोटी सी बस्ती दिखाई देती है।

इसी पहाड़ी पर वेदगिरिश्वर का मंदिर है। इस मंदिर में रोज दो पवित्र पक्षी दोपहर के बारह बजे आते हैं और प्रसाद ग्रहण करते हैं। इन पक्षियों के कारण ही यह स्थान 'पक्षी तीर्थ' के नाम से मशहूर हुआ।

पौराणिक कथा हमें बताती है कि दक्षिण में दो भाई रहते थे। उनमें से एक शिव का भक्त था और दूसरा शक्ति का। दोनों ही अपने-अपने आराध्य को महान् मानते थे। एक दिन शिव की भक्ति करनेवाले भाई ने कहा कि मेरा भगवान बहुत महान् है और दूसरे देवी-देवता भी उनकी पूजा करते हैं। यह बात दूसरे भाई को अच्छी न लगी। उसने कहा कि शिव भला शक्ति से बड़े कैसे हो सकते हैं? बात बढ़ते-बढ़ते यहाँ तक पहुँची कि दोनों में जबरदस्त झगड़ा हो गया और आखिर में

स्वयं शिवजी को उन दोनों भाइयों को समझाने के लिए आना पड़ा। भगवान शिव दोनों ही भक्तों को बहुत प्यार करते थे और उनकी भक्ति से प्रसन्न भी थे। उन्होंने दोनों भाइयों को समझाते हुए कहा कि शिव और शक्ति एक-दूसरे के पूरक हैं। तुम दोनों बेकार में झगड़ते हो। दोनों ही भाई बहुत जिद्दी थे। उन्होंने शिव की एक न सुनी और अपने-अपने आराधक को एक-दूसरे से बड़ा बताते रहे। इस पर शिवजी को क्रोध आ गया और उन्होंने दोनों ही भाइयों को यह शाप दे दिया कि वे अगले जन्म में पक्षी बन जाएँगे।

अब दोनों भाइयों को अपनी गलती का पता लगा। वे अपनी गलती पर बहुत पछताने लगे। यह किस्सा यहीं खत्म नहीं हुआ। अब उन दोनों भाइयों ने शिव की आराधना करनी शुरू की। उन्होंने कठिन तपस्या की। शिवजी तो ठहरे औघड़ दानी, दोनों की तपस्या से प्रसन्न होकर उन्होंने फिर से दर्शन दिए। दोनों ही भाइयों ने कहा कि भगवान हमसे बहुत भारी भूल हो गई है, अब आप हमें माफ कर दें और किसी तरह अपने इस विकट शाप से मुक्त करें। हमें अज्ञानवश आपकी बात पर ध्यान नहीं दिया।

दोनों भाइयों की प्रार्थना सुनकर शिवजी ने कहा कि अच्छा, मेरा यह शाप द्वापर-युग में खत्म हो जाएगा और तुम द्वापर में फिर से मनुष्य योनि में आ जाओगे। अब दोनों भाइयों ने घोर तपस्या की। वे शिवजी की पूजा-उपासना में सबकुछ भूल गए। इस निष्कपट भक्ति से शिवजी काफी प्रभावित हुए और फिर दौड़े हुए अपने भक्तों के पास जा पहुँचे। इस बार भगवान ने उन्हें आशीर्वाद दिया कि थोड़े समय के बाद तुम लोग जन्म-मरण के चक्कर से भी मुक्ति पा जाओगे। मगर अपनी जिद्दी प्रकृति के कारण दोनों भाई फिर अड़ गए कि भगवान थोड़े समय के बाद नहीं, हमें तो आप अभी जन्म-मरण के चक्कर से मुक्त कर दीजिए। शिवजी फिर उनसे नाराज हो गए और उन्होंने उन दोनों भाइयों को फिर से शाप दे दिया कि कलियुग के अंत तक तुम फिर से पक्षी ही बने रहोगे। इस पौराणिक कथा के आधार पर लोगों का यह विश्वास है कि 'पक्षी तीर्थ' के पवित्र पक्षी वे दोनों भाई ही हैं, जो कलियुग के अंत तक शिवजी के शाप के कारण पक्षी ही बने रहेंगे।

कहते हैं कि रोज सवेरे ही ये पक्षी स्नान करने वाराणसी जाते हैं और वाराणसी से स्नान कर रामेश्वरम् में पूजा करने जाते हैं। रामेश्वरम् में पूजा करने के बाद ही वे 'पक्षी तीर्थ' में प्रसाद ग्रहण करने आते हैं। 'पक्षी तीर्थ' से वे दोनों विश्राम करने चिदंबरम जाते हैं।

पक्षीराज के दर्शन करने के लिए 500 फीट ऊँची पहाड़ी पर चढ़ना होता है।

लोग 'पक्षीराज की जय' बोलते हुए ऊपर चढ़ते जाते हैं। सभी को यह फिक्र पड़ी रहती है कि कहीं 12 बजे का समय न निकल जाए और पवित्र पक्षी प्रसाद ग्रहण कर चिदंबरम के लिए रवाना न हो जाएँ। चोटी पर पहुँचते ही वहाँ के मनोहारी दृश्य को देखकर मन खिल उठता है। ऊपर से समुद्र के किनारे बने महाबलिपुरम् के मंदिर भी साफ दिखाई देते हैं। ऊपर एक खुली जगह में पुजारी बैठा रहता है और उसके पास एक बड़े बरतन में पक्षियों के लिए पोंगल रखा रहता है।

जैसे ही घड़ी की सुइयाँ एक-दूसरे का आलिंगन करती हैं, दूर आसमान में दो विशाल पक्षी आते हुए दिखाई देते हैं। पक्षी अपनी तय जगह पर आकर बैठ जाते हैं और पुजारी उन्हें पोंगल खिलाता है। सभी लोग 'पक्षीराज की जय' बोलते हैं। थोड़ी ही देर बाद प्रसाद ग्रहण करके पक्षी उड़ जाते हैं और बचे हुए पोंगल को पुजारी प्रसाद के रूप में सभी यात्रियों को बाँटता है।

□

# तीर्थराज पुष्कर

राजस्थान, जहाँ के कण-कण में वीर राजपूत योद्धाओं की वीर गाथाएँ अंकित हैं, जहाँ के ऐतिहासिक किले और अवशेष राजपूत काल की शिल्प एवं वास्तुकला की याद दिलाते हैं, वहीं पुष्कर है, जिसे लोग प्रयाग की तरह ही तीर्थराज मानते हैं। प्राकृतिक सौंदर्य, ऐतिहासिक किलों-महलों के साथ-साथ धार्मिक दृष्टि से भी पुष्कर एक दर्शनीय स्थान है। यहाँ देश-विदेश के पर्यटक आते ही रहते हैं।

ऐसी लोक-मान्यता है कि एक बार ब्रह्मा यज्ञ के लिए किसी पवित्र भूमि की तलाश में घूम रहे थे। इस क्रम में उनके हाथ से कमल का एक फूल गिर गया। जहाँ वह फूल गिरा, वहाँ स्वच्छ निर्मल जल का फव्वारा फूट पड़ा और वहाँ एक झील बन गई। इस झील के किनारे ब्रह्माजी का एक मंदिर है। यों तीन ओर से पहाड़ियों से घिरे पुष्कर में और इसके आस-पास 400 छोटे-बड़े मंदिर हैं, जिनमें प्रमुख ब्रह्माजी का मंदिर है। लोगों का विश्वास है कि साल में पाँच दिन एकादशी से कार्तिक पूर्णिमा तक यहाँ सभी देवी-देवता आते और ठहरते हैं। इस झील में स्नान करने से सारे पाप धुल जाते हैं। इस अवधि में यहाँ पाँच दिनों तक मेला लगा रहता है।

प्रतिवर्ष कार्तिक पूर्णिमा के दिन यहाँ के विश्व-प्रसिद्ध मेले को देखने दूर-दूर से लोग आते हैं।

समझा जाता है कि संस्कृत के महान् कवि कालिदास ने चौथी सदी में यहीं आकर 'अभिज्ञान शाकुंतलम्' की रचना की थी। ऐतिहासिक साक्ष्य के अनुसार 11वीं सदी में शाकंभरी के प्रसिद्ध चौहान राजा अजयदेव ने इस 'अजय मेरु' को बसाया था, जिसे आज 'अजमेर' कहा जाता है। दिल्ली से 400 कि.मी., राजस्थान

की राजधानी जयपुर से 132 कि.मी. और अजमेर से 11 कि.मी. की दूरी पर नाग पहाड़ के उस पार बसे पुष्कर में पर्यटकों के लिए बहुत कुछ दर्शनीय है। पुष्कर अरावली पर्वत-श्रृंखला में एक सुरम्य घाटी है।

**झील एवं घाट :** पुष्कर सरोवर के 52 घाट हैं। सरोवर चारों ओर अनेक राजा-महाराजाओं के विश्राम स्थल और मंदिरों से घिरा है। ये विश्राम स्थल भी महलों से कम भव्य नहीं हैं। लगभग 400 मंदिरों में प्रमुख ब्रह्माजी का मंदिर है। घाटी की ठंडी खुली हवा, गुलाब, चमेली, मोगरा, हजारा और अगर-धूप की सुगंध ने इस स्थान को मनोरम बना दिया है। यहाँ फोटोग्राफी की मनाही है।

**मंदिर :** पुष्कर बस स्टैंड से कुछ ही दूर राम बैकुंठ मंदिर है। इसे नए रंगजी का मंदिर भी कहा जाता है। इसके निर्माता हैं—डींडवाना के सेठ मगनी राम रामकुमार बाँगड़ा।

ब्रह्माजी का मंदिर पुष्कर के मुख्य बाजार के अंतिम छोर पर है। सभी मंदिरों में पुष्कर का प्रमुख मंदिर है। यहाँ ब्रह्माजी की चतुर्मुखी प्रतिमा है। मंदिर के प्रांगण में एक कछुआ अंकित है। इस मंदिर के पीछे रत्नगिरि पहाड़ी पर ब्रह्माजी की धर्मपत्नी सावित्रीजी का मंदिर है।

**सफारी :** यहाँ के कुछ स्थानीय होटल और ट्रैवेल एजेंसियाँ पर्यटकों के लिए सफारी का आयोजन करते हैं। इस आयोजन में पर्यटक रेत के टीले, रोमांचकारी यात्रा और ग्रामीण संस्कृति की झलक से आनंद और नई जानकारियाँ प्राप्त करते हैं। इस आयोजन में खाने-पीने एवं ठहरने की अच्छी व्यवस्था रहती है।

**पर्यटक गाँव :** राजस्थान पर्यटन विकास निगम द्वारा प्रत्येक वर्ष मेले के अवसर पर खीमों का एक गाँव तैयार किया जाता है। इस गाँव का विशेषकर पर्यटकों के लिए विशेष महत्त्व है। इन खीमों में पर्यटकों के लिए रहने-खाने की सभी सुविधाएँ रहती हैं। प्रत्येक खीमे में डबल बेड, तोशक-चादर, तकिया, गलीचा, मेज-कुर्सी आदि सभी चीजें रख दी जाती हैं। एक बड़े हॉल में 100 लोग एक साथ खा सकते हैं। भोजन के साथ कॉफी, स्नेक बार, बैंक काउंटर, डाकघर तथा आमोद-प्रमोद की भी सामग्री रहती है। इतनी सुविधाओं से संपन्न खीमे का आरक्षण महीनों क्या, साल भर पहले से ही शुरू हो जाता है।

विशेष आकर्षण है शाम को इस खीमा-ग्राम के खुले प्रांगण में होनेवाले विभिन्न रंगारंग सांस्कृतिक कार्यक्रम। इस कार्यक्रम के अंतर्गत कालबेलिया नृत्य, गुलाबों और पार्टी के कवार्ड, लोक-नृत्य घेर-घूमर के साथ-साथ चाँदनी रात में लोकवाद्य की धुन पर लोक-संगीत के सुरीले सुर से श्रोता मंत्रमुग्ध हो जाते हैं। इस

कार्यक्रम में भाग लेने के लिए राजस्थान के लोकप्रिय ख्यातिलब्ध लोक कलाकार शामिल होकर समारोह में चार चाँद लगा देते हैं।

**पुष्कर मेला :** पुष्कर मेला अब एक अंतरराष्ट्रीय मेला बन गया है। यह मेला प्रतिवर्ष कार्तिक शुक्ल एकादशी से कार्तिक पूर्णिमा तक लगता है। इस मेले में दूर-दराज के गाँवों के लोग पुष्कर झील में स्नान करने से पुण्यलाभ प्राप्त करने, सांस्कृतिक समारोह में आनंदित होते हुए विभिन्न प्रकार की मनपसंद चीजें खरीदने आते हैं। मेले में आयोजित कार्यक्रम बड़ा ही आकर्षक और आनंददायक होता है। पारंपरिक राजस्थानी वेशभूषा में सुसज्जित लोकनर्तक और नर्तकियों के पैरों की थिरकन और भाव-भंगिमाएँ देखकर दर्शक मुग्ध हो जाते हैं। लोकनृत्य और लोकगीतों से लोग भाव-विभोर हो जाते हैं। बच्चों के हैरतअंगेज करतब देखकर चकित रह जाना पड़ता है।

पुष्कर मेले में देखने और खरीदने की बहुत सारी चीजें मिल जाती हैं। पारंपरिक राजस्थानी डिजाइनों में बने यहाँ के जेवर दूसरे राज्यों की महिलाओं को ही नहीं, विदेशी महिलाओं को भी अपनी ओर आकर्षित करते हैं। इन जेवरों के अलावा प्राकृतिक रंगों से बनी ओढ़नी भी देश-विदेश की महिलाओं को बेहद पसंद है। तरह-तरह की कशीदाकारी की नुकीली जूतियाँ देखकर यहाँ के राजा-महाराजाओं की शान की याद आ जाती है।

**पशु मेला :** पुष्कर मेले का एक बड़ा आकर्षण है इस अवसर पर लगनेवाला विशाल पशुमेला। मेले में गाय, बैल, बकरियों और भैंस आदि कई पशुओं की खरीद-बिक्री होती है। इनमें ऊँट विशेष आकर्षण का केंद्र होता है। ऊँटों के तरह-तरह के करतब, जैसे—ऊँट-दौड़, ऊँटनृत्य, ऊँटगाड़ी की सवारी। सबसे अधिक सवारी लेनेवाले ऊँट आदि देखकर दर्शक आश्चर्यचकित रह जाते हैं। कृत्रिम मोतियों, सीपियों तथा रंग-बिरंगे परिधानों से सुसज्जित पशुओं को देखने का अलग ही आनंद है। पशु मेले में घूमना एक विशेष आनंदानुभव है। लहसुन की चटनी, ईंटों या पत्थरों को जोड़कर बनाए गए चूल्हे पर सेंकी गई रोटियों की महक और स्वाद भूले नहीं भूलता। ग्रामीण जब-तब बाँसुरी, पिपाडी तथा इकतारे पर मस्ती का राग छेड़ देते हैं। उनके पैर आप-ही-आप थिरकने लगते हैं। रोटियाँ बनाकर महिलाएँ भी इस रास-रंग में दिल खोलकर शामिल हो जाती हैं।

राजस्थान की राजधानी जयपुर से 132 कि.मी. दूर पुष्कर जाने के लिए रेल या सड़क मार्ग की सुविधा उपलब्ध है। अजमेर में सूफी संत चिश्ती की दरगाह के दर्शन करते हुए यदि पुष्कर जाया जाए तो नाग पहाड़ के हरे-भरे जंगलों और खेतों

के नजारे का आनंद लिया जा सकता है।

**ठहरने की जगहें :** सरोवर, रंगजी मंदिर के पास, फोन 72040, टूरिस्ट विलेज, गनेहड़ा रोड 72074, पुष्कर पैलेस, जयपुर घाट के पास 72401-3, जगत सिंह पैलेस 72953, जे.पी. टूरिस्ट विलेज, गनहड़ा 72067-68, नवरत्न पैलेस, ब्रह्मा मंदिर के पास 72145, लौकव्यू, सदर बाजार 72106, पैरामाउंट पैलेस, बड़ी बस्ती 72428।

**जानकारी की विशेष बातें :** पर्यटन सूचना केंद्र, आर.टी.डी.सी होटल सरोवर कैंपस, फोन 72040। पुष्कर के संबंध में विशेष जानकारी वेबसाइट www.pushkarraj.com पर भी प्राप्त की जा सकती है।

**सफारी आयोजक :** जी.एल. राजगुरु, आशीष-मनीष कैमल एंड हॉर्स, सफारी, ब्रह्मा मंदिर के सामने, फोन 72584, पीकॉक हॉली डे रिसॉर्ट, पुष्कर 72008, एस.टी.डी. कोड-0145।

☐

# इंद्र दमनेश्वर महादेव

बड़हिया-लखीसराय के बीच बालगुदर गाँव के पास छोटा सा गाँव चौकी है। यह चौकी ग्राम पूर्व रेलवे के बड़हिया-लखीसराय स्टेशन के बीच मनकथा रेलवे स्टेशन के समीप है। इसी ग्राम में पालवंश के राजा इंद्र दमन की राजधानी थी। इसी राजा द्वारा चौकी ग्राम में शिवलिंग की स्थापना की गई थी। इसी शिवलिंग को 'श्री इंद्र दमनेश्वर महादेव' कहा जाता है। इसके बारे में चर्चा है कि भगवान श्रीराम द्वारा पूजित तथा माता कौसल्या द्वारा वंदित श्री इंद्र दमनेश्वर महादेव शताब्दियों तक गुप्तवास करने के बाद 7 अप्रैल, 1977 को प्रकट हुए। उन्होंने यह श्रेय चौक निवासी एक सरल हृदय बालक अशोक को दिया। अशोक ने ही खेलते समय सर्वप्रथम इन महादेव का दर्शन किया और इसकी सूचना ग्रामवासियों को दी। इसीलिए इस तीर्थस्थान का नाम उसी बालक के नाम पर 'अशोक धाम' पड़ा। लखीसराय से कुछ ही दूरी पर पश्चिम में 'हरिद्रद' नदी है, जिसे वर्तमान में हरहर नदी के नाम से जाना जाता है। इसी नदी के तट पर भगवान श्रीराम अपनी बहन शांता से मिलने एवं माता कौसल्या को लिवाने उतरे थे। यहीं लखीसराय के कुछ दूरी पर अवस्थित ऋष्यहग पर्वत पर उनका निवास था। भगवान श्रीराम विवाहोपरांत मात्र एक बार जनकपुर गए थे। वहीं से वे ऋष्यशृंग आए थे और माता कौसल्या के साथ पुनः इंद्र दमनेश्वर महादेव का पूजन करके वहीं से गंगा पारकर अवध गए। इस प्रकार इंद्र दमनेश्वर महादेव भगवान राम द्वारा एकाधिक बार पूजित हुए हैं। माता कौसल्या द्वारा भी इनकी पूजा-अर्चना हुई थी।

भगवान बुद्ध के अवतरण तक यह क्षेत्र प्रसिद्ध हरिहर क्षेत्र की पूर्वी सीमा के अंतर्गत रहा। धीरे-धीरे गंगा माता के उत्तर की ओर खिसकने से इसका संपर्क हरिहर क्षेत्र से छूट गया। बौद्ध धर्म के प्रभाव-वृद्धि के समय भगवान शंकर अपने

मंदिर सहित अंतर्धान हो गए—अर्थात् भूमिगत हो गए। जगद्गुरु आदि शंकराचार्य के द्वारा सनातन धर्म के पुनरुत्थान के साथ भगवान शंकर के विग्रह का उद्धार हुआ और पालवंशी गढ़ मंडलेश्वर जयपाल ने इनका पूजन-अर्चन प्रारंभ किया। किंतु इन्हीं के वंशज राजा इंद्र-द्युम्न ने यहाँ भव्य मंदिर का निर्माण कराया। इन्हीं शंकर की कृपा से और इंद्र की अनुकंपा से उन्होंने अनावृष्टि और घोर दुर्भिक्ष से मुक्ति दिलाई। भगवान शंकर ने साक्षात् दर्शन देकर राजा इंद्र-द्युम्न को वरदान दिया। फलस्वरूप भगवान शंकर का नाम यहाँ 'इंद्र दमनेश्वर' सुविख्यात हुआ।

अपनी विशिष्टता के अनुकूल भगवान मुसलिम आक्रमण के समय पुनः भूमिगत हो गए। आज जब भगवान इंद्र दमनेश्वर प्रकट हुए हैं तो यह देखकर पुरातत्त्ववेत्ता आश्चर्यचकित हैं कि बौद्धकाल की जितनी भी मूर्तियाँ थीं, एक भी अखंडित नहीं मिली हैं, परंतु भगवान इंद्र दमनेश्वर को खरोंच भी नहीं आई है। यह चमत्कार ही है कि बौद्धकाल एवं मुसलिम शासन की लंबी अवधि में इंद्र दमनेश्वर महादेव भूमिगत होने के बावजूद अपने पूर्ण सौष्ठव और गरिमा के साथ विद्यमान हैं। यह बात भी आकर्षण का कारण है कि भगवान के विग्रह का आकार असाधारण रूप से विशाल है। इसके आधार की लंबाई 10 फीट और लिंग का व्यास 1 फीट से अधिक है। काले कसौटी पत्थर का यह ज्योतियुक्त शिवलिंग दर्शनीय है। यहाँ हजारों नर-नारी शिवलिंग के दर्शन एवं पूजा-अर्चना के लिए बराबर पर्व-त्यौहारों पर आते हैं। शादी, जनेऊ, मुंडन आदि जैसे शुभ कर्मों के लिए यह तीर्थस्थान बन गया है।

आज भगवान इंद्र दमनेश्वर महादेव मानवजाति का कल्याण करने के लिए प्रकट हुए हैं। बाबा वैद्यनाथ धाम के लिए जल-संग्रह हेतु जह्नु ऋषि के आश्रम (सुलतानगंज) जाने के मार्ग पर यह महादेव अवस्थित हैं—हर भक्त की परीक्षा के लिए। यहाँ पर भक्तों का जमघट लगा रहता है।

□

# अजगैबीनाथ मंदिर

सावन के अलावा अन्य महीनों में भी अजगैबीनाथ के दर्शन के लिए तीर्थयात्रियों-जिज्ञासुओं का दल बराबर बड़ी संख्या में पहुँचता रहता है। 'हर-हर महादेव' की ध्वनि चतुर्दिक् सुनाई देती है। अजगैबीनाथ मंदिर बीच गंगा में एक पहाड़ी के रूप में अवस्थित है। यह दूर से देखने पर अत्यंत मनोहारी लगता है—पानी में तैरते हुए एक जहाज के सदृश!

'आनंद रामायण' के अनुसार सुल्तानगंज का नाम पहले 'गंगापुरी' था और अजगैबीनाथ उस समय 'बिल्वेश्वर' कहलाते थे। भगवान रामचंद्रजी राज्याभिषेक के कुछ दिनों के बाद अपनी पत्नी एवं भाइयों सहित तीर्थाटन करने अयोध्या से यहाँ पधारे थे। सुल्तानगंज से गंगाजल लेकर भगवान राम वैद्यनाथ धाम मंदिर में आए और उन्होंने वहाँ बैठकर जल-संकल्प किया। यह स्थान 'रामचौरा' कहलाता है।

तेरहवीं सदी से सुल्तानों का शासन रहने के कारण इसका नामकरण सुल्तानगंज हुआ। इतिहासकारों के कथनानुसार प्रसिद्ध चीनी यात्री ह्वेनसांग ने सुल्तानगंज की यात्रा की थी। इसी स्थान से महापंडित राहुल सांकृत्यायन ने कभी 'गंगा' नामक मासिक पत्रिका का संपादन किया था।

यहाँ का जल शिवलिंग पर चढ़ाने का माहात्म्य पुराणों में वर्णित है। सुल्तानगंज में स्नानार्थियों की अतिशय भीड़ को देखकर सरकार ने वहाँ पर एक पक्का घाट बना दिया है, जो 'काँवर घाट' कहलाता है। यह स्थान भागलपुर से करीब 25 कि.मी. पश्चिम में है। यहाँ पर गंगा उत्तरवाहिनी बहती हैं। गंगा की धारा इन दिनों तेज रहती है। यहीं पर बीच में खिलौने जैसी पहाड़ी दिखलाई पड़ती है, जिसपर अजगैबीनाथ (शिव) का मंदिर है। कहा जाता है कि पुराने समय में इसी स्थान पर महर्षि जह्नु ने आश्रम बनाया था। उन्हीं के नाम पर पहाड़ी का नाम 'जह्नुगिरि' पड़

गया। कालांतर में यह 'जहाँगीरा' कहलाने लगा।

विदेशी पर्यटक इस पहाड़ी को 'जहाँगीर रॉक' कहकर पुकारने लगे। साधु-संतों तथा साधकों का तो यह आराधनास्थल बन गया है। आज भी भारत के कोने-कोने से ऐसे संत यहाँ पधारते हैं।

इस मंदिर के निर्माण संबंधी कुछ दंतकथाएँ प्रचलित हैं। एक कथा प्रसंग के अनुसार, लगभग चार सौ वर्ष पूर्व सुल्तानगंज में हरनाथ भारती तथा केदार भारती नामक दो संन्यासी रहते थे। दोनों गुरुभाई थे। महात्मा हरनाथ भारती प्रतिदिन गंगा स्नान करके बाबा वैद्यनाथ की पूजा करने देवघर आते थे।

एक दिन गंगाजल लेकर जब वे सुल्तानगंज से देवघर (बाबाधाम) चले तो मार्ग में एक ब्राह्मण से भेंट हो गई। संन्यासी के हाथ में जल देखकर प्यासे ब्राह्मण ने जल पिला देने की कातर प्रार्थना की। बाबा हरनाथ भारती प्यासे ब्राह्मण की वाणी को सुनकर द्रवित हो गए और ज्यों ही जल पिलाने को तैयार हुए कि शिव स्वयं प्रकट हो गए और बोले, "मैं तुम्हारी भक्ति-भावना से खुश हूँ। तुम जहाँ ध्यान करते हो, उसी स्थान में मृगचर्म के नीचे शिवलिंग मिलेगा।"

और, भक्तों के लिए भगवान खुद सुल्तानगंज उत्तरवाहिनी गंगा के पास आ गए। जहाँ आए, वहीं पर अजगैबीनाथ का मंदिर बना। शिवलिंग प्रकट हुआ और जल लेकर देवघर जाने के पहले काँवरियों के लिए अजगैबीनाथ शिवलिंग की पूजा-अर्चना एक महत्त्वपूर्ण विधान बन गया।

एक अन्य कथा के प्रसंग में आदिकाल में मंदिर के कोई महंत अजगैबीनाथ मंदिर से देवघर मंदिर को जोड़नेवाले भूगर्भीय मार्ग से प्रतिदिन जल चढ़ाने आया करते थे। उस रास्ते का पता लगाने की कोशिश आधुनिक इंजीनियरों ने बहुत की, लेकिन सफल नहीं हो सके। भूगर्भीय मार्ग का मंदिर के पास खुलनेवाला दरवाजा आज भी मौजूद है।

कहा जाता है कि औरंगजेब के जमाने में उसके अधीनस्थ किसी मंत्री या सिपहसालार ने अजगैबीनाथ मंदिर को तोड़ने की योजना के साथ सुल्तानगंज की यात्रा की थी और मंदिर के तत्कालीन पुजारी ने उससे आग्रह किया था कि खुद औरंगजेब का आदेश है कि इस मंदिर को हाथ तक नहीं लगाया जाए।

"लेकिन मेरे पास कोई आदेश नहीं। तुम झूठ बोलते हो।" मंत्री ने आशंका जताई।

बदले में पुजारी मंदिर आए, भगवान शंकर को स्मरण किया और अगले क्षण औरंगजेब के दस्तखत के साथ सामने ताम्रपत्र मौजूद था, जिसपर मंदिर को

हाथ नहीं लगाने का आदेश अंकित था। मंत्री अपनी फौज के साथ वापस लौट गया।

शिव की यह महिमा देखकर भक्तगण अभिभूत हो गए।

कालक्रम में इस मंदिर की उत्कीर्ण नक्काशियों का अद्‌भुत सौंदर्य हमारा ध्यान सबसे पहले चौथी सदी की ओर ले जाता है, जिसमें महत्त्वपूर्ण है शेषशय्या पर विराम की मुद्रा में विष्णु। पुरातत्त्ववेत्ताओं की नजर में यह अति विशिष्ट कोटि की कला है और इसे गुप्तकाल के उत्तरार्द्ध का समझा जाता है। अन्य उत्कीर्ण आकृतियों में गंगा महारानी जाह्नवी ऋषि की आकृतियाँ महत्त्वपूर्ण हैं।

किंवदंती के अनुसार, भागीरथी अपनी तपस्या के बल पर पतित पावनी गंगा को इस धरती पर लाए। भगीरथ के रथ के पीछे दौड़ती गंगा सुल्तानगंज पहुँची, तब पहाड़ी पर स्थित जह्नु मुनि के आश्रम को बहाकर ले जाने पर तुल गई। इससे मुनि क्रोधित हो गए और अपने तपोबल से गंगा को चुल्लू में उठाकर पी गए। अंततः भगीरथ के बहुत अनुनय-विनय करने पर मुनि पिघले और अपनी जंघा चीरकर गंगा को बाहर निकाल दिया। मुनि की जंघा से प्रकट होने के कारण गंगा का एक नाम 'जाह्नवी' भी पड़ा।

आज भी यहाँ पर माघ पूर्णिमा के अवसर पर भारी मेला लगता है। इस दिन हजारों नर-नारियाँ गंगा में स्नान करके अजगैबीनाथ मंदिर में दर्शन-पूजन करते हैं। यात्रियों की सुविधा के लिए वासुकिनाथ में पर्यटक सूचना केंद्र की स्थापना हो गई है।

सुल्तानगंज कभी बौद्धों का तीर्थस्थान रहा है। अजगैबीनाथ पहाड़ी पर जिस परिमाण में हिंदू देव-देवियों की प्रस्तर प्रतिमाएँ प्राप्त हुई हैं, उसी परिमाण में बौद्ध प्रतिमाएँ भी मिली हैं। ईंट के बने प्राचीन मंदिर के भग्नावशेष, शिवलिंग एवं शिलालेख भी मिले हैं। मूर्तियों में उमा-महेश्वर, हरिहर, चतुर्भुज विष्णु, वराह, परशुराम, सूर्य, गणेश आदि हैं।

बौंसी कॉलेज, भागलपुर के प्रो. अमरेंद्रजी से जब इन पंक्तियों के लेखक ने चर्चा की, तो वे बोले, "बाबा अजगैबीनाथ मंदिर में सुबह-शाम पूजा के समय घंटे-घड़ियाल, डमरू, नगाड़े आदि बहुत देर तक बजते रहते हैं। उनकी ध्वनियाँ एकांत पहाड़ी से बड़ी मधुर निकलती हैं।"

यह पहाड़ी संपूर्ण भारत में सचमुच निराली है। इसके दर्शन के लिए यात्रियों को नाव का सहारा लेना पड़ता है। इसने सुल्तानगंज की ख्याति को दूर-दूर तक फैला दिया है। उत्तरवाहिनी गंगा और इस पहाड़ी के चलते सुल्तानगंज इतना आकर्षक प्रतीत हुआ कि यहाँ बौद्धों ने भी प्राचीन काल में विहार-स्तूप बनवाए तथा

मूर्तियाँ निर्मित या स्थापित कीं। जिससे पुण्य की उपलब्धि और कामनाओं की सिद्धि यहाँ बराबर होने लगी।

आज अजगैबीनाथ मंदिर में स्नान करके जल व बेलपत्र चढ़ाने का नियम है। यहाँ तक कि मंदिर के भीतर प्रवेश भी स्नान करके ही करना चाहिए।

भागलपुर-निवासी एक महिला (किरण सहाय, आकाशवाणी स्टाफ) ने मुझसे एक विस्मयकारी घटना का उल्लेख किया था। एक बार वे मंदिर में बिना नहाए प्रवेश कर गईं। मंदिर में हाथ में पूजन-सामग्री लिये खड़ी हो गईं और मूर्ति की ओर लगी निहारने। किंतु, सामने कुछ भी दिखाई नहीं दे रहा था। पुजारी ने उसे पूजा करने को कहा, लेकिन वह मूक बनी रही।

जब दूसरी बार वह परिवार के सदस्यों के साथ स्नान करके मंदिर में गई, तो सबकुछ ठीक था। उसने पूजा की और मंदिर के पुजारी से यह रहस्य पूछा। पुजारी निरुत्तर था। उसे यही अहसास होता है कि पहली बार उसने स्नान नहीं किया था और परिवार के सदस्य को, यह पूछने पर कि स्नान कर चुकी हो, उसने हामी भर दी थी। आज इस मंदिर में आँखों से मूर्तियाँ नहीं दिखाई पड़तीं, यह रहस्य ही लगता है।

अजगैबीनाथ की गणना भारत के प्रसिद्ध तीर्थों में की जाती है। अहर्निश तीर्थयात्रियों की उमड़ती हुई भीड़ इस सुनसान स्थान को कोलाहलमय बना देती है। यह स्थान केवल सावन में काँवरियों के कारण ही नहीं, हर पूर्णिमा, संक्रांति, ग्रहण आदि अवसरों पर स्नानार्थियों का मेला-सा लगा रहता है।

शिवरात्रि के अवसर पर भी दर्शनार्थियों की भीड़ जुटती है तथा इस दिन यहाँ मेला लगता है। वर्षपर्यंत जिज्ञासुओं, अन्वेषकों की वजह से यहाँ का जन-जीवन सदा आंदोलित रहता है।

□

# जयमंगला देवी मंदिर

बिहार के बेगूसराय जिला मुख्यालय से लगभग 22 कि.मी. उत्तर जयमंगलागढ़ में एक इतिहास-प्रसिद्ध अति प्राचीन मंदिर है—जयमंगलागढ़। यहाँ पर जयमंगला देवी की मूर्ति विराजमान है। यह मूर्ति काले पत्थर की अर्द्धनिर्मित एवं एक पैर पर खड़ी है। यह एक जाग्रत् स्थान एवं सिद्ध शक्तिपीठ है, जो देश भर के हिंदुओं, तांत्रिकों, इतिहासज्ञों एवं पुरातत्त्वविदों का ध्यान बरबस अपनी ओर खींचता है। प्रत्येक मंगलवार को हजारों श्रद्धालु मंगला देवी के दर्शन-पूजन को आते हैं। यहाँ की प्राकृतिक सुषमा अनुपम है।

कहते हैं, पहले यह गढ़ प्राकृतिक सुषमा से अलंकृत था। गढ़ के चारों ओर काबड़ झील थी। झील में कमल के बड़े-बड़े फूल खिलते थे। अति प्राचीन काल में यह स्थान शासन की एक इकाई के रूप में प्रसिद्ध था। इस गढ़ से कुछ दूरी पर नौलागढ़ है, जो पालवंशीय राजाओं के शासनकाल में एक प्रमुख प्रशासकीय इकाई था। किंवदंती बताती है कि जयमंगलागढ़ का निर्माण राजा मंगल सिंह द्वारा किया गया था, लेकिन इतिहास में इसका कोई प्रमाण नहीं मिलता है। प्रो. जयदेव झा ने अपने शोध-पत्र में यह सिद्ध किया है कि यहाँ भगवान बुद्ध भी आए थे और उनके आते ही यह संपूर्ण क्षेत्र बौद्ध धर्मावलंबी बन गया था।

धार्मिक आख्यान के अनुसार, ब्रह्मवेदांत पुराण (प्रकृतिखंड) के चौवालीसवें अध्याय एवं देवी भागवत पुराण (नवम स्कंध) के तैंतालीसवें अध्याय में मंगला देवी का वर्णन है। इन दोनों धार्मिक ग्रंथों के अनुसार आदिकाल में त्रिपुर दैत्य के वध करने के लिए भगवान विष्णु के कहने पर भगवान शिव द्वारा प्रार्थना के पश्चात् मंगला देवी प्रकट हुईं और उन्होंने त्रिपुर राक्षस का संहार किया। इसी समय वसहा के रूप में भगवान विष्णु को अवतरित होना पड़ा।

प्राचीन धार्मिक ग्रंथों के अनुसार दक्ष यज्ञ ध्वंस के समय भगवान शिव अपनी पत्नी सती का शव लेकर चले तो जयमंगलागढ़ के मंदिरवाली जगह पर सती का एक स्तन गिर गया, जिस कारण इसे सिद्ध शक्तिपीठ कहा जाने लगा।

कहते हैं, महाभारत काल में अंगराज कर्ण द्वारा मंगला देवी की पूजा किए जाने का भी प्रमाण मिलता है। कर्ण मुंगेर से गंगा नदी पार कर बूढ़ी गंडक नदी से नाव द्वारा यहाँ पहुँचकर मंगला देवी की पूजा करते थे। इस मंदिर का निर्माण भी कर्ण द्वारा कराया गया, ऐसा माना जाता है।

एक किंवदंती के अनुसार, सैकड़ों वर्ष पूर्व इस इलाके के चमार जाति के एक हलवाहे द्वारा कावर झील स्थित खेत की जुताई की जा रही थी। हलवाहे के लिए उसकी बेटी भोजन लेकर खेत पर पहुँची। पिता ने खेत जोतने के बाद भोजन करने की बात कही। भोजन करने में विलंब होने की बात जानकर वह लड़की उस द्वीप पर पहुँचकर विचरण करने लगी। हलवाहे ने खेत जोतने के बाद अपनी बेटी को पुकारा। बेटी के नहीं आने पर वह स्वयं द्वीप के जंगल में उसे खोजने लगा। इसी खोजने के क्रम में वह आश्चर्यजनक दृश्य देखकर भय से काँप उठा। अपनी बेटी को साक्षात् भगवती दुर्गा के रूप में एक बाघ पर बैठकर जंगल में उसे विचरण करते हुए उसने देखा। लड़की ने भी पिता को देखा। इसके बाद लड़की ने अपने पिता से कहा, ''आपने आज मुझे इस रूप में देख लिया है। अत: आज से मैं आपकी पुत्री नहीं रही।'' इतना कहकर जयमंगलागढ़ स्थित मंगला देवी की मंदिर में प्रतिष्ठापित मूर्ति में वह विलीन हो गई।

एक अन्य जनश्रुति के अनुसार, देवासुर संग्राम के समय दैत्यराज ने इस देवी से विवाह करने की इच्छा प्रकट की। देवी ने एक ही रात में कावर झील के मध्य में एक मंदिर निर्माण कर देने की शर्त रखी। दैत्यराज इस शर्त को स्वीकार कर मंदिर-निर्माण में जुट गया। निर्माण संबंधी नाममात्र का कुछ काम बाकी था कि सुबह होने को आई। दैत्यराज शर्त हार चुका था। अत: क्रोधित होकर उसने देवी का एक स्तन काट दिया और भाग खड़ा हुआ। देवी पत्थर की बन गईं, जिसे उसी मंदिर में प्रतिष्ठापित कर पूजा-पाठ प्रारंभ कर दिया गया।

यहाँ पर वर्षों पूर्व कृषकों द्वारा भूमि की खुदाई में महाभारत काल से लेकर पालवंश के शासनकाल तक ही सामग्री प्राप्त हुई है। प्रसिद्ध इतिहासकार स्व. डॉ. राधाकृष्ण चौधरी ने जयमंगलागढ़ पर प्रकाश डालते हुए लिखा है कि 14 कोसों में फैले विशाल कावर झील के बीच लगभग 400 बीघे का यह द्वीप जंगलों से भरा था, जहाँ अनगिनत जंगली जानवरों के अलावा काफी संख्या में बंदर निवास करते

थे। बंदरों की संख्या यहाँ इतनी अधिक थी कि मुंगेर जिला गजेटियर के अनुसार, तत्कालीन अंग्रेज शासकों ने जयमंगलागढ़ का नाम 'वानर द्वीप' (मंकी आइलैंड) रख दिया था।

अब आवश्यकता है कि इस स्थल को पर्यटन स्थल के रूप में विकसित किया जाए। आवागमन के साधन एवं मंदिर के चारों ओर एक सुंदर पुष्प उद्यान तथा प्रकाश की भी व्यवस्था होनी चाहिए।

□

# बदरीनाथ धाम

उत्तराखंड की यात्रा का दृश्य जब भी जेहन में आता है, बदरीनाथ का ध्यान अपने आप जाग जाता है। अलकनंदा के किनारे स्थित यह मंदिर अतिशय मनोरम है। इसके ठीक बगल से नीचे से उठता झरने का गरम जल मंदिर की दर्शनीयता में चार चाँद लगा देता है तथा नीलकंठ ताल का वह दृश्य जब हमारी आँखों के सामने से ओझल होता है तो लगता है कि हम किसी मधुर सपने में तैर रहे थे, जो टूट गया है। भारत के इस सुंदरतम मंदिर को जिन्होंने देखा है, वे वाणी से इसे व्यक्त करने में अपने को असमर्थ पाते हैं।

पटना से दिल्ली और वहाँ से लगभग 520 कि.मी. की यात्रा कर यहाँ पहुँचा जा सकता है। रास्ते में हरिद्वार की 'हर की पैड़ी' का दर्शन किया जा सकता है। कहा जाता है कि भगवान विष्णु (हरि) ने पत्थर पर अपने पैरों के निशान छोड़े थे। यहाँ स्थित गंगा मंदिर भारत के सुंदर मंदिरों में से एक है। ऐसा विश्वास किया जाता है कि यहीं से पवित्र गंगा बहती है। लोक-विश्वास के अनुसार यही वह पवित्र कुंड है, जिसमें स्नान करने से सारे पाप कट जाते हैं।

देश के विभिन्न भागों से लाखों लोग यहाँ साल भर आते रहते हैं और तीर्थयात्रा का लाभ उठाते हैं। गंगा के दोनों किनारों पर आश्रमों और धर्मशालाओं की भरमार है। साथ ही यहाँ मंशा देवी, चंडी देवी, माया देवी और अंजनी देवी आदि के भी अनेक मंदिर हैं।

हरिद्वार या 'भगवान का द्वार', जहाँ से पावन गंगा समतल भूमि पर उतरती हैं, वहाँ का दृश्य भी बड़ा मनोहारी है। निम्न हिमालय की शिवालिक पहाड़ी को तोड़ती हुई गंगा नीचे उतरती हैं और लगता है कि बदरीनाथ, केदारनाथ, कपिल मुनि आदि स्थानों में गंगा के ये प्रथम ठहराव हों। इसे कभी कपिल स्थान के नाम

से जाना जाता था। बाद में इसका नाम 'गंगाद्वार' हो गया। बहरहाल, यह हिंदुओं का पवित्रतम तीर्थस्थल है, जहाँ वैशाख और गंगा दशहरा के अवसर पर देश के विभिन्न भागों से लाखों नर-नारी पहुँचते हैं। ऐसा विश्वास किया जाता है कि गंगा दशहरा के दिन ही शंकर के जटाजूट से निकलकर गंगा ने सर्वप्रथम धरती का स्पर्श किया था। इस पवित्र नगर की परिक्रमा के पश्चात् ऋषिकेश पहुँचा जा सकता है।

मेघाच्छन्न और हरिताभ पहाड़ी के बीच सचमुच ही गंगा की गर्जना सर्वाधिक है। उसके पश्चात् ही वह समतल पर आती है। हरिद्वार से उत्तराखंड की दूरी लगभग 24 कि.मी. है, जो हिंदुओं का पवित्रतम तीर्थस्थल है। लक्ष्मण झूला के अगल-बगल के पवित्र मंदिर मुख्य नगर से 3-4 कि.मी. की दूरी पर हैं। गंगा के किनारे धर्मशालाओं के अतिरिक्त संस्कृत पाठशालाओं की भरमार है। यहाँ से बस द्वारा बदरीनाथ, केदारनाथ, गंगोत्री और यमुनोत्री—चारों विख्यात धामों की यात्रा की जा सकती है। ये उत्तराखंड के प्रसिद्ध धाम हैं। आस-पास ही देवप्रयाग भी स्थित है। वहीं अलकनंदा और भागीरथी जब पवित्र गंगा में मिलती हैं तो एक भीषण जल-गर्जना होती है, जो मीलों तक सुनी जा सकती है।

देवप्रयाग से रुद्रप्रयाग जाया जा सकता है। बदरीनाथ और केदारनाथ जाने के अनेक मार्ग हैं। कर्णप्रयाग भी थोड़ी दूर आगे चलकर है, जहाँ जाने के मार्ग में अगल-बगल अनेक गाँव मिलते हैं। कर्णप्रयाग का संबंध महाभारत कालीन दानवीर कर्ण से जोड़ा जाता है। यहीं पिंडारी हिमखंड से निकलकर पिंडर नदी अलकनंदा से मिलती है। कुछ पहाड़ियों के सुंदर दृश्यों के मध्य से गुजरते हुए जोशीमठ तक जाया जा सकता है। ऋषिकेश के पश्चात् यह दूसरा प्रसिद्ध नगर है। प्रतिदिन हजारों तीर्थयात्री आदिगुरु शंकराचार्य की पूजा करते हैं। जाड़े के महीनों में बदरीनाथ के मुख्य पुजारियों का यहीं मुख्यालय रहता है।

भारी वर्षा और हिमपात के बीच यहीं से नीचे उतरा जा सकता है। यह 5,000 फीट नीचे है और यहाँ के रास्ते टेढ़े-मेढ़े हैं। यहाँ से ऊँचाई पर धवल हिमखंड देखे जा सकते हैं। यहाँ से बदरीनाथ की दूरी मात्र 40 कि.मी. है। अगर आनंददायक यात्रा के खयाल से और दृश्यावलोकन के विचार से यहाँ जाया जाए, तो निश्चय ही इस क्षेत्र के मार्ग के कष्टों को झेलना पड़ेगा। घनी पहाड़ी वनस्थली और अलकनंदा की फेनिल धारा का दृश्य इतना मनोरम है कि जिसे एक बार देखने के बाद कभी भी भुलाया नहीं जा सकता।

जोशीमठ से 20 कि.मी. दूर दूसरा महत्त्वपूर्ण तीर्थस्थल गोविंद घाट है, जहाँ

से तीर्थयात्री हेमकुंड जाने की तैयारी और पुष्पाच्छादित घाटी के दर्शन करते हैं। हेमकुंड यहाँ से मात्र 17 कि.मी. है, जो 14,000 फीट में सात हिमखंडों से घिरा है। ऐसा कहा जाता है कि गुरु गोविंद सिंह इसी झरने के निकट समाधिस्थ हुए थे। उन्होंने पूर्व जन्म में वर्षों तपस्या की थी।

ढलान के लगभग तीन-चौथाई हिस्से के बाद हेमकुंड का वह दृश्य आता है, जो जुलाई और अगस्त के महीने में भाँति-भाँति के फूलों से लबालब भर जाता है, जिसकी सौंदर्यानुभूति वर्णनातीत है।

बद्रीनाथ के मार्ग में पांडकेश्वर और हनुमानचट्टी मिलते हैं। कहा जाता है कि हनुमानचट्टी में कभी रामभक्त हनुमानजी ठहरे हुए थे और उन्होंने भगवान बद्रीनाथ की अर्चना की थी। वहाँ हनुमानजी का एक छोटा सा मंदिर है। यह भी कहा जाता है कि यहीं पर पांडवों ने हनुमानजी की पूजा की थी। सड़क पर हिम का भारी जमाव देखा जा सकता है, जिसे भेदकर सवारियों का आवागमन भी कठिन होता है। नीचे की घाटी में अलकनंदा हिम की गुफाएँ बनाती नजर आएगी, जो कुछ क्षण तक इनसे ढकी नजर आती हैं।

एक तेज ढलान से एक बड़ी घाटी दिखाई पड़ती है, जिसे 'बदरीवन' के नाम से जाना जाता है। वह बर्फ से इस तरह ढँकी रहती है कि बदरीनाथ शहर को बहुत कठिनाई से देखा जा सकता है।

मंदिर की विपरीत दिशा से जाने के लिए लकड़ी के पुल से होकर जाना पड़ता है। वहाँ से तीर्थयात्रियों की उमड़ती भीड़ को देखा जा सकता है। ठंड के कारण वे कंबल लपेटे नजर आएँगे। पुराणों में ऐसी मान्यता है कि चार धाम-जगन्नाथपुरी, रामेश्वरम्, द्वारिकानाथ और बदरीनाथ सर्वाधिक महत्त्वपूर्ण हैं। इसमें बदरीनाथ का स्थान पहला माना जाता है। प्राय: 10,000 फीट की ऊँचाई पर कुहासा और हिम छाए रहते हैं। सभी मौसमों में वहाँ का तापक्रम प्राय: 10 सेंटीग्रेड से कम ही रहता है।

जब आवागमन के आधुनिक साधन नहीं थे, तब बदरीनाथ की यात्रा अत्यंत कष्टसाध्य थी; किंतु आवागमन के साधनों के विकास के कारण आज यह स्थिति नहीं है।

बदरीनाथ अपने आप में एक लघु स्वतंत्र नगर है, जिसकी रक्षा नर-नारायण स्वयं करते हैं—ऐसा कहा जाता है। यात्रियों के लिए बदरीनाथ मंदिर का दरवाजा प्रतिवर्ष लगभग 15 अप्रैल से मध्य नवंबर तक खुलता है। किंतु इस संदर्भ में सही तिथि का निर्धारण मंदिर समिति के प्रधान अधिकारी ही करते हैं। मंदिर के द्वार

खुलने और बंद होने के समय बड़ी धूमधाम रहती है। कपाट बंद होने के पश्चात् प्रधान पुजारी और रावल जाड़े में जोशीमठ आ जाते हैं। कहा जाता है कि जंगली बेरों की झाड़ियों से ढँके रहने के कारण ही इस स्थान का नाम 'बदरीनाथ' पड़ा।

यह निश्चित रूप से कहना कठिन है कि इस मंदिर का निर्माण कब हुआ, किंतु प्राचीन ग्रथों में इसका उल्लेख मिलता है। कभी यह मंदिर बौद्धों का पूजास्थल था—विशेषतया सम्राट् अशोक के शासनकाल के समय। बाद में आठवीं सदी में भगवान बदरीनाथ की एक मूर्ति मिली है, उसे आदिगुरु शंकराचार्य ने प्राप्त किया था और तीर्थयात्रियों की पहुँच के परे मंदिर के अंत:प्रकोष्ठ में स्थापित की थी। उसका दर्शन भक्तजन दूर से ही करते हैं।

बदरीनाथ का मुख्य आकर्षण बदरीनाथ का मंदिर है। मंदिर में यों तो बहुत सी मूर्तियाँ हैं, लेकिन मुख्य मूर्ति विष्णु की है। शालिग्राम पत्थर पर बनी यह मूर्ति कला की दृष्टि से बेजोड़ है।

बदरीनाथ मंदिर से महज 8 कि.मी. की दूरी पर वसुंधरा नामक झरना है, जहाँ 120 मीटर की ऊँचाई से जल गिरता है। मार्ग में माना गाँव के पास अनेक गुफाएँ हैं। थोड़ी ही दूर पर सरस्वती नदी का उद्‍गम-स्थल देखा जा सकता है, जहाँ यह केशवप्रयाग में अलकनंदा से मिलती है, जो वहाँ से 25 कि.मी. है और अलकनंदा का उद्‍गम स्थल है।

बदरीनाथ के दर्शनीय स्थल हैं—वसुधारा जलप्रपात, माणा की घाटी, फूलों की घाटी, हेमकुंड और गोहना झील। फूलों की घाटी में रंगों की अनोखी बहार देखने को मिलती है। बदरीनाथ में नवंबर से अप्रैल तक चारों ओर काफी बर्फ जमी रहती है, इसलिए यहाँ घूमने का सर्वश्रेष्ठ समय मई से अक्तूबर तक है। बदरीनाथ में ठहरने के लिए अनेक ट्रैवलर्स लॉज और होटल भी हैं। वैसे गेस्ट हाउस आदि में भी ठहरा जा सकता है। यहाँ धर्मशालाओं में ठहरने की भी सुविधा आसानी से मिल जाती है।

प्राकृतिक सौंदर्य से परिपूर्ण बदरीनाथ की यात्रा के आकांक्षी मार्ग की सुंदरता से प्रभावित हुए बिना नहीं रह सकते। यहाँ की यात्रा के क्रम में समय और धन व्यय करना किसी को इसलिए नहीं अखरता, क्योंकि वहाँ से सब लोग पूर्ण संतुष्ट होकर वापस लौटते हैं। तीर्थ से लौटने पर जैसे सुख की अनुभूति होती है, वह वर्णन से सर्वथा परे है। वैसे भी हमारा देश 'धर्म-प्रधान देश' माना जाता रहा है। फिर यह भारत के मूल धर्म की ही विशेषता है कि उसने सभी धर्मावलंबियों को समानधर्मा की भाँति अपना लिया। इसीलिए यहाँ मसजिदों, गिरजाघरों और गुरुद्वारों

के दर्शन यत्र-तत्र-सर्वत्र होते हैं। मान्यताओं में कुछ अंतर अवश्य है, पर मूल स्वर परोपकार, परहित और सत्कर्म करके मोक्ष-प्राप्ति का ही रहा है। इसीलिए बदरीनाथ के दर्शन करने के संबंध में एक लोक-विश्वास इन शब्दों में अब भी जीवित है—'जो ना जाए बदरी, वह नहीं ओदरी'—अर्थात् जो बदरीनाथ की यात्रा नहीं कर पाता, उसे मोक्ष नहीं मिलता। वैज्ञानिक तर्क को छोड़िए तो इस लोक-विश्वास को इस अर्थ में नहीं नकारा जाना चाहिए कि मोक्ष-प्राप्ति आवश्यक है। मोक्ष-प्राप्ति का अर्थ अध्यात्म में बहुत व्यापक है—शरीर से मुक्ति पाना ही मोक्ष-प्राप्ति नहीं है। वास्तविक मोक्ष पाने की सार्थकता इस बात में है कि हम काम-क्रोध-लोभ-मोह से मोक्ष पाएँ।

बदरीनाथ की यात्रा करके लौटनेवालों में से अधिकांश तीर्थयात्री पूर्णत: नहीं तो अंशत: ऐसे मोक्ष के पक्षधर हो जाते हैं।

□

# पावापुरी

आधे दोहे में लिखा, सब ग्रंथों का सार।
परपीड़न महापाप है, परम धर्म उपकार॥

इस दोहे का अर्थ बहुत सरल है, यानी सारे ग्रंथों का भाव यह कि दूसरे को दु:ख पहुँचाना महापाप है और दूसरे का भला करना, उपकार करना बहुत बड़ा धर्म है।

जैन धर्म के चौबीसवें प्रवर्तक तीर्थंकर महावीर ने मूल रूप से ऊपर दोहे के इसी भाव को अपने उपदेशों के द्वारा व्यक्त किया था। हाँ, भगवान महावीर जैन धर्म के चौबीसवें तीर्थंकर थे। इनके पहले जैन धर्म के तेईस तीर्थंकर हो चुके थे। पुराण में इस बात का प्रमाण है कि जैन धर्म के प्रथम तीर्थंकर या आदि तीर्थंकर आदिनाथ थे, जिनका जन्म अयोध्या में हुआ था। इन्हें 'ऋषभनाथ' के नाम से भी जाना जाता है। लेकिन जिन लोगों ने जैन धर्म का गहरा अध्ययन किया है, वे इस बात को जानते हैं।

भगवान महावीर ने अपने उपदेश-वचनों में मुख्य रूप से अहिंसा पर बल दिया। मगर इस एक शब्द 'अहिंसा' में मानव-धर्म के सारे तत्त्व चले आते हैं। यदि हमारे अनुचित व्यवहार से किसी की आत्मा को ठेस पहुँचती है तो उसे भी हिंसा ही कहेंगे, बल्कि ज्ञानियों ने तो यहाँ तक कहा है कि किसी के शरीर को मार देने से भी बड़ी हिंसा किसी की आत्मा को मारना या दु:ख पहुँचाना है।

यह बात आसानी से समझी जा सकती है कि अहिंसा के हाथ-पाँव कितने लंबे हैं—यह धर्म के सारे गुणों को एक बार में ढँक लेती है और भगवान महावीर ने विश्व के समस्त मानव-समाज को इसी अहिंसा व्रत का पालन करने का संदेश दिया। इसीलिए जैन मतावलंबी या जैन धर्म में विश्वास करनेवाले तन-मन-धन से अहिंसा का पालन करते हैं।

बौद्ध धर्म के अनुयायियों की तरह जैन धर्म के अनुयायियों ने अपने धर्म के प्रचार के लिए विदेशों की सीमा में प्रवेश नहीं किया, बल्कि अपने देश में ही इसके प्रचार-प्रसार का प्रयत्न करते रहे।

भगवान महावीर की वाणी में अपार शक्ति थी, अपूर्व ओज था, इसीलिए उनका प्रभाव राजघरानों में भी था। इतिहासकारों के अनुसार, बिंबिसार श्रेणिक अपनी रानी चेलना के साथ महावीर के पास उनके उपदेश-वचन सुनने आया करते थे।

ऐसे महापुरुष के कार्यक्षेत्र और निर्वाण-स्थल को आप अवश्य देखना चाहेंगे। भगवान महावीर का देहांत ईसा से 527 वर्ष पहले करीब 72 वर्ष की आयु में पावापुरी (बिहार) में हुआ था। भारतीय पंचांग के अनुसार, उन्होंने विक्रम से 470 वर्ष पूर्व और शककाल से 605 वर्ष, 5 मास पूर्व अपना शरीर छोड़ा था। इसी स्थल पर उन्होंने अंतिम उपदेश देते हुए निर्वाण पद पाया था।

पावापुरी! हाँ, यह स्थान पटना से करीब 101 कि.मी. (पटना-राँची पथ पर) है। यों पावापुरी जाने के लिए रेलमार्ग नहीं है, मगर बस और टैक्सी बड़ी आसानी से मिलती है। राह में अपूर्व प्राकृतिक सौंदर्य, सड़कों के किनारे खड़े खेतों में काम करते हुए भोले ग्रामीण किसान-मजदूर अपने बच्चों के साथ दीख पड़ेंगे। छोटी-छोटी पुलियाँ नजर आएँगी। सड़कों के दोनों ओर दूर-दूर तक फैले हुए बगीचे नजर आएँगे।

बिहार के बाहर से आनेवाले पर्यटकों अथवा तीर्थयात्रियों की सुविधा के लिए बिहार सरकार ने अपनी ओर से एक पर्यटक विभाग का कार्यालय खोल रखा है। यहीं से प्रतिदिन दर्शनार्थियों के लिए बसें खुलती हैं। बसें राजगीर, नालंदा, पावापुरी, बोधगया आदि स्थानों पर जाती हैं। इनमें यात्रियों की संख्या काफी रहती है।

पावापुरी पहुँचते ही मन में अहिंसा की भावना बलवती होने लगेगी और वहाँ के दृश्यों, तालाबों और मंदिरों को देखकर आदमी जैसे निहाल हो जाता है। यहाँ के चारों मंदिर अत्यंत आकर्षक और कलात्मक हैं। कला, सौंदर्य और ज्ञान—जैसे तीनों एक में समा गए हैं। ये चार मंदिर हैं—गाँव मंदिर, जल मंदिर, समवशरण मंदिर और महताब बीबी का मंदिर।

जैन धर्म के जानकारों का ऐसा कहना है कि इनमें से अंतिम को छोड़कर शेष तीनों मंदिरों के स्थलों को भगवान महावीर ने अपने अंतिम दिनों में अपनी उपस्थिति से पवित्र किया था।

**गाँव मंदिर :** यह जल मंदिर से कुछ उत्तर में स्थित है। कहा जाता है कि कभी यहाँ एक विशाल लेखशाला थी। इस लेखशाला में रहकर बड़े-बड़े विद्वान ग्रंथ और लेख लिखा करते थे। इस लेखशाला को राजा हस्तिपाल ने बनवाया था और इसका सारा खर्च वह अपने खजाने से पूरा करते थे।

**जल मंदिर :** कहा जाता है कि जल मंदिर का निर्माण उसी स्थान पर किया गया, जहाँ ढाई सौ वर्ष पूर्व जैन धर्म के अंतिम तीर्थंकर का अंतिम संस्कार हुआ था। यह समतल और सपाट मैदान में है। जल मंदिर जल के बीच बना हुआ है और दूर से ही दर्शकों को अपनी ओर आकृष्ट करता है। प्राचीन काल में जब पुल नहीं था, तब लोग नौकाओं में बैठकर जल को पार करते हुए मंदिर तक पहुँचते थे। आगे चलकर एक पुल बना, जो दर्शनार्थियों के लिए सुविधा का साधन बन गया है। यह पुल लगभग 600 फीट लंबा है।

जिस सरोवर के बीच यह जल मंदिर बना हुआ है, वह सरोवर कमल पुष्पों से सदैव आच्छादित रहता है और अपने प्राकृतिक सौंदर्य के कारण देवलोक के सरोवर-सौंदर्य का भान कराता है। इस जल मंदिर में मध्य वेदी पर भगवान महावीर की चरण-पादुकाएँ रखी हुई हैं। तालाब में उतरने के लिए उत्तर-पश्चिम दिशा में सुंदर सीढ़ियाँ बनी हुई हैं। संगमरमर की विशाल रेलिंग सहज ही हमें आश्चर्य में डाल देती है कि इसका निर्माण किस शिल्पी ने और कितने चातुर्य से किया होगा! दूर से देखने पर यह मंदिर स्फटिक विमान के जैसा प्रतीत होता है।

कार्तिक अमावस्या की पूर्वसंध्या को इस मंदिर का सौंदर्य तो जैसे और निखर उठता है। असंख्य दीप जलाए जाते हैं और भक्तों के कंठों से अनायास ही भक्ति-संगीत गूँज रहा होता है। मंदिर के आस-पास बड़ा भारी मेला लगता है।

**समवशरण मंदिर :** कहा गया है कि 'को बड़ छोट कहत अपराधू', इसलिए यही कहना उचित प्रतीत होता है कि इस मंदिर का भी अपना विशेष महत्त्व है। इस मंदिर में संगमरमर के बने कमल पुष्प के ऊपर भगवान महावीर की मूर्ति स्थापित है। भगवान के नेत्रों को देखने से ऐसा अनुभव होने लगता है, जैसे उनसे मानव-जाति के लिए शोभन-संदेश फूट-फूटकर चारों ओर फैल रहे हैं। जैन धर्म की भी दो शाखाएँ हैं—श्वेतांबर और दिगंबर। श्वेतांबर मतावलंबियों के अनुसार, भगवान महावीर ने उस स्थल पर अपने अंतिम उपदेश-वचन कहे थे, जहाँ यह मंदिर बना हुआ है।

**महताब बीबी का मंदिर :** जब आप जल मंदिर की सीढ़ी पर खड़े होंगे, तो ठीक सामने एक और सुंदर मंदिर नजर आएगा। इसका नाम है—महताब बीबी का

मंदिर। कहा जाता है कि इस मंदिर का निर्माण महताब बीबी ने स्वयं अपनी देख-रेख में कराया था। यह बात भी तब की धार्मिक भावना का ही स्मरण दिलाती है कि मंदिर के निर्माण में जो पानी लगा, उस पानी को अच्छी तरह छान लिया गया था, ताकि किसी जल जीवाणु की हत्या न हो।

चाहे हम किसी भी धर्म के माननेवाले हों, मनुष्य के कल्याण के लिए प्राणिमात्र को सन्मार्ग पर लाने के लिए जिस महापुरुष ने भी त्याग-तपस्या की, उसके अवशेष चिह्नों और उसके वास-स्थलों को हमें देखना चाहिए। इससे दो-तीन लाभ होते हैं—संकीर्णता की सीमाएँ टूटती हैं, पर्यटन का आनंद मिलता है और सद्विचारों की उपलब्धि होती है। इस दृष्टि से भी पावापुरी दर्शनीय और अभिनंदनीय है। पावापुरी का मुक्त और पवित्र वातावरण सहसा 'शांति निकेतन' की याद दिलाता है।

□

# दो पटनदेवियाँ और काली मंदिर

पटना की नगर-रक्षिका के रूप में तथा देश की इक्यावन शक्तिपीठों में पटनदेवी का नाम महत्त्वपूर्ण है। यहाँ पर दो पटनदेवियाँ हैं—बड़ी और छोटी। इसमें छोटी पटनदेवी की अधिक चर्चा है। बड़ी पटनदेवी गुलजारबाग में महाराजगंज के पास है। छोटी पटनदेवी शहर की आबादी के बीच, नगर की प्राचीन पूर्वी सीमा पूरब दरवाजा से लगभग एक किलोमीटर पश्चिम है। यह स्थान एक प्रकार का बहुधर्मी आध्यात्मिक केंद्र है, जहाँ साल भर तीर्थयात्रियों-पर्यटकों का मेला-सा लगा रहता है। विशेषकर दशहरे के अवसर पर दर्शनार्थी इन जगहों में पहुँचते हैं। पटना में सती का पटल गिरा, जिससे इनका नाम 'पटलदेवी' पड़ा और स्थान का नाम 'पटला' हुआ। वहीं 'पटला' का अपभ्रंश 'पटना' हो गया, जो आज पटना शहर है। यूँ पटना शहर की स्थापना तथा पटनदेवी के संबंध में अन्य अनेक कथाएँ प्रचलित हैं।

एक किंवदंती के अनुसार, प्राचीन काल में पाटलिपुत्र की राजमहिषी पटलावती को एक रात्रि स्वप्न हुआ। स्वप्नानुसार उसने खुदाई कराई, जिसमें भगवती की तीन मूर्तियाँ—महाकाली, महालक्ष्मी एवं महासरस्वती की प्रतिमाएँ निकलीं, जो बड़ी पटनदेवी मंदिर में स्थापित हैं। जहाँ से ये प्रतिमाएँ निकली थीं, वह स्थान आज भी बड़ी पटनदेवी मंदिर के समीप 'बड़ी पटनदेवी का गड्ढा' के नाम से जाना जाता है।

बड़ी पटनदेवी से लगभग तीन कि.मी. पूरब में छोटी पटनदेवी मंदिर है। यहाँ भी भगवती की तीन प्रतिमाएँ सिंहासनस्थ हैं। प्रत्येक दुःख-सुख के अवसर पर नगरवासी माँ भगवती की शरण में आते हैं। नगर के प्रायः प्रत्येक हिंदू परिवार में नव दंपती के लिए भावी सुखमय जीवन की कामना हेतु माँ के मंदिर में जाने की परिपाटी है।

पौराणिक कथा बताती है कि भगवान शंकर के श्वसुर दक्ष प्रजापति को ब्रह्माजी ने प्रजापतियों का नायक बना दिया। ब्रह्माजी ने उन्हें योग्यता के आधार पर गौरव प्रदान किया, परंतु यह अप्रत्याशित शक्ति पाते ही वे मदांध हो गए। नायक का पद प्राप्त होने के बाद ही उन्होंने एक विशाल यज्ञ का आयोजन किया। इस यज्ञ में सभी देवी-देवताओं एवं ऋषि-महर्षियों को आमंत्रित किया गया, परंतु भगवान शंकर की जान-बूझकर उपेक्षा की गई। उन्हें आमंत्रित नहीं किया गया। अपनी पुत्री, भगवान शंकर की पत्नी, सती को भी प्रजापति ने निमंत्रित नहीं किया। सती को अपने पिता द्वारा आयोजित यज्ञ का समाचार मिला तो वे बहुत दुःखी हुईं। बिना बुलावे के भी उन्होंने पीहर जाने और यज्ञ में शामिल होने का विचार किया। उनके पति शंकर ने बिना बुलाए न जाने की सलाह दी, परंतु वे उनकी आज्ञा का उल्लंघन कर मोहवश पिता के घर चली ही गईं।

पिता के घर जाने पर उनकी माता ने तो उनका स्वागत किया, परंतु पिता तथा अन्य लोगों ने उपेक्षा भाव ही बरता। भगवान शिव की भी घोर उपेक्षा की गई और यज्ञ में उन्हें महत्त्व नहीं प्रदान किया गया। अपने पिता दक्ष प्रजापति द्वारा पति का अपमान किए जाने से क्षुब्ध सती ने यज्ञवेदी में कूदकर प्राण दे दिए। इस भयंकर दुर्घटना से क्षुब्ध-क्रुद्ध भगवान शंकर के गणों ने दक्ष प्रजापति के यज्ञस्थल का विध्वंस कर दिया।

इससे भगवान शंकर आगबबूला हो उठे और सती के शव को अपने त्रिशूल पर टाँगे त्रिलोक में विचरण करने लगे। शंकरजी के इस तांडव से चारों ओर हाहाकार मच गया और लोग आतंकित हो उठे कि अब सृष्टि का विनाश होकर ही रहेगा। सभी देवताओं ने भगवान विष्णु से संसार का प्रलय होने से रक्षा करने की प्रार्थना की। विष्णुजी को मालूम था कि जब तक सती के शव का शंकरजी के शरीर से स्पर्श रहेगा, तब तक वह नष्ट नहीं होगा। ऐसा इस कारण भी कि शंकरजी को ऐसा वरदान प्राप्त था।

देवताओं के अनुरोध को स्वीकार कर भगवान विष्णु ने अपना सुदर्शन चक्र चलाया, जिसने सती के पार्थिव शरीर को खंडित करना शुरू कर दिया। इस प्रकार सती के शरीर के इक्यावन खंड हुए, जो आर्यावर्त (भारत) के विभिन्न इक्यावन स्थानों पर गिरे। सती के अंग जिन स्थानों पर गिरे, वे शक्तिपीठ के नाम से प्रसिद्ध हुए। 'तंत्र चूड़ामणि' के अनुसार, मगध में सती की दक्षिण जंघा गिरी—

मागधे वहा जंघा में व्योमकेशस्तु भैरवः।
सर्वानन्दकरी देवी सर्वानन्द फलप्रदा॥

तदनुसार यहाँ की देवी 'सर्वानंदकरी' कहलाती है और शिव 'व्योमकेश' कहे गए हैं। अत: पटनेश्वरी का मंदिर भी शक्तिपीठ है।

संभव है कि इन स्थानों पर देवी का पट दो स्थानों पर गिरा हो, जिसकी वजह से यहाँ बड़ी और छोटी दो पटनदेवी स्थान कायम हुआ हो। परंतु साक्ष्यों के आधार पर छोटी पटनदेवी ही अधिक प्राचीन मालूम पड़ती हैं। जिस स्थान पर सती का पट गिरा था, उस स्थान को सुरक्षित रखा गया है। वहाँ पर वेदी बनी हुई है, जिसकी विधिवत् पूजा होती है। कहते हैं, फ्रांसिस बुकानन (बाद में हैमिल्टन) ने सन् 1811-12 के बीच पटना और गया जिले का सर्वेक्षण किया था। उसने भी अपनी डायरी में बड़ी तथा छोटी पटनदेवी का जिक्र किया है। बड़ी पटनदेवी में स्थापित दुर्गा, लक्ष्मी तथा सरस्वती की छोटी मूर्तियों के दर्शन भी उन्होंने किए थे। छोटी पटनदेवी के संबंध में उन्होंने लिखा है—"यह बड़ी पटनदेवी से भी अधिक लोकप्रिय हैं; परंतु मंदिर का भवन कोई उल्लेखनीय नहीं है। यहाँ भगवान सूर्य तथा भगवान विष्णु की भी छोटी मूर्तियाँ हैं। उस स्थान पर पिंड बनाकर रखा गया है, जहाँ देवी का पटल गिरा था।" बुकानन ने लिखा कि मूर्तियों की प्रतिष्ठापना मुगल सेनापति राजा मान सिंह ने कराई थी।

अब छोटी पटनदेवी मंदिर का पुराना भवन तोड़कर नया भवन बन चुका है। नए भवन के बन जाने से वहाँ की रौनक बदल गई है। यहाँ पहुँचने के लिए टैंपो, रिक्शा, बसें आदि वाहन सुलभ हैं। बड़ी पटनदेवी जाने के लिए दूर के यात्री गुलजारबाग रेलवे स्टेशन पर उतर सकते हैं। इसी तरह छोटी पटनदेवी मंदिर जाने वाले यात्रियों को पटना साहिब (पटना सिटी) स्टेशन उतरकर वाहन से या पैदल जाना चाहिए।

## श्रीकाली मंदिर

पाटलिपुत्र के अन्य तीर्थों में पटना सिटी (कालीस्थान) स्थित श्री काली मंदिर का भी विशेष महत्त्व है। लोक-विश्वास है कि इसी मंदिर की देवी नगर की अधिष्ठात्री एवं रक्षिका देवी हैं। आदिशक्ति के रूप में माँ काली की अद्‌भुत एवं हजारों साल पुरानी अत्यंत प्राचीन पाषाण प्रतिमा है, जिसे लोग 'श्मशनी काली' भी कहते हैं। यह मूर्ति काले पत्थर की है। मंदिर परिसर में हनुमान, शिव, भैरव और योगिनी की भू-मूर्तियाँ हैं। मंदिर के नाम पर 'काली स्थान' मुहल्ला बसा है। मंदिर से सटा बरगद का विशाल वृक्ष है, जो काफी पुराना है।

इतिहास के जानकार बताते हैं कि यह मंदिर अत्यंत प्राचीन है। इस मुहल्ले

से सटा दीरा मुहल्ला है। यह दियारा का ही परिवर्तित रूप है। कहते हैं, पहले यह स्थान गंगा और पुनपुन नदी का संगमस्थल था। उन दिनों यह जंगलों से भरा था और तांत्रिकों की तंत्र-साधना का अनुपम स्थान था।

कहा जाता है कि एक बार मुगल बादशाह शाह आलम (प्रथम) हाथी पर सवार घूमते हुए उधर जा निकले। मंदिर के समीप आने पर उनके हाथी ने आगे बढ़ने से इनकार कर दिया। उनके कुछ सलाहकारों ने उन्हें इस मंदिर की माँ काली के दर्शन की सलाह दी। वे मंदिर में आए, प्रतिमा के दर्शन किए, तब हाथी प्रसन्नतापूर्वक आगे बढ़ा। देवी की महिमा से प्रभावित होकर उन्होंने मंदिर की सजावट के लिए कीमती उपहार दिए—नग जड़ित तलवार, घंटी, मुकुट आदि। तदनंतर सन् 1905 में श्री ईश्वरी प्रसाद रईस ने मंदिर के मार्ग को चौड़ा करवाया और 1929 में उन्होंने ही सिंहद्वार बनवाया। महाराज नेपाल की ओर से अष्टधातु का घंटा उपहारस्वरूप मिला, जो आज भी टँगा हुआ है। अनुमान है कि सन् 1853 में नेपाल के महाराज यहाँ पधारे थे और उसी समय मंदिर को अपने स्मृतिचिह्न स्वरूप घंटा दान में दिया। कहते हैं, नेपाल-नरेश ने ही इस मंदिर की चहारदीवारी बनवाई थी। इसी तरह कई स्थानीय नागरिकों ने भी मंदिर की शोभावृद्धि के लिए अनेक उपहार दिए। दशहरा के अवसर पर दर्शनार्थियों की अधिक भीड़ रहती है। मंगल-कार्य होने से पूर्व लोग यहाँ आकर देवी की आराधना, पूजा-अर्चना करते हैं, ताकि उनके कार्य निर्विघ्न पूरे हो सकें। सतुआनी मेले के अवसर पर कभी यहाँ से 'सवांग' निकलता था। उसमें भाग लेनेवाले माँ काली के सम्मुख नाच-गान करके ही अन्य जगहों में जाते थे। उन्हें ऐसा विश्वास था कि माँ काली उन सबों की रक्षा करेंगी। सवांग में भाग लेनेवाले शरीर के कुछ हिस्से में बर्छी आदि घोपे रहते थे। ऐसे मौके पर तांत्रिक या 'डायन' का डर बना रहता था। किंतु ऐसे लोगों का कभी अमंगल नहीं हुआ।

□

# अगमकुआँ और शीतला मंदिर

यह कल्पनातीत ही प्रतीत होता है कि जो अपने काल का सर्वाधिक क्रूर और हिंसक शासक रहा, संपूर्ण मानवता के प्रति उसकी इतनी उदारता कैसे हो गई ? इतना बड़ा धार्मिक आस्था पुरुष वह कैसे हो गया ? मगर यह बात बिलकुल सत्य व इतिहाससम्मत है। वह शासक महान् अशोक था, जिसने बौद्ध धर्म के प्रचार-प्रसार के लिए अपना सबकुछ न्योछावर कर दिया, यहाँ तक कि अपने पुत्र और पुत्री को भी बौद्ध धर्म के प्रचारार्थ विदेशों तक भेजा था।

अपने शासनकाल में उसने अनेक बौद्ध स्तूप भी बनवाए थे, जो आज भी मौजूद हैं। अगमकुआँ का निर्माण उसके क्रूरताकाल में ही हुआ था। आगे चलकर वह अहिंसा का पुजारी बना था।

शुरू में हिंसा के पुजारी इतिहास-प्रसिद्ध सम्राट् अशोक की राजधानी पाटलिपुत्र (आधुनिक पटना) थी। आरंभ में वह चंडाशोक के नाम से विख्यात था, क्योंकि वह इतना क्रूर था कि जिसको अपने विरुद्ध पाता था, वह बड़ी निर्ममता से उसकी हत्या करवा देता था।

पिछले वर्षों पटना के कुम्हरार स्थित उत्खनन के दौरान अशोक के किले के साथ अनेक वस्तुएँ मिली हैं, जिनमें से अधिकांश पटना म्यूजियम में रखी गई हैं, और बहुत सी वस्तुएँ कुम्हरार में ही सैलानियों के दर्शनार्थ रखी गई हैं। उस भग्नावशेष से तत्कालीन वास्तुकला पर पर्याप्त प्रकाश पड़ता है और यह मानना पड़ता है कि उस काल की वास्तुकला अतिशय समुन्नत थी।

कलिंग-विजय के पूर्व तक अशोक की क्रूरता से सभी भयभीत रहते थे। कलिंग के युद्ध में हुए भीषण नरसंहार से अशोक के पशुत्व पर गहरी चोट लगी थी और उसका मानवत्व जाग उठा था। तभी से उसमें बौद्ध धर्म का प्रचलन पाते हैं, उसका सारा श्रेय अशोक को ही है। आधुनिकतम आवागमन के साधनों के

अभाव में भी दुर्गम जंगलों, पहाड़ों, जलाशयों को लाँघते हुए भी बौद्ध धर्म को चीन, जापान, श्रीलंका आदि देशों में बौद्ध धर्म के संदेश को फैलाया था।

इतिहासकारों का मत है कि सम्राट् अशोक ने ही अगमकुआँ को खुदवाया था। किंवदंती है कि उसकी गहराई पृथ्वी के केंद्र तक है, जिस कारण वह अगम कहलाता है। बहरहाल, यह पुरातत्त्ववेत्ताओं के शोध का विषय है। उसके पानी सुखाने के लिए पानी निकालने के आधुनिकतम यंत्र महीनों तक काम करते रहे, मगर उसका पानी सूख नहीं सका। इसी कारण उसकी गहराई के संबंध में निश्चित रूप से कुछ पता लगा पाना अत्यंत कठिन है। अद्यतन अनुमान के अनुसार उसकी गहराई 28 मीटर 35 सेंटीमीटर है।

कहा जाता है कि अशोक ने इस कुएँ का निर्माण लोगों को भयभीत करने के विचार से कराया था। यह भी कहा जाता है कि उसने अपने निन्यानबे भाइयों की हत्या करवाकर इसी में डलवा दिया था।

बिहार गजेटियर के अनुसार, प्रसिद्ध चीनी यात्री ह्वेनसांग ने लिखा है कि कुएँ के समीप अनेक धमनभट्ठियाँ सुलगती रहती थीं, जिनमें सजा प्राप्त अपराधियों को जीते-जी डाल दिया जाता था और वे उसमें छटपटाते हुए अपना दम तोड़ देते थे। इन भट्ठियों के कारण अशोक के समय में कोई भी व्यक्ति किसी भी प्रकार का अपराध करने में अत्यधिकभयभीत रहता था।

कर्नल बाडेल के अनुसार, चीनी यात्री ने जिन सुलगती भट्ठियों का उल्लेख किया है, वे आज भी जैन मतावलंबियों के मंदिर से जुड़ी हैं, किंतु अब उनका भग्नावशेष मात्र है।

कहा जाता है कि बौद्ध धर्म स्वीकार करने के पूर्व अशोक ने एक बौद्ध भिक्षु को जलती धमनभट्ठी में डाल दिया था, किंतु बाद में अशोक ने देखा कि उस प्रचंड अग्नि से प्रभावित हुए बिना वह कमल के फूल के मध्य जिंदा बैठा है।

ह्वेनसांग के अनुसार, अशोक ने सुदर्शन नामक एक जैनी को धमनभट्ठी में डाल दिया था; किंतु राजा को उस समय बड़ा आश्चर्य हुआ, जब उसने देखा कि वह एक सिंहासन पर जीवित बैठा था। सम्राट् इससे काफी प्रभावित हुआ और उसके साथ पड़ोसियों जैसा व्यवहार करने लगा। वह मंदिर भग्नावशेष के रूप में आज भी सुदर्शन मंदिर के नाम से स्थित है। अगमकुआँ के पास ही दक्षिण में बौद्ध स्तूप, बड़ी पहाड़ी, छोटी पहाड़ी और पंच पहाड़ी स्थित हैं, जो अपनी हरीतिमा से सबका मन मोह लेती हैं। इन पहाड़ियों का भी अपना अलग-अलग महत्त्व है। धमनभट्ठियों की बात तो सत्य है, किंतु उनसे जुड़ी किंवदंतियाँ संदिग्ध प्रतीत होती हैं।

पहाड़ियाँ कोई प्राकृतिक पहाड़ियाँ नहीं हैं, किंतु उनकी ऊँचाई पहाड़ी जैसी प्रतीत होती हैं। इसकी खुदाई से बहुत कुछ रहस्योद्घाटन होने की संभावना है।

अंग्रेज लेखक सर जॉन हॉल्टन ने अगमकुआँ को पूजास्थल और तीर्थाटन के रूप में चित्रित किया है। उन्होंने लिखा है कि इस विशाल कूप को देखकर आज भी भय उत्पन्न होता है, तो उस समय वह कितना डरावना रहा होगा! सचमुच यह तत्कालीन अपराधियों के लिए अग्निकुंड रहा होगा।

अगमकुआँ का शीतला मंदिर सर्वप्रमुख मंदिर है, जहाँ चेचक से ग्रस्त दूर-दूर के रोगी यहाँ आकर माता शीतला से प्रार्थना करते हैं, ताकि चेचक से उनका बचाव हो सके। मार्च से आरंभ होकर बाद के चार महीनों में गाजे-बाजे के साथ यहाँ आकर माँ शीतला की पूजा करते हैं। बाकी महीनों में प्रति मंगलवार को यहाँ पुजारियों का झुंड एकत्र होता है। उनकी यह धारणा है कि शीतला देवी कांति-प्रदायिनी हैं और चेचक से शरीर के विद्रूप होने का भय नहीं रहता।

इसका वैज्ञानिक कारण जो भी रहा हो, किंतु इतना सत्य है कि कुएँ के जल से अनेक चर्मरोगों में काफी लाभ पहुँचता है। दूसरा पानी गंदा होता है, जो पीने योग्य नहीं है। फिर भी यह शोध का विषय है कि कौन सा ऐसा कारण है, जिसके चलते इसका पानी चर्म रोगों में लाभ पहुँचाता है!

हजारों वर्षों से तीर्थयात्री इसमें हवन की राख और सिक्के फेंकते जा रहे हैं, जिससे इसका पानी गंदा हो गया है। कहा जाता है कि अशोककालीन बहुत सारे हथियार इसमें फेंक दिए गए थे। भूत-प्रेत में विश्वास करनेवाले लोग भी झाड़-फूँक करके इस कुएँ में भूतों को फेंक जाते हैं। उनका विश्वास है कि अगमकुआँ में फेंके गए भूत-प्रेत फिर से बाहर आकर लोगों को नहीं सताते। इसीलिए वे वहाँ स्थिर कर दिए जाते हैं। इस प्रकार आरंभ से लेकर अब तक इस कुएँ में करोड़ों भूत कैद हैं। प्रेतों में विश्वास करनेवालों का तो यहाँ तक कहना है कि जिन प्रेतों को कुएँ में डाल दिया गया है, वे कभी भी बाहर नहीं आते।

इसी से इस कुएँ की गहराई का अनुमान लगाया जा सकता है कि लगभग दो हजार वर्षों से सिक्कों के अलावा राख आदि वस्तुएँ फेंकी जाती रही हैं, फिर भी यह भरा नहीं है।

भारत सरकार और साथ ही बिहार सरकार का भी यह दायित्व है कि इस वैज्ञानिक युग में अगमकुआँ के रहस्य का पता लगाएँ। वे इसकी गहराई का आकलन करें और इसमें छिपे खजाने को ढूँढ़ निकालें। संभव है, इसकी सफाई के दौरान अनेक प्राचीन दुर्लभ वस्तुएँ प्राप्त हों, जिनका पुरातात्त्विक दृष्टि से काफी

महत्त्व हो। इसके जल की वैज्ञानिक जाँच कर इसके गुणों का पता लगाया जाए। अगर सरकार चाहे तो इस कुएँ का रहस्योद्घाटन कर सकती है और नए सिरे से इसे तीर्थाटन के लिए महत्त्वपूर्ण बनाया जा सकता है। इससे बढ़ते अंधविश्वासों को भी दूर किया जा सकता है। अभी तक तो यह कुआँ रहस्यमय ही बना हुआ है।

इस कुएँ का बहुत बड़ा ऐतिहासिक महत्त्व है, इसके साथ ही इसका वैज्ञानिक महत्त्व भी है। वैज्ञानिक महत्त्व इसलिए कि आखिर इसमें जल में वह कौन सी विशेषता है, जिससे अनेक प्रकार के चर्म रोग नष्ट हो जाते हैं। यहाँ का शीतला मंदिर (शीतला माई बड़ी चेचक) किसी विशेषता के आधार पर ही बना था क्या? यह भी शोध का विषय है।

भारत सरकार और बिहार सरकार इस ऐतिहासिक महत्त्व के स्थल को सुसज्जित ढंग से बनाने की चेष्टा करे तो यह बिहार का एक उत्तम पर्यटन स्थल हो सकता है।

□

# काशी विश्वनाथ मंदिर

हिंदू धर्मपरायणों का विश्वास है कि काशी भगवान शंकर के त्रिशूल पर बसी है और प्रलय में भी इसका नाश नहीं होता। वरुणा और असि नामक नदियों के बीच बसी होने से इसे 'वाराणसी' कहते हैं। काशी भारत का धर्म हृदय है।

यहाँ के दर्शनीय स्थानों में दशाश्वमेध घाट स्थित पुराना काशी विश्वनाथ मंदिर मुख्य है। यह मंदिर गोदौलिया चौक से आगे लक्ष्मी नारायण मारवाड़ी हिंदू अस्पताल के पीछेवाली सँकरी गली में स्थित है। यह काशी के मुख्य मंदिरों में गिना जाता है। इसको कई सदी पूर्व राजा शिवोदास ने बनवाया था। मगर सत्रहवीं सदी में मुगल बादशाह औरंगजेब ने इसे तुड़वाकर यहाँ पर ज्ञानवापी मसजिद बनवा दी। ज्ञानवापी मसजिद प्राचीन भारतीय मंदिरों की स्थापत्यकला के दुर्लभ उदाहरणों में से एक है। वर्तमान विश्वनाथ मंदिर ज्ञानवापी मसजिद के ठीक बगल में बना हुआ है। इसे 1776 ई. में इंदौर की रानी अहिल्याबाई ने बनवाया था। पंजाब के महाराणा रणजीत सिंह ने सन् 1839 में इसके शिखर पर साढ़े बाईस मन सोने का पत्तर लगवा दिया। इस कारण इसे 'स्वर्ण मंदिर' भी कहा जाता है।

अयोध्या, मथुरा, गया (कनखल-हरिद्वार), काशी, कांची, अवंतिका (उज्जैन) तथा द्वारका—ये सात पुरियाँ हैं। इनमें भी काशी मुख्य मानी गई है। लोक-विश्वास है कि काशी में कैसा भी प्राणी मरे, वह जीवन-मरण से मुक्त हो जाता है और इस पर आस्था रखते हुए सहस्रों वर्षों से देश के कोने-कोने से लोग देहोत्सर्ग के लिए काशी आते रहे हैं। बहुत से लोग तो मरने के लिए काशी में ही निवास करते हैं। वे काशी से बाहर जाते ही नहीं। इसे ही 'काशीवास' कहा जाता है।

काशी भारत का प्राचीनतम विद्या केंद्र और सांस्कृतिक नगर है। यह किसी एक प्रांत, एक संप्रदाय या एक समाज का नगर नहीं है।

द्वादश ज्योतिर्लिंगों में भगवान शंकर का विश्वनाथ नामक ज्योतिर्लिंग काशी में है और इक्यावन शक्तिपीठों में से एक शक्तिपीठ (मणिकर्णिका विशालाक्षी) काशी में है। यहाँ सती का दाहिना कर्णकुंडल गिरा था। इनके भैरव कालभैरव हैं। पुराणों में काशी की अपार महिमा वर्णित है। इसे 'मंदिरों का नगर' भी कहा जाता है।

काशी विश्वनाथजी के बारे में प्रचलित कथा है कि एक दिन पार्वतीजी ने शंकरजी को सदा ससुराल में रहने का ताना दिया। तब शिवजी ने किसी अन्य निवासस्थान की खोज की। उन्हें दिवोदास राजा की काशी नगरी इतनी भायी कि हमेशा सीधी चाल चलनेवाले शिवजी ने कई तिरछी चालें चलीं तथा दिवोदास को काशी छोड़ने को बाध्य दिया। काशी नगरी को अपने निवासस्थान के रूप में हासिल किया। तभी से काशी में शंकरजी स्थायी रूप से बस गए।

काशी के घाटों में छह घाट मुख्य माने जाते हैं—वरुणाघाट, संगम घाट, पंचगंगा घाट, मणिकर्णिका, दशाश्वमेध घाट, असी संगम घाट। इसके अलावा घाटों की कुल संख्या पचास-साठ के लगभग है।

काशी हिंदू विश्वविद्यालय तो काशी का ही नहीं, भारत का प्रमुख शिक्षा-संस्थान है। यह महामना पं. मदनमोहन मालवीयजी की अमर कीर्ति है। इसमें श्री युगल किशोर बिड़ला की विशेष चेष्टा से श्री विश्वनाथ का एक विशाल मंदिर बना। यहाँ का भारतमाता मंदिर भी देखने योग्य है। इसमें संगमरमर पर भारत का नक्शा बड़े सुंदर ढंग से बनाया गया है।

वाराणसी में काशी विश्वनाथ के अलावा अन्य प्रमुख मंदिरों में तुलसीदास मंदिर, दुर्गा मंदिर, संकटमोचन मंदिर, भारतमाता मंदिर हैं। उत्तर भारतीय मंदिर निर्माण-कला की नागर-शैली का यह प्रतिनिधित्व करता है। तुलसीमानस मंदिर संगमरमर के पत्थरों से बनाया गया अत्यंत भव्य एवं आकर्षक है।

यह मंदिर जिस स्थान पर बनाया गया है, वहाँ पहले गोस्वामी तुलसीदास रहा करते थे। संकटमोचन मंदिर अत्यंत पुराना एवं सिद्ध मंदिर है।

माँ विशालाक्षी का मंदिर अत्यंत सुंदर तथा चित्ताकर्षक है, जो अनायास ही श्रद्धालुओं और दर्शनार्थियों का मन मोह लेता है। मुख्यद्वार के अंदर माँ की एक विशाल मूर्ति प्रतिष्ठित है। माँ के दर्शनों के लिए दक्षिण भारत के अधिकांश यात्री आते हैं।

इस तरह काशी विश्वनाथ की महिमा अपार है। देश–विदेश के तीर्थयात्री एवं पर्यटक इसे देखने आया करते हैं। धार्मिक स्थान होने के कारण वाराणसी को देश के प्रमुख शहरों से जोड़ा गया है। यहाँ रेल एवं बस सेवाएँ सदा उपलब्ध रहती हैं। यह नगर वायुमार्ग द्वारा हर बड़े शहर से जुड़ा है।

यहाँ ठहरने के लिए सस्ते–महँगे होटलों के अलावा टूरिस्ट बँगला, रेलवे रिटायरिंग रूम और अनेक धर्मशालाएँ हैं।

□

# जय काली कलकत्तेवाली

कालीघाट (कोलकाता) का काली मंदिर हिंदुओं का पवित्र तीर्थस्थल है। करीब डेढ़ सौ साल पहले यह स्थान घना जंगल था। यहाँ चिते नामक डाकू का बड़ा दबदबा था। उसके द्वारा बनवाए चिमेश्वरी या चितेश्वरी मंदिर की बड़ी ख्याति थी। उसका माहात्म्य कालीघाट के मंदिर से कम नहीं था। इसलिए लोग कालीघाट के मंदिर में दर्शनों के बाद चितेश्वरी मंदिर जरूर जाते थे। जंगल से भरा रास्ता होने के कारण लोग छोटे-बड़े दलों में जाते थे। उनके हाथों में जलती मशालें भी रहती थीं, जो उन्हें अँधेरे और जंगली जानवरों से सुरक्षा देती थीं।

कालीघाट की काली के उपासक सिर्फ भारतीय हिंदू ही नहीं, बल्कि अंग्रेज भी थे। एक अंग्रेज अधिकारी मार्शमैन की डायरी के अनुसार, ईस्ट इंडिया कंपनी के साहब युद्ध में जाने से पहले कालीघाट के मंदिर में पूजा करने जाते थे। एक और अंग्रेज पादरी वार्ड ने कालीघाट के मंदिर का वर्णन विश्व के एक प्रमुख हिंदू मंदिर के रूप में किया था। एक अंग्रेज कवि, जो बँगला का एक प्रसिद्ध कवियतल (क्षेत्र विशेष की कविता शैली) था—एंटनी कवियतल, उसने बहू बाजार में काली मंदिर की प्रतिष्ठा की थी, जिसे अब 'फिरंगी काली का मंदिर' कहा जाता है।

कहते हैं कि सती की मृत्यु के बाद खुद शिव ने सती के शव को कंधे पर लेकर तांडव नृत्य आरंभ कर दिया था तथा विश्व का संहार कर डालने का संकल्प ले लिया था। उनके क्रोध से विश्व की रक्षा के लिए भगवान विष्णु ने सुदर्शन चक्र के जरिए सती के शरीर के टुकड़े-टुकड़े कर दिए। वे टुकड़े जहाँ-जहाँ गिरे, वहाँ-वहाँ पवित्र तीर्थस्थल बन गए। कालीघाट में उनके बाएँ पैर की कनिष्ठा उँगली गिरी थी। जिस स्थान पर यह अंग गिरा, वही बाद में 'काली कुंड' के नाम से प्रसिद्ध हुआ। यहाँ भक्त लोग स्नान कर कालीजी के दर्शन और उनकी पूजा-

अर्चना करते थे। बाद में यह कुंड कीचड़ से भरकर लुप्तप्राय हो गया। मंदिर समिति के अधिकारियों ने स्वर्गीय ब्रजमोहन बिरला एवं श्रीमती रुक्मिणी देवी बिरला से इसके जीर्णोद्धार का अनुरोध किया, जिसे स्वीकार कर हिंदुस्तान चैरिटी ट्रस्ट ने बहुत बड़ी रकम खर्च कर जीर्णोद्धार का कार्य लगभग दो वर्षों में पूरा कर दिया। नया काली कुंड अत्यंत सुंदर और मनोरम है। बीच में संगमरमर की शिव-प्रतिमा है, जिनकी जटा से अनवरत् गंगा प्रवाहित हो रही है। कुंड के निकट पुरुषों और महिलाओं के लिए दो पृथक् स्नानघर बनाए गए हैं।

कालीजी की बहुत मान्यता है। लाखों व्यक्ति प्रतिवर्ष देश-विदेश से यहाँ आते हैं। दो-तिहाई भक्त कलकत्ता के बाहर से यहाँ आते हैं। मंदिर के निकट एक अतिथिशाला के निर्माण की भी योजना है।

कालीघाट में मंदिर का निर्माण 1809 ई. में हुआ। उस समय कालीघाट का पूरा क्षेत्र 600 बीघा में फैला था। इसमें माँ काली के मंदिर का प्रांगण करीब डेढ़ बीघा में फैला था। माँ काली की पूजा तब हालदार लोग किया करते थे और श्रीरामनवमी, जन्माष्टमी, शारदीय महोत्सव, श्यामा पूजा व नए साल पर खूब भीड़ होती थी।

कहते हैं कि कालीघाट मंदिर का निर्माण ब्रह्मानंद गिरि नामक एक साधु ने करवाया था। ब्रह्मानंद गिरि भारत के दक्षिणी प्रांत के नीलगिरि पर्वत के एक शिलाखंड में रहते थे। वे काली के आराधक थे। एक दिन सपने में काली को उन्होंने देखा और मंदिर निर्माण का संकल्प ले लिया। फिर आनंद गिरि की देख-रेख में मंदिर का काम आगे बढ़ा। कहते हैं कि राजा मानसिंह ने भी इस मंदिर में एक बार दर्शन किए थे।

मंदिर की देखरेख के लिए 1964 ई. में कालीघाट मंदिर समिति बनाई गई। समिति के कुल सदस्यों की संख्या 14 होती है और इसका चुनाव हर दो साल के बाद होता है। अभी इस समिति के सचिव हैं—अमिय कुमार हालदार। श्री हालदार के मुताबिक माँ काली के अंग कीमती गहनों से सजे हैं। हाथ में सोने के कंगन, मुकुट और जेवरों के अलावा जीभ व भौंहें भी सोने की हैं।

दुर्गा-पूजा की तरह काली-पूजा भी बंगालियों की मातृसाधना का वैशिष्ट्य है। कालीघाट से काली क्षेत्र, काली क्षेत्र से कलकत्ता नाम की उत्पत्ति हुई है। काली-पूजा से यह धारणा बलवती होती रहती है। रक्षाकर्त्री और अभयदायिनी के रूप में कालीमाई अत्यंत प्रिय हैं। कलकत्ता से उनका अगाध स्नेह है। उनकी उपासना तीन चरणों में होती है। प्रथम चरण में चंदा वसूलना, द्वितीय चरण में

विद्युत् प्रकाश व पटाखों की चकाचौंध और चखचख के साथ पूजन और तृतीय चरण में विसर्जन की उद्यम धारावाहिकता।

आज जो काली मंदिर है, वह चौकोर है। उसका शिखर बंगाल की झोंपड़ियों की तरह का है। विष्णुपुर के पुरानी मुनी मिट्टी के मंदिर के शिखर और आज कलकत्ता नगर के महाजाति सदन के ऊपर वैसे ही शिखर हैं। यहाँ रत्नजड़ित सिंहासन पर काली का उग्र चंडी रूप प्रतिष्ठित है। यह काली कृष्णवर्णा, भयानक, रक्तलांछित, सर्पाभरण, मुंडमालिनी और लपलपाती जिह्वावाली हैं। इस देवी को प्रतिदिन पशु-बलि चढ़ाई जाती है।

कलकत्ते के चीनियों का काली में अटूट विश्वास है। यहाँ के अधिकांश चीनियों के घरों में नित्यप्रति काली की पूजा होती है। वैसे तो चीनियों में काली-पूजन का कोई रिवाज नहीं था, परंतु अब काली-पूजन का रिवाज बढ़ता जा रहा है।

□

# सीतामढ़ी

सीतामढ़ी वह स्थान है, जहाँ भारतीय नारियों की आदर्श देवी सीताजी का अवतरण हुआ था। मुजफ्फरपुर, मधुबनी एवं जनकपुर (नेपाल) से सड़क मार्ग और दरभंगा तथा रक्सौल से रेल मार्ग द्वारा सीतामढ़ी पहुँचा जा सकता है। सीतामढ़ी से 5 कि.मी. पश्चिम में पुनौरा ग्राम है। इसका पौराणिक नाम पुण्यारण्य है। पुण्यारण्य में ही सीताजी का आविर्भाव हुआ था।

पौराणिक कथा के अनुसार लंकाधिपति रावण अपने राज्य में निवास करने वाले ऋषि-मुनियों से कर के रूप में रक्त लेता था। इस अनाचार और कुकृत्य के लिए ऋषियों ने उसे शाप दे दिया—जिस कलश में तुम हमारा रक्त एकत्रित कर रहे हो, उस कलश का मुँह जिस दिन खुलेगा, उसी दिन उसी कलश से तुम्हारा काल उत्पन्न होगा। ऋषियों के शाप के डर से रावण ने रक्त से भरे कलश को राजा जनक के राज्य में, एक खेत में गड़वा दिया।

जनकजी के राज्य में जब घोर अकाल पड़ा तो ऋषियों ने कहा कि राजा जनक जब खेत में हल चलाएँगे तो वर्षा होगी। जनकजी ने खेत में हल चलाना शुरू किया तो हल की नोक उस रक्तपूरित कलश से टकरा गई और कलश का मुँह खुल गया। उसी कलश से सीताजी का आविर्भाव हुआ। इसके बाद रावण द्वारा सीता-हरण और राम द्वारा रावण-वध की कहानी तो सभी जानते हैं। पुण्यारण्य में रामायणकाल में पुंडरीक ऋषि रहते थे। सीतामढ़ी शहर से 3 कि.मी. दूर यहाँ एक भव्य सरोवर है, जिसे जानकी जन्मकुंड और इससे सटे पूरब में जानकी जन्मभूमि मंदिर है। मंदिर में सीता-राम की कश्मीरी पद्धति से निर्मित प्रस्तर एवं अष्टधातु की प्राचीनतम प्रतिमाएँ हैं। मुख्य द्वार पर गदा और पर्वत उठाए महावीरजी विराजमान हैं।

सीताजी का आविर्भाव-दिवस वैशाख शुक्ल नवमी माना जाता है। उनके विवाह की तिथि अगहन शुक्ल पंचमी मानी जाती है। खेत में जिस जगह कलश से

सीताजी प्रकट हुई थीं, उस जगह सीताकुंड है। यह स्थान सीतामढ़ी में है। सीतानवमी के अवसर पर यहाँ एक बड़ा मेला लगता है।

नेपाल का एक प्रमुख शहर जनकपुर सीतामढ़ी के सुरसंड प्रखंड कार्यालय के समीप अवस्थित है। देश के विभिन्न भागों से लोग यहाँ सीतामढ़ी-सुरसंड-भिठामोड़ होते हुए जनकपुर जाते हैं। मिथिला की संस्कृति भारत की प्राचीनतम संस्कृति का एक महत्त्वपूर्ण अंग है। आदिकाल में संपूर्ण सीतामढ़ी क्षेत्र राजा जनक के राज्य में सम्मिलित था। कहा जाता है कि कपरौल के पास गौतम ऋषि का आश्रम था, जिनके शाप से उनकी पत्नी अहिल्या पत्थर बन गई थीं। आज यह स्थान 'अहिल्या स्थान' के नाम से प्रसिद्ध है। कपरौल ग्राम में कपिल मुनि, खड़का ग्राम में खड़क ऋषि और चकमहिला में चक्रधर ऋषि का आश्रम था।

सीतामढ़ी से 8 कि.मी दूर रीगा नामक स्थान में ऋग्वेद के विद्वान् रहते थे। रीगा 'ऋग्या' का अपभ्रंश है। राजपट्टी ग्राम में बाज पद्धति और राजोपट्टी में राजसूत्र पद्धति के ज्ञाता का निवास था। सामपुर में सामवेद के गायकों, अथरी में अथर्ववेद और यजुआर में यजुर्वेद के विद्वानों का निवास था। सीतामढ़ी से 15 कि.मी. दूर देवकुली में शिवजी का प्राचीनतम मंदिर है। प्राचीन काल में देवकुल्या नाम से विख्यात यहाँ संतान की कामना से पंचाल-नरेश द्रुपद ने यज्ञ किया था, जिसके फलस्वरूप महाभारत की मुख्य नायिका—पाँचों पांडवों की पत्नी द्रौपदी का जन्म हुआ। सीतामढ़ी में सीताजी का भव्य मंदिर है। मंदिर का द्वार चाँदी का है। इसमें सीता, राम एवं लक्ष्मण की श्याम प्रतिमाएँ हैं, जो किसी भी अन्य मंदिर में नहीं हैं।

सीतामढ़ी से 30 कि.मी. दूर हलेश्वर स्थान है, जहाँ प्राचीन शिव मंदिर है। कहा जाता है कि राजा जनक ने खेत में हल चलाने के पहले यहाँ पुत्रेष्टि-यज्ञ किया था। सीतामढ़ी से 8 कि.मी. उत्तर-पूर्व में वह वटवृक्ष आज भी है, जिसके नीचे जनश्रुति के अनुसार, जनकपुर से लौटते समय सीताजी की डोली रखी गई थी। इसीलिए इस स्थान का नाम 'पंथपाकड़' पड़ गया। पुपरी में बाबा नागेश्वरनाथ और बाजपट्टी में बोधायन का प्राचीन मंदिर है। पुपरी के दक्षिण में गोरौल शरीफ है, जहाँ सूफी संत मौलाना हजरत बसो करीम साहब की मजार है। सीतामढ़ी से सटे इसलामपुर में मुंशी बाबा की मजार है। इनके अलावा वैष्णो देवी का मंदिर, सूर्य मंदिर, सीता उद्यान आदि स्थान भी दर्शनीय हैं।

जनकपुर पर्यटकों के लिए पर्यटक का मुख्य केंद्र है। राम, जानकी और लक्ष्मण के अलावा जानकी मंदिर में राजा जनक और उनकी धर्मपत्नी सुनयना की

भी अति प्राचीन प्रतिमाएँ हैं। यहाँ दही-चूड़ा का भोग लगाने की परंपरा है, जिसका आज भी निर्वाह हो रहा है।

जनकपुर धाम के विशाल गढ़ की लंबाई पूर्व में 15 कि.मी., पश्चिम में 15 कि.मी., उत्तर में 15 और दक्षिण में 15 कि.मी. है। कहा जाता है कि मुनियों द्वारा जनकपुर धाम के 5 कोस तक गुप्त रूप से परिक्रमा की जाती थी। जनकपुर धाम के पश्चिम में गलेश्वरनाथ महादेव एवं मांडेश्वरनाथ महादेव, उत्तर में क्षीरेश्वरनाथ महादेव का मंदिर तथा याज्ञवल्क्य मुनि का मंदिर है। पूर्व में सिंहेश्वरनाथ एवं महेश्वरनाथ महादेव का मंदिर तथा विश्वामित्रजी का मंदिर है। दक्षिण में कल्याणेश्वर नाथ एवं विश्वनाथ महादेव का मंदिर तथा विभांडक मुनि का आश्रम है।

राम एवं लक्ष्मणजी के मंदिर में आज भी चूड़ा-दही का बालभोग लगाया जाता है। जानकी मंदिर में छप्पन प्रकार की वस्तुओं का भोग लगता है।

प्रति वर्ष 20 से 30 हजार पर्यटक जानकी मंदिर, पुनौराधाम, कपरौल, हलेश्वर स्थान, पंथपाकड़ आदि ऐतिहासिक व पौराणिक स्थानों के दर्शनार्थ आते हैं।

सीतामढ़ी में मारवाड़ी धर्मशाला एवं शिव नारायण धर्मशाला के अलावा पर्यटन विभाग द्वारा मान्यता-प्राप्त सीतायम होटल है, जहाँ ठहरा जा सकता है। पुनौरा धाम में एक विश्रामघर (रेस्ट हाउस) के अलावा दीपक रेस्ट हाउस, अंबर रेस्ट हाउस और राजकुमार होटल में ठहरने की उचित व्यवस्था है।

□

# मानस का प्रतीक मानसरोवर

भगवान शिव को कैलाशपति कहा जाता है। पौराणिक कथाओं के अनुसार विवाह के बाद भगवान शिव पार्वती के साथ कैलास में ही निवास करते थे। अत: कैलास पर्वत अनादि काल से हिंदुओं का पवित्रतम तीर्थ माना जाता है। संसार की सर्वाधिक ऊँचाई पर स्थित झील मानसरोवर भी अत्यंत पवित्र सरोवर है। मोती चुगनेवाले और नीर-क्षीर का विवेक रखनेवाले राजहंस इसी सरोवर में पाए जाते हैं। अत्यंत स्वच्छ जल की यह झील मनोरम तो है ही, पवित्र और निर्मल ह्रदय की प्रतीक भी है। पुराणों और काव्य-ग्रंथों में कैलास-मानसरोवर के सौंदर्य, सुषमा और माहात्म्य का विशद वर्णन मिलता है।

कहा जाता है कि शिव-पार्वती मानसरोवर में स्नान करते थे। 412 वर्ग कि.मी. में विस्तृत और 70 मीटर की गहराईवाली यह झील समुद्र-तल से 4,588 मीटर की ऊँचाई पर स्थित है।

## यात्रा की तैयारी

पर्वतराज हिमालय के पार 'संसार की छत' नाम से विख्यात तिब्बत का पठार समुद्र-तल 4,000 से 6,000 मीटर ऊँचा, 20 लाख वर्ग कि.मी. के विस्तृत तिब्बत सदियों से भारत का एक अंग रहा है। इस पर अब चीन का अधिकार है। कैलास-मानसरोवर तिब्बती क्षेत्र में स्थित है। सन् 1962 में भारत-चीन युद्ध छिड़ने पर कैलास-मानसरोवर की यात्रा रुक गई। सन् 1989 में भारत और चीन सरकारों की सहमति से यह यात्रा पुन: आरंभ हो गई। यात्रा के इच्छुक यात्रियों से प्रतिवर्ष 30 अप्रैल तक आवेदन-पत्र माँगे जाते हैं। जून से सितंबर के बीच 30 से 50 यात्रियों के जत्थे को कैलास-मानसरोवर की यात्रा पर भेजा जाता है।

कैलास-मानसरोवर की यात्रा लंबी, कठिन, खर्चीली और चुनौती भरी है। करीब 300 कि.मी. पैदल चलना पड़ता है। अधिक ऊँचाई पर वायु-दाब कम होने पर साँस लेने में कठिनाई हो सकती है। अत: यह यात्रा शारीरिक और मानसिक रूप से स्वस्थ व्यक्ति के लिए ही उपयुक्त है। इसीलिए प्रत्येक यात्री के स्वास्थ्य की जाँच की जाती है। श्‍वास, रक्तचाप, हृदय रोग आदि से पीड़ित व्यक्तियों को यात्रा की अनुमति नहीं दी जाती। इस यात्रा में प्रति व्यक्ति 40-50 हजार रुपए की जरूरत पड़ती है।

भारत सरकार यात्रियों की सुख-सुविधा का ध्यान रखने के लिए अपनी ओर से जत्थे के साथ एक संपर्क अधिकारी भेजती है। उत्तर प्रदेश सरकार और भारत-तिब्बत सीमा पुलिस यात्रा के भारत स्थित मार्ग में यात्रियों को चिकित्सा, सुरक्षा और संचार-सहायता की व्यवस्था करती है।

कैलास-मानसरोवर की यात्रा के क्रम में 300 कि.मी. पैदल चलना पड़ता है। 20 दिनों में यह पैदल यात्रा पूरी होती है। अधिकांश मार्ग पहाड़ी है। कहीं चढ़ाई है तो कहीं ढलान, कहीं बर्फीला मार्ग है। मानसरोवर परिक्रमा का मार्ग समतल है; किंतु कई जगह रास्ते में दलदली रेत पड़ती है, जिससे पैदल चलने में विशेष बाधा उत्पन्न होती है। घोड़े या याक पर चढ़कर वहीं की यात्रा की जा सकती है, जहाँ मार्ग चौड़ा हो और ढलान अधिक न हो।

चूँकि कुल मिलाकर कहीं चढ़ाई और कहीं ढलानवाले रास्ते पर पैदल चलना होता है, इसलिए यात्रियों को यात्रा आरंभ करने से पहले 1-2 घंटे पैदल चलने का अभ्यास बना लेना चाहिए। साथ ही पैदल चलने में असुविधा न हो, इसलिए पहले के पहने हुए आरामदेह जूते का उपयोग करना चाहिए। जूते ऐसे होने चाहिए जो बर्फ पर फिसलें नहीं। अच्छा हो, यदि एक जोड़ी जूता और रख लिया जाए।

यात्रा के दौरान जब-तब वर्षा भी होती है, इसलिए रैनकोट और मजबूत छाता भी आवश्यक है। सामान को वाटरप्रूफ बैग में पैक करके बाहर से पोलिथीन शीटों में बाँध देना चाहिए, ताकि सामान भीगे नहीं। ढेर सारे कपड़े भी साथ ले जाना ठीक नहीं। पानी सर्वत्र उपलब्ध है। तेज धूप भी निकलती रहती है। इसलिए मौसम ठीक रहने पर कपड़े धोकर सुखाए जा सकते हैं। भारत सरकार की व्यवस्था के अंतर्गत यात्रा करनेवाले यात्रियों के लिए पूरे मार्ग में पर्याप्त रसद उपलब्ध रहता है, इसलिए खाने-पीने का ढेर सारा तैयार सामान साथ ले जाने की जरूरत नहीं है। हाँ, कुछ सूखे मेवे और सूखते हुए कंठ को तर करने के लिए पानी तथा कुछ

लेमनजूस वगैरह साथ रख लेना चाहिए। पानी में ग्लूकोज डालकर पीते रहने से शरीर में पानी की कमी नहीं होती, क्योंकि पैदल चलने पर पसीना बहुत आता है।

## कैलास-मानसरोवर परिक्रमा

कैलास-मानसरोवर हिंदुओं, बौद्धों के साथ-साथ जैन मतावलंबियों और यहाँ के मूल निवासियों के लिए महान् तीर्थ है। मानसरोवर की परिक्रमा इन धर्मावलंबियों के लिए बहुत ही पवित्र धार्मिक कृत्य है। मानसरोवर की परिक्रमा में दो दिन लगते हैं। प्रथम दिन होरे से चुगु करीब 40 कि.मी. और दूसरे दिन चुगु से जैदी 35 कि.मी. की दूरी तय करनी होती है।

कैलास परिक्रमा तीन दिन में पूरी होती है। इस परिक्रमा में घोड़े नहीं चलते। पैदल या याक से ही परिक्रमा की जा सकती है। स्थानीय लोग तो एक ही दिन में परिक्रमा पूरी कर लेते हैं। लोगों का विश्वास है कि 108 बार कैलास की परिक्रमा करने पर मोक्ष की प्राप्ति होती है। परिक्रमा का आरंभ पश्चिमी छोर पर स्थित जैदी कैंप से होता है। यहाँ से 30 कि.मी. उत्तर होरे शिविर तक बस-मार्ग है। पहली रात यहीं बिताने के बाद होरे से दक्षिण गुर्ला मांधाता पर्वतश्रेणी का दृश्य बहुत ही मनोरम है। अगले दिन झील के पूर्वी किनारे के साथ-साथ उत्तर से दक्षिण की ओर 40-45 कि.मी. पैदल चलने के बाद होरे से सुबह 7 बजे यात्रियों का दल रवाना होता है। रास्ते में चरागाह पड़ता है, जहाँ से सूर्योदय का मनोहारी दृश्य सामने आता है। मानसरोवर के उत्तर-पूर्वी कोने पर रलांग मठ के आगे का अधिकांश रास्ता झील के किनारे-किनारे जाता है। झील की उत्तर-पश्चिमी और उत्तरी दिशाओं में मौसम साफ रहने पर कैलास पर्वत और इसकी श्रेणियाँ तथा दक्षिण में गुर्ला मांधाता पर्वतश्रेणियाँ दिखलाई पड़ती हैं।

इसके आगे तागे नदी पार करने के बाद 14-16 घंटे पैदल चलने पर त्रुगो गोपा (चुगु) शिविर आता है। मौसम साफ रहने पर झील के शांत जल में कैलास का प्रतिबिंब साफ-साफ झलकता है।

अगले दिन चुगु कैंप से मानसरोवर के तट के साथ-साथ चलते हुए गुर्ला मांधाता से निकलनेवाली एक नदी को पार करना होता है। मानसरोवर के दक्षिण-पश्चिमी कोण से आगे एक बड़ी चट्टान के ऊपर एक छोटा सा मठ 'गोसुल गोंपा' है। मानसरोवर तट पर जैदी कैंप से 6 कि.मी. उत्तर 'चिऊ मठ' के निकट ही मानसरोवर में डुबकी लगाई जाती है और पूजा-हवन किया जाता है। मठ से मानसरोवर और कैलास का मनोरम दृश्य बड़ा ही आनंददायक लगता है। यहीं से

निकलकर यह मानसरोवर को राक्षस ताल से जोड़ती है।

मानसरोवर में काफी मछलियाँ हैं। इन्हें पकड़ने-मारने पर प्रतिबंध है। मानसरोवर का जल रोग-निवारक है। तिब्बतियों का कहना है कि कोई भी रोग मानसरोवर का जल पीने से ठीक हो जाता है।

झील के पश्चिमी किनारे पर स्थित जैदी कैंप से सूर्योदय और सूर्यास्त का दृश्य अत्यंत मनोहारी प्रतीत होता है। वह झील के पश्चिमी किनारे पर स्थित इस कैंप के पीछे एक छोटी सी पहाड़ी है। सूर्य जैदी कैंप से दिखाई नहीं पड़ता है, किंतु गुर्ला मांधाता झील के पानी या पूर्व और उत्तर की तरफ की पर्वतश्रेणियों पर अस्तगामी सूर्य की किरणें जब पड़ती हैं तो यह दृश्य अत्यंत मनोहारी होता है। बादलों के बीच से निकलनेवाली सूर्य की किरणें बादलों और आकाश में रंगों की छटा बिखेर देती हैं। सूर्यास्त के पहले पर्वत-शिखर रजत-आभा से चमत्कृत रहते हैं और सूर्यास्त के समय सुनहरी छटा से मंडित हो उठते हैं। मानसरोवर के जल में सूर्य की किरणें टिमटिमाते तारों का दृश्य उपस्थित करती हैं और सुबह-शाम लगता है, सरोवर से ज्वालाएँ निकल रही हैं। यह दृश्य अत्यंत विस्मयकारी और आकर्षक होता है।

कैलास-मानसरोवर में सर्वत्र प्रकृति का वैभव बिखरा पड़ा है। जो इस वैभव से परिचित और लाभान्वित होना चाहते हैं, उन्हें यहाँ की यात्रा अवश्य करनी चाहिए। यहाँ क्या नहीं है? नाना प्रकार की वनस्पतियाँ, जीव-जंतु, जड़ी-बूटियाँ, हिमाच्छादित ऊँची-ऊँची पर्वतश्रेणियाँ, तीव्र वेग से बहती निर्मल जल की नदियों का संगीत, क्षण-क्षण पर रंग बदलते बादल, नेत्र-रंजक प्राकृतिक सौंदर्य—यहाँ सब कुछ है। प्रकृति के इस अपार भंडार में हर व्यक्ति को अपनी रुचि का कुछ-न-कुछ अवश्य प्राप्त होता है।

अनेक कठिनाइयों, दुर्गम मार्ग, जलवायु एवं मौसमी प्रतिकूलताओं के बावजूद कैलास-मानसरोवर केवल तीर्थयात्रियों के लिए ही नहीं, वैज्ञानिकों, भूगोलवेत्ताओं, वनस्पति-शास्त्रियों तथा प्रकृति-प्रेमियों के लिए आकर्षण का केंद्र है।

कैलास-मानसरोवर की कठिन यात्रा है; किंतु दृढ़ इच्छाशक्ति, आस्था, लगन, साहस और धैर्य इस यात्रा को सुखद एवं सरल बना देता है।

□

# पांडिचेरी

समुद्र की उठती-गिरती तरंगें, मनोरम सागर-तट, मनोहर प्राकृतिक सुंदरता के साथ-साथ भारत और फ्रांसीसी संस्कृति की झलक प्रस्तुत करनेवाली प्राचीन और आधुनिक शैली की ऐतिहासिक इमारतें देश-विदेश के पर्यटकों को पांडिचेरी आने का निमंत्रण देती हैं।

चेन्नई से 102 कि.मी. दूर दक्षिण-पूर्व कोरोमंडल तट पर स्थित पांडिचेरी देश का केंद्र शासित प्रदेश है। पुराने जमाने में इसे पोडे, पुंडचीरा तथा वेदपुरी कहा जाता था। पल्लव और चोल सम्राटों ने अलग-अलग समय में इस पर शासन किया था। 16वीं सदी के आरंभ में गिन्गी के नायक के शासनकाल में इसे पुलिचेरी या पुच्छेरी के नाम से जाना जाता था। यह कभी रोमनों का मुख्य व्यापारिक केंद्र था। यहाँ 2,000 वर्ष पुरानी रोमन संस्कृति के अवशेष पाए गए हैं। कहा जाता है कि यहाँ कभी अगस्त्य ऋषि का आश्रम था।

पांडिचेरी का जो आधुनिक रूप है, उसके निर्माण में फ्रांसीसी शासन का प्रमुख हाथ है। फ्रेकास मार्टिन नामक एक फ्रांसीसी वास्तुविद् ने आधुनिक पांडिचेरी के स्वरूप को विकसित किया था। 1673 ई. से 1680 ई. के बीच समय फ्रांस का अधिकतर व्यापार इसी बंदरगाह से होता था। 1693 ई. में पांडिचेरी पर डचों का अधिकार हो गया, किंतु 1699 में समझौते के अनुसार इस पर पुनः फ्रांसीसियों का अधिकार हो गया। फ्रांसीसी प्रशासक मार्थ के शासनकाल में यहाँ फ्रांसीसी साम्राज्य का काफी विस्तार हुआ। ब्रिटेन और फ्रांस में युद्ध छिड़ जाने पर पांडिचेरी पर अधिकार करने के लिए दोनों अनेक वर्षों तक लड़ते रहे। 1742 ई. में फ्रांस सरकार ने जोसेफ फ्रांसिस डुप्ले को यहाँ का गवर्नर बनाकर भेजा। डुप्ले की कमान में फ्रांसीसी सेना ब्रिटिश सैनिकों का डटकर मुकाबला करती रही। अंततः 1814 ई. में इस पर फ्रांसीसियों का अधिकार हो गया। भारत को आजादी मिलने

पर फ्रांसीसियों को भगाकर पांडिचेरी भारतीय संघ में मिला लिया गया।

पांडिचेरी के विकास में डुप्ले की भूमिका अत्यंत महत्त्वपूर्ण है। उसकी मृत्यु के सौ वर्ष बाद डुप्ले की एक मूर्ति फ्रांस में और एक मूर्ति पांडिचेरी में स्थापित की। पांडिचेरी के चिल्ड्रेन पार्क में डुप्ले की विशाल प्रतिमा देखी जा सकती है।

पांडिचेरी में आधुनिक भारतीय और फ्रांसीसी सभ्यता का अद्‍भुत संगम देखा जा सकता है। यहाँ कई भाषाएँ बोली-समझी जाती हैं—तमिल, तेलुगु, मलयालम, हिंदी-बँगला और अंग्रेजी के साथ फ्रेंच भी। आज भी यहाँ के अनेक स्थानों, दुकानों, सड़कों तथा अनुसंधान केंद्रों के नाम यहीं के विख्यात व्यक्तियों के नाम पर ही हैं। यहाँ की पुलिस वरदी पर भी फ्रांसीसी साम्राज्य का प्रभाव दिखाई पड़ता है। स्कूलों में फ्रेंच भी पढ़ाई जाती है। आज भी पांडिचेरी के जनजीवन में फ्रांसीसी रहन-सहन और संस्कृति की झलक दिखाई देती है।

प्राकृतिक सुषमा की दृष्टि से पांडिचेरी एक मनोरम स्थल है। इस साफ-सुथरे शहर का डेढ़ कि.मी. ऊँचे सागर-तट का दृश्य अत्यंत आकर्षक है। समुद्री तट पर बने भ्रमण स्थल से अथवा तट पर से सागर की उठती-गिरती लहरों को देखते रहना पड़ा ही सुखद अनुभव है। समुद्र-तट के समानांतर 1,500 मीटर लंबी पक्की सड़क पर गांधी स्क्वायर है। यहाँ गांधीजी की मूर्ति है। इसी सड़क पर वार मेथोलॉजिकल टाउन हॉल, आकाशवाणी भवन और लाइट हाउस है। समुद्र की लहरों पर प्रात:कालीन सूर्य की थिरकती किरणों और छोटी-छोटी नौकाओं का दृश्य बड़ा सुखद प्रतीत होता है।

## दर्शनीय स्थल

**चर्च :** यहाँ 17वीं-18वीं सदी का विशाल चर्च दर्शनीय है। यहाँ अन्य चर्चों के अलावा द चर्च ऑफ सेक्रेड हाई ऑफ जीसस तथा द कैथीड्रल आदि प्रमुख हैं। इन चर्चों में मध्यकाल के यूरोपीय चर्चों की उच्च कोटि की स्थापत्य कला की झलक दिखाई देती है।

**दर्शनीय मंदिर :** पांडिचेरी में हिंदू देवी-देवताओं के करीब 350 मंदिर हैं। इनमें कुछ मंदिर 10वीं-12वीं सदी में चोल राजाओं द्वारा निर्मित हैं। इन मंदिरों में विजयनगर, वरदराज का तिरुभुवन्नई तथा भगवान शिव के तिरुवंदार मंदिर की विशेष मान्यता है। रथ-उत्सव के अवसर पर पूरे शहर में मुख्य प्रतिमा की परिक्रमा कराई जाती है।

**अरविंद आश्रम :** महान् क्रांतिकारी, चिंतक-विचारक, साधक योगी अरविंद

द्वारा स्थापित यह आश्रम विश्व में भारत की आध्यात्मिक पहचान है। किसी अज्ञात दैवी प्रेरणा से श्री अरविंद घोष अपने सक्रिय राजनीतिक जीवन का परित्याग कर 4 अप्रैल, 1910 को पांडिचेरी आए और कई बार अपना निवास बदलने के बाद वर्तमान आश्रम में साधनारत हो गए।

सन् 1914 में एक प्रतिभा-संपन्न फ्रांसीसी महिला योगी अरविंद के पास आईं और हमेशा के लिए आश्रमवासिनी हो गईं। आदर से लोग उन्हें 'माँ' कहने लगे। माँ ने योगी अरविंद की संपूर्ण आध्यात्मिक और भौतिक विरासत को सँभाला। 11 नवंबर, 1973 को माँ का निधन हो गया। आश्रम में योगी अरविंद की समाधि के पास ही माँ की भी समाधि है। आश्रम के मुख्य भवन में पुस्तकालय है, जिसमें देशी-विदेशी, आध्यात्मिक-दार्शनिक साहित्य का अनुपम संग्रहालय है।

आश्रमवासी साधक स्वयं भोजन पकाते, अतिथियों को भोजन परोसते और जूठे बरतन साफ करते थे। आश्रम का अपना शिक्षालय और कुछ कारखाने हैं, जिनमें ब्रेड आदि कई चीजें तैयार होती हैं। कुछ उद्योग चलते हैं, यहाँ खेल का मैदान भी है। आश्रम में कोई धूम्रपान नहीं करता। यहाँ के लोग शाकाहारी हैं। आश्रम में 400 विशाल भवन हैं, अपना वाटर हाउस व पावर हाउस है। सभी दृष्टियों से आश्रम आत्मनिर्भर है।

अरविंद आश्रम से 15 कि.मी. दूर एक और दर्शनीय स्थल है—ऑरोविल। सन् 1960 में माँ द्वारा शुरू की गई एक परियोजना के अंतर्गत 800 एकड़ में बसाई जानेवाली अंतरराष्ट्रीय बस्ती में 18 देशों के करीब 1,000 से अधिक लोग यहाँ रहते हैं। ऑरोविल में रहनेवाले सभी व्यक्ति खेती तथा छोटे-मोटे उद्योगों में कार्यरत रहते हैं। ऑरोविल का अर्थ है—उषा नगरी। संसार के 124 राष्ट्रों की मिट्टी इस महानगर की नींव में डाली गई है। यहाँ 50,000 लोगों के रहने की व्यवस्था है।

ऑरोविल में भारत के अलावा दूसरे देशों के सहयोग से बननेवाले मातृ मंदिर के निर्मित अंश को देखकर कहा जा सकता है कि यह मंदिर वास्तु और स्थापत्य-कला की दृष्टि से भारत का अन्यतम होगा। इसके प्रार्थना भवन में स्थापित क्रिस्टल की किरणें केंद्रित होकर परावर्तित होती हुई सूर्य की किरणों से प्रार्थना भवन को दिव्य सौंदर्य से मंडित कर देती हैं।

**पांडिचेरी संग्रहालय :** इस संग्रहालय में ई.पू. से लेकर वर्तमान समय की बहुत सी ऐतिहासिक महत्त्व की वस्तुएँ देखी जा सकती हैं। संग्रहालय में पल्लव, चोल तथा विजयनगर काल की बहुत सी वस्तुएँ हैं। भारतीय स्मारक संग्रहालय में

महान् देशभक्त तमिल कवि सुब्रमण्यम भारती के चित्र, पुस्तकें तथा उनकी निजी वस्तुएँ हैं।

**बोटेनिकल गार्डन :** 1826 ई. में सी.एम. बैरोट द्वारा लगाया गया बोटेनिकल गार्डन भी दर्शनीय है। यहाँ देश-विदेश की अनेक प्रजातियों के पेड़-पौधे तथा किस्म-किस्म के फूल देखे जा सकते हैं। पूरे दक्षिण भारत में अपनी तरह का यह एक दर्शनीय उद्यान है।

**कैसे पहुँचें :** पांडिचेरी का सबसे नजदीकी हवाई अड्डा चेन्नई है। पांडिचेरी के लिए मीटरगेज की रेलगाड़ी भी चलती है। सड़क मार्ग सर्वाधिक सुविधाजनक है। चिन्नई, तंजापुर, महाबलिपुरम् ,नागापट्टिनम, बैंगलूर, तिरुपति तथा कोयंबटूर से पांडिचेरी के लिए बसें जाती हैं।

**कहाँ ठहरें :** पांडिचेरी में हर वर्ग के पर्यटकों के लिए सस्ते-महँगे होटल और रेस्ट हाउस उपलब्ध हैं। समुद्र-तट पर के होटलों में ठहरने पर समुद्र की उठती-गिरती लहरों का नजारा लेते रहते हैं।

**खाना-पीना :** पांडिचेरी में भारतीय भोजन के अलावा फ्रेंच, इटालियन सहित सभी प्रकार के भोजन हमेशा उपलब्ध रहते हैं।

**खरीदारी :** खरीदारी के लिए जवाहरलाल नेहरू मार्ग का बाजार विख्यात है। यहाँ सभी प्रकार की वस्तुएँ मिलती हैं।

**विशेष :** पांडिचेरी-भ्रमण के लिए अक्तूबर से मार्च तक का समय सर्वाधिक उपयुक्त है। पांडिचेरी पर्यटन विभाग की ओर से पांडिचेरी एवं आस-पास के स्थानों के लिए बसें उपलब्ध रहती हैं।

विशेष जानकारी के लिए भारत सरकार के पर्यटन कार्यालय 35, माउंट रोड, चेन्नई से संपर्क करना चाहिए।

□

# टेराकोटा मंदिर

यह मंदिर पश्चिम बंगाल के बाँकुड़ा जिले में विष्णुपुर नगर में अवस्थित है। सत्रहवीं और अठारहवीं सदी में विष्णुपुर और उसके आस-पास ही नहीं, बल्कि पूरे बंगाल में कई मंदिर निर्मित हुए, जिन पर वैष्णव धर्म का व्यापक प्रभाव था। यहाँ के शिल्पकारों ने मिट्टी के प्रयोग से ही अद्‌भुत कारीगरी का परिचय दिया, जिसे टेराकोटा कहा जाता है। ईंटों से निर्मित इन मंदिरों में मिट्टी के छोटे-छोटे खंडों पर अंकित चित्रों को अलाव में पकाकर उससे मंदिरों को इस प्रकार सजाया गया है, जो अपने आप में अनुपम व अद्वितीय है। यहाँ देश-देशांतर के यात्री पहुँचते रहते हैं।

वीर हम्मीर ने 1600 ई. में रसमंच मंदिर बनवाया था। चौकोर धरातल पर पिरामिड की आकृति का यह अपनी अभिनवता के कारण विचित्र मंदिर है। इस अभिनव शैली का मंदिर बंगाल में अन्यत्र कहीं नहीं है। ईंटों से निर्मित मंदिर में किसी देवी-देवता की मूर्ति स्थापित नहीं की गई है। मल्ल राजाओं के समय में पूर्णिमा के दिन यहाँ सभी मंदिरों से मूर्तियाँ लाई जाती थीं।

विष्णुपुर की टेराकोटा कला के शिल्पियों की कला हम्मीर के पुत्र रघुनाथ के शासनकाल में चरमोत्कर्ष पर थी। रघुनाथ सिंह ने अपने शासनकाल में अनेक मंदिर बनवाए।

ईंटों से निर्मित श्याम राय मंदिर सबसे अधिक सजा हुआ है। यह बंगाल में अपने आकार-प्रकार का अकेला ही है। खंभों, दीवारों तथा गुंबद पर अनेक चित्र बाहर व भीतर दोनों ही ओर पकी मिट्टी के बने ज्यामितिक पटलों पर खुदे हुए हैं। इन पटलों को बड़ी ही कारीगरी से एक के बाद एक क्रम में सजाया गया है। मंदिर का कोई ऐसा हिस्सा नहीं है, जहाँ नक्काशी न की गई हो। सर्वत्र हरे कृष्ण मत की धूम है। दक्षिणी और पूर्वी ओर राधा-कृष्ण लीला, रासलीला के चित्र अंकित हैं।

राम का लंका युद्ध, शेष शय्या पर विष्णु, शिव, ब्रह्मा, काली, दुर्गा और गणेश आदि देवी-देवताओं की मूर्तियाँ यत्र-तत्र अंकित की गई हैं।

केष्टो राय का जोड़ बांग्ला मंदिर भी अपने में अनूठा मंदिर है। रघुनाथ सिंह ने इस मंदिर को 1655 ई. में बनवाया था। इस मंदिर के गर्भगृह और खंभे छोड़कर सर्वत्र ही चित्रों की भरमार है। मंदिर के बाहर-भीतर दोनों ओर चित्र-ही- चित्र उकेरे गए हैं। चैतन्य महाप्रभु की तीन फीट ऊँची और छह भुजाओंवाली मूर्ति मंदिर के पीछे अंकित है। दक्षिणी ओर के आधे भाग पर केवल कृष्ण के विभिन्न युद्ध ही चित्रित किए गए हैं—पूतना वध, तृणावर्त, शकटासुर, बाणासुर, अजगरासुर, धेनुकासुर-वध प्रमुख हैं। इनके अलावा कदंब पेड़ के नीचे राधा-कृष्ण और बलराम के चित्र भी अकिंत हैं। दाहिनी ओर नायिका विलास, वस्त्र-हरण आदि के चित्र अंकित हैं। मंदिर के ऊपरवाले हिस्से में कृष्णलीला, मध्य में रामायण की आख्यायिकाओं पर आधारित चित्रों की भरमार है। नीचे की ओर पौराणिक कथाओं पर आधारित चित्र शोभायमान हैं। शिखर संधि-स्थल पर ढोलक वादक दल के चित्र अंकित हैं।

पूर्व और पश्चिम की ओर अंकित चित्र रामायण की प्रारंभिक आख्यायिकाओं पर आधारित हैं—जैसे शृंगी ऋषि का यज्ञ, विश्वामित्र के यज्ञ में विघ्न करते राक्षस, ताड़का वध, विश्वामित्र मुनि के साथ जाते राम और लक्ष्मण, धनुष भंग और सीता स्वयंवर आदि। युद्ध चित्रों में दौड़ते घोड़े, तात्कालिक वस्त्र और अलंकारों को भी बड़ी बारीकी से मिट्टी पर तराशा गया है। वन में दौड़ते हिरण, दहाड़ते सिंह-बाघ और सिर झुकाए बैठे रीछ आदि के चित्र उस काल में मानव के पशु-प्रेम को भी दरशाते हैं। इससे पता चलता है कि उस समय लोगों में वन्य प्राणियों के प्रति कैसा आत्मीय लगाव था। विष्णु के दशावतार, दिक्पाल, गंधर्व, पंखवाला सिंह, पालकी में बैठे राजा को ले जाते हुए कहार, रथ पर सिंह का पीछा करता शिकारी, जंगल में इधर-उधर भागते पशु-पक्षी, विहार करते राजा, शृंगाररत नवयुवती और मल्ल राजदरबार आदि के चित्र भी अंकित किए गए हैं।

राधा गोविंद मंदिर को रघुनाथ सिंह की रानी ने 1659 ई. में बनवाया, जो झोंपड़ीनुमा होने के साथ विष्णुपुर में 'चाल' के नाम से प्रसिद्ध है। इस मंदिर के बाहर-भीतर सभी तरफ नक्काशी की गई है।

इसी तरह मदन मोहन मंदिर विष्णुपुर के सारकीपाड़ा क्षेत्र में स्थित है। वीर सिंह के पुत्र दुर्जन सिंह ने, जो कि रघुनाथ का पोता था, 1694 ई. इसे बनवाया था। यह मंदिर भी बंगाल के प्रसिद्ध मंदिरों में से एक है।

इस तरह विष्णुपुर के भव्य मंदिरों में टेराकोटा मंदिर है, जिसकी प्रसिद्धि दूर-दराज के क्षेत्रों में है।

□

# सूर्य मंदिर

राजस्थान में झालरा पाटन नामक स्थान में एक भव्य मंदिर में अर्जुन द्वारा सूर्य की प्रतिमा स्थापित की गई। इसे ही 'सोने के सूर्यवाला सूर्य मंदिर' कहते हैं। मंदिर का नाम 'सूर्य मंदिर' कब और किस प्रकार हुआ, इस संबंध में कोई विशेष सूचना-सामग्री नहीं मिलती। इसकी भव्यता के कारण इसका प्रचलित नाम है—'बड़ा मंदिर'। मंदिर में काले पत्थर की बहुमूल्य विष्णु प्रतिमा की प्रतिष्ठा के कारण इसके नाम का उल्लेख कई स्थानों पर 'पद्मनाथ मंदिर' के रूप में भी हुआ है। इसके अलावा इसे अन्य कई नामों से भी लोग जानते हैं। समूचे राजस्थान में यह अनूठा मंदिर है।

सूर्य मंदिर या सात सहेलियों का मंदिर अपने भव्यतम स्वरूप में अब भी लोगों को लुभा रहा है। इसका शिखर सात-सात पंक्तियों के उपशिखरों से सुसज्जित है। इन उपशिखरों को 'सुरली' कहे जाने से इस मंदिर को 'सात सुरलियों' का मंदिर भी कहा जाता है। मंदिर के तीनों ओर रथिकाओं में खूबसूरत शिल्प सुशोभित है। पीठ पर सूर्य की खड़ी प्रतिमा है। इसके आधार पर विद्वानों ने इस मत की पुष्टि की है कि यह मंदिर सूर्य का रहा है। यह शिखर और इसका संपूर्ण अलंकरण मौलिक है और दसवीं सदी के स्थापत्य के करीब ठहरता है। मंदिर में अंतरालय, गर्भगृह और मंडप के स्तंभ भी इसी काल के हैं। इसके मंडप में 56 ऐसे स्तंभ हैं, जो न केवल बहुत बड़े और मोटे हैं, बल्कि इंच-इंच शिल्प से भरे हैं। इन पर अब भी चूना पुता हुआ है। बाहर की ओर दोनों तरफ प्लेटफॉर्म हैं। उनपर छतरियाँ हैं। ये राजपूत कालीन हैं।

छोटी प्रतिमाओं का अनूठा संसार इस सूर्य मंदिर में व्याप्त है। बंदर, घोड़े हाथी तथा दूसरे जानवरों की शोभा देखते ही बनती है। पक्षियों को बनाने में भी

पाटन के शिल्पियों की छेनी पीछे नहीं रही है। मूल मंदिर में जो मूर्तियाँ बलुआ, लाल व भूरे पत्थर की बनी हुई हैं, उन्हें गिरा पाना संभव नहीं है। उनमें मैथुन मूर्तियाँ भी हैं और देव-देवांगनाएँ भी। लक्ष्मी, सरस्वती, गणपति, दुर्गा, शिव, कृष्ण आदि का भी प्रस्तर में सृजन किया गया है।

झालरा पाटन के सूर्य मंदिर का सबसे अनूठा पक्ष है इसका कमल। शिखर पर कलश और ग्रीवा के मध्य एक ऐसा कमल सुशोभित है, जो आकाश की ओर खुलता है। कमल की एक पंखुरी को छूकर ध्वज-स्तंभ खड़ा है। लगभग 97 फीट ऊँचे शिखर पर 22 मन वजन का यह धातु स्तंभ 15 फीट ऊँचा है। इसमें गन्ने के तने की तरह हिस्से बने हुए हैं। इन हिस्सों में खाँचे बने हुए हैं। खाँचों में पाँव धरकर एक व्यक्ति विजयादशमी के दिन अकेला मंदिर के सबसे ऊँचे भाग पर चढ़ता है और सूर्य मंदिर का ध्वज फहराता है। वर्ष में केवल एक ही दिन ऐसा आता है, जब यहाँ ध्वजा फहराई जाती है। लेकिन यह काम किसी नट या बाजीगर की बाजीगरी से तब ज्यादा रोमांचक होता है, जब उस क्षण कोई आदमी इतने ऊँचे स्थान तक एक स्तंभ पर चढ़कर पूरे शहर को रोमांचित कर देता है। विजयादशमी का दिन झालरा पाटन के सूर्य मंदिर के लिए विशेष दिवस होता है।

सूर्य मंदिर के बारे में विशेष विवरण किसी शिलालेख पर अंकित नहीं है, परंतु झालावाड़ के संग्रहालय में उपलब्ध सूर्य प्रतिमा, हरिहर प्रतिमा और दूसरी संयुक्त प्रतिमाओं से पता चलता है कि इस क्षेत्र में सूर्य-पूजा की परंपरा और सूर्य की प्रतिमाओं का अंकन विधिवत् होता रहा है। झालावाड़ के संग्रहालय में वहाँ रखी पुस्तिका पर अपने उद्गार व्यक्त करते हुए ऋषि जैमिनी बरुआ ने लिखा— ‘‘झालावाड़ और पाटन इतिहासकारों के लिए पावन तीर्थ हैं और मेरे जैसे यायावर के लिए परम रम्य भूमि।’’

झालरा पाटन के सूर्य मंदिर से सूर्य की प्रतिमा कहाँ गई? क्या इस मंदिर में पद्मनाभ विष्णु के स्थान पर मूल रूप से सूर्य प्रतिमा थी? अर्जुन द्वारा प्रतिमा की प्रतिष्ठा करने की बात में कितनी सचाई है? मंदिर का नाम सूर्य मंदिर होने पर भी विष्णु प्रतिष्ठान क्यों है? ये ऐसे सवाल हैं, जो आज सहज ही सामने आ सकते हैं।

झालरा पाटन के एक सौ आठ जैन मंदिरों और एक किलोमीटर दूर चंद्रावती के एक सौ आठ विष्णु मंदिरों की परंपरा में इस कस्बे के सूर्य मंदिर का अवश्य ही महत्त्वपूर्ण स्थान होगा। यदि ऐसा है तो जिस प्रकार कोणार्क सूर्य मंदिर चंद्रभागा के किनारे अवस्थित है, उसी प्रकार झालरा पाटन भी चंद्रभागा नामक छोटी नदी के किनारे ही स्थित है। उनमें समानता का सूत्र खोजना भी आवश्यक है।

कुछ शोधकर्ताओं ने इस मंदिर का निर्माण-काल दसवीं सदी माना है। इस कलानगरी में देश-विदेश के पर्यटक इस भव्य मंदिर के अवलोकन, आकाश की ओर खिलते कमल और पालथी मारकर ध्यानपूर्वक बैठे संतों की प्रतिमाओं को देखकर आनंद-विभोर हो जाते हैं।

☐

# हरसिद्धि देवी का मंदिर

मालवभूमि ऐतिहासिक और धार्मिक भूमि होने के कारण यहाँ के विभिन्न भागों में मातृ-महिमा से मंडित मूर्तियाँ और उनके पवित्र पीठ विद्यमान हैं। उज्जयिनी की 'हरसिद्ध देवी का मंदिर' भी ऐसा ही एक पुराण-प्रसिद्ध स्थल है। विश्वविश्रुत भूतभावन भगवान महाकालेश्वर मंदिर से बाहर निकलते ही सामने बड़े गणेशजी का विशाल भव्य मंदिर है और उसी रास्ते से सीधे चलने पर हरसिद्धि देवी का प्राचीन मंदिर है। दक्ष प्रजापति के यज्ञ में जो घटना घटित हुई थी, उस समय देवी के शरीर का जो भाग जहाँ-जहाँ गिरा, वह 'सिद्धपीठ' के नाम से सुप्रसिद्ध हुआ। अवंतिका नगरी में देवी की कुहनी गिरी थी। इसी स्मृति में यह 'पीठ स्थल' सुरक्षित है।

उज्जैन के अत्यंत महत्त्वपूर्ण और तेजस्वी स्थलों में इसका बहुत महत्त्व है। अन्य मातृ मंदिरों में भी शक्ति-विधि का प्रभाव रहा है; किंतु हरसिद्धि का स्थान वैष्णवी देवी के रूप में माना जाता है। यहाँ 'बलि प्रथा' वर्जित रही है। हरसिद्धि का स्थान अत्यंत भव्य और दिव्य है। यहाँ के लिए एक कथा प्रसिद्ध है कि सम्राट् विक्रमादित्य ने बड़ी निष्ठा से देवी की आराधना की थी और ग्यारह वर्ष तक प्रतिवर्ष अपना मस्तक अपने ही हाथों से काटकर देवी के चरणों में अर्पित किया था। हर बार पूजा के बाद उनका सिर पुनः अपने स्थान पर आ जाता था। मंदिर के पार्श्व में ऐसे ही ग्यारह पाषाण के मस्तिष्क आज तक सुरक्षित हैं और 'विक्रम के मस्तक' नाम से ख्यात हैं। तांत्रिकों के मतानुसार पीठ सिद्ध स्थान है—

यस्मात्स्थानां हिमातृणां पीठं तेनन् कथ्यते।

'अवंति माहात्म्य' में जो कथा वर्णित है, उसका स्वरूप भिन्न है। प्राचीन काल में चंड और प्रचंड दो राक्षस थे। दोनों ने संसार में अपने बल से आतंक

स्थापित कर रखा था। वे दोनों कैलास पर भी जा पहुँचे, जहाँ शिव-पार्वती द्युतक्रीड़ारत थे। नंदीगण ने उन्हें शिव के पास जाने से रोका, तब उन राक्षसों ने क्रुद्ध होकर नंदी को शस्त्र से घायल कर दिया। शिवजी यह देखकर दुःखी हुए तथा देवी कों स्मरण किया और देवी ने तत्क्षण ही उन दोनों का वध किया—

वैध्यनां देवी तो दैत्यो वध मीति वचो डब्र वीति।

शंकर से देवी ने वध का वृत्तांत सुना तो प्रसन्नता से कहा—

'हस्तामाह है चंडि संहतो दुष्ट दानवो हरसिद्धिरस्तो लोके ? ख्यातिगर्गनष्यति।'

हरसिद्धि नाम का यह कारण बतलाया गया है। देवी का यह मंदिर अत्यंत पुरातन है—पत्थरों के परकोटे से घिरा हुआ। सामने दो विशाल 'दीप-स्तंभ' हैं। प्रतिवर्ष नवरात्र में ये दीप-स्तंभ प्रज्वलित किए जाते हैं और यहाँ का दृश्य अवर्णनीय हो जाता है। हजारों यात्री नौ दिनों तक दर्शनार्थ जुटते हैं। तांत्रिक, विद्वान् इन दिनों अपनी सिद्धि-साधना करते हैं। उज्जयिनी में वैसे तो अनेक मातृस्थान हैं--चौंसठ योगिनी, चौबीस खंबामाँ, नगर कोट की महारानी आदि; परंतु नगर से दो मील दूर पुरातन अवंति के भाग में 'गढ़' पर स्थित कालिकाजी का मंदिर 'गढ़ कालिका मंदिर' नाम से प्रसिद्ध है। यह स्थान महाकवि कालिदास की आराध्य देवी के नाम से प्रसिद्ध है। मंदिर के कुछ भागों का निर्माण ई. सं. 606 के लगभग सम्राट् हर्ष ने करवाया था। 'शक्ति सागर तंत्र' में लिखा है—अवन्ति संघ देश कालिका तत्रतिष्ठती।

यह स्थान बहुत ही भव्य है और देश के अन्यान्य भागों से तीर्थयात्रियों का यहाँ सतत आगमन बना रहता है। वे देवी के दर्शन कर धन्य हो जाते हैं।

□

# विंध्याचल शक्तिपीठ

विंध्याचल स्थित विंध्यवासिनी देवी का महत्त्व देश के इक्यावन शक्तिपीठों में बहुत अधिक है। देवी के दर्शनार्थ देश के सभी भागों से लोग आया करते हैं। साल के दोनों नवरात्रों तथा श्रावण मास में अपनी मनौती उतारने के लिए श्रद्धालु नर-नारियों का समूह भगवती के शाश्वत रूप, पराक्रम, असुरसंहारिणी गुणों से ओतप्रोत गीत गाता हुआ सर्वत्र परिलक्षित होता है।

उत्तर प्रदेश के मिर्जापुर से 7 कि.मी. पर विंध्याचल स्टेशन है। वैसे यह स्थल सड़क मार्ग से भी देश के प्रमुख नगरों से जुड़ा हुआ है। विंध्याचल में देवी के तीन मंदिर हैं—विंध्यवासिनी (कौशिकी देवी), महाकाली, अष्टभुजा। इन तीनों के दर्शन की यात्रा 'त्रिकोण यात्रा' कही जाती है।

यह मंदिर बस्ती के मध्य में ऊँचे स्थान पर है। सिंह पर खड़ी देवी की मूर्ति है। इन कौशिकी देवी को ही विंध्यवासिनी कहा जाता है। मंदिर के पश्चिम में एक आँगन है। पश्चिम भाग में बारह भुजा देवी हैं, दूसरे मंडप में सर्पकेश्वर शिव हैं। नवरात्र में यहाँ मेला लगता है। 'देवी भागवत' में उल्लिखित शक्तिपीठों में विंध्यवासिनी की गणना है।

पौराणिक कथा के अनुसार, शुंभ-निशुंभ नामक दैत्यों से पीड़ित देवता देवी की प्रार्थना कर रहे थे। पार्वतीजी उधर से निकलीं तो पूछा, 'आप लोग किसकी स्तुति कर रहे हैं?' उसी समय पार्वती के शरीर में से एक तेजोमयी देवी प्रकट हुईं। वे बोलीं, 'ये लोग मेरी स्तुति कर रहे हैं।' पार्वती के शरीर कोश से निकलने के कारण वे 'कौशिकी' कही गईं। उन्होंने ही दोनों राक्षसों शुंभ-निशुंभ को मारा। उनके प्रकट होने के बाद पार्वतीजी का शरीर काला पड़ गया। वे काली कहलाने लगीं।

कहते हैं, शुंभ-निशुंभ के युद्ध में जब देवी क्रुद्ध हुईं, तब उनके ललाट से भयानक मुखवाली चामुंडा देवी प्रकट हुईं। उन्होंने राक्षस के सेनापति चंड-मुंड को मार दिया और रक्तबीज नामक असुर का रक्त पी गईं। इस क्षेत्र में कौशिकी देवी विंध्यवासिनी कही जाती हैं और चामुंडा देवी काली रूप में काली खोह में स्थित हैं।

विंध्याचल क्षेत्र में भगवती तीन स्थानों पर अवस्थित तीनों महारूप स्वरूप है, जिनका शास्त्रीय आधार भी है और यहाँ 'त्रिकोण यात्रा' या विशिष्ट महत्त्व है।

कहते हैं, नंद के यहाँ यशोदा के गर्भ से जन्म लेनेवाली इन योगमाया का प्रादुर्भाव योगश्वर कृष्ण से छह दिन पूर्व भाद्रपद कृष्णा द्वितीया को हुआ था। यही विंध्यवासिनी जयंती की मान्य तिथि है। कंस के हाथों से छूटकर आकाश में स्थित देवी ने कहा था, 'हे दुराचारी! मुझे क्यों मार रहा है? तेरा वध करनेवाले ने तो जन्म ले लिया है।' इसी जन्मदिवस पर यहाँ प्रतिवर्ष संपूर्ण रात्रि जन्मोत्सव मनाया जाता है। इसी रात्रि जागरण को यहाँ 'रतजगा' कहते हैं। इसके उपलक्ष्य में ओझला पुल पर कजली गायन का प्रसिद्ध मेला रात्रि को लगता है।

विंध्यवासिनी मंदिर से थोड़ी दूर विंध्येश्वर महादेव का मंदिर है। उनके पास ही हनुमानजी की मूर्ति है। विंध्याचल के उत्तर गंगा के पार रेत में एक छोटी चट्टान पर विंध्येश्वर शिवलिंग है। पक्के घाट पर अन्नपूर्णाजी का मंदिर है। विंध्याचल के समीपवर्ती तीर्थों में लालभट्ट की बावली, सप्तसागर और लोंहदी-महावीर का नाम उल्लेखनीय है।

विंध्याचल मुख्य मंदिर में माई को सदैव प्रसन्न रखने के लिए स्थान-स्थान पर रखे ढोल-मंजीरा एवं नगाड़ा पूरे मंदिर परिवार में सुंदर दृश्य उत्पन्न करते हैं। माई की आरती प्रत्येक दिन चार बार—4 बजे सवेरे मंगला आरती, 12 बजे दिन में शिवरात्रि आरती, 1 बजे शाम में गायत्री आरती और 12 बजे रात्रि में मौन स्थिति-आरती का कार्यक्रम चलता है। इसमें अंतिम आरती, जो रात्रि में होती है, में किसी बाहरी व्यक्ति को शामिल नहीं किया जाता, क्योंकि इस समय माँ शयन में जाने को होती है।

वर्ष में दो नवरात्र चैत्र और शारदीय नवरात्र पर्व विंध्याचल का सर्वश्रेष्ठ त्योहार है, जब पूरे विश्व के विभिन्न क्षेत्रों में शाक्य बंधु यहाँ आकर अपने को कृतार्थ करते हैं। भ्रमणार्थी अपने साथ यहाँ का प्रसाद—लाल चुनरी, माता अंकित कड़ा, माला व अँगूठी के साथ-साथ नारियल-मुक्रंदाना लाना नहीं भूलते।

संक्षेपतः यह धार्मिक स्थल श्रद्धालु जनों से सदैव प्राणवान् रहता है।

□

# बाबा उमानाथ मंदिर

बिहार राज्य के सहरसा जिले में हरे-भरे उपवन के बीच अवस्थित है बाबा उमानाथ का मंदिर। यह मंदिर तांत्रिकों के लिए आराध्य है तो वैष्णवों के लिए पूजनीय भी। मंदिर के संस्थापक वयोवृद्ध रामजी गुरुजी एक तंत्र-साधक हैं। वैसे यहाँ पर साल भर तीर्थयात्री दर्शनार्थ आते रहते हैं, किंतु उत्सव के अवसर पर आनेवालों की संख्या बहुत अधिक होती है।

इस मंदिर की स्थापना के बारे में कई कथाएँ और किंवदंतियाँ प्रचलित हैं। एक कथा के अनुसार इस अद्‌भुत मंदिर के संस्थापक वयोवृद्ध तांत्रिक रामजी गुरुजी का एक बार मंदिर निर्माण-स्थल पर ही प्राणांत हो गया था। उसी समय एक साधु प्रकट हुआ था, जिसने उन्हें प्राण दिए और उसी समय वह साधु गायब हो गया। एक आवाज सुनाई पड़ी कि इस जगह उमानाथ का मंदिर बनना चाहिए। कालांतर में इस मंदिर का निर्माण किया गया। मंदिर से सटा एक पोखर है। कहते हैं कि इसके जल से नहाने से मनुष्य के समस्त पाप कट जाते हैं। साथ ही खाँसी, दमा, टी.बी., मिरगी, कुष्ठ, इंटरनल हेमरेज एवं कई अन्य असाध्य रोगों से मुक्ति मिलती है। संतान-प्राप्ति के लिए लालायित व्यक्ति इनकी शरण में अवश्य आते हैं।

मंदिर की ऐतिहासिकता के संदर्भ में प्रसिद्ध इतिहासकार एच.आर. नाल्ड द्वारा लिखित 'एंशिएंट टेंपल इन इंडिया' के अनुसार हजारों वर्ष पूर्व इस स्थान पर एक वृद्धा रहती थी। उसे एक पुत्र था, जिसका नाम उमा था। पुत्र की मृत्यु अल्पायु में ही हो गई। पुत्र-वियोग में बुढ़िया पागल-सी हो गई तथा हमेशा 'उमा-उमा' पुकारती रहती थी। एक दिन रात्रि में बुढ़िया को स्वप्न में उमा ने दर्शन दिया तथा कहा कि मैं नहीं मरा हूँ और न ही तुम्हें छोड़कर कहीं गया हूँ। यदि तुम चाहती हो

तो मुझे गंगा की धारा से निकालकर घर ले चलो।

दूसरे दिन बुढ़िया गंगा-स्नान करने गई। स्नान करते समय अचानक उसके पाँव कठोर वस्तु से टकरा गए। बाद में उस कठोर वस्तु को गंगा के पानी से निकाला गया तो वह भगवान शिवलिंग स्वरूप प्रतिमा निकली। प्रतिमा को वृद्ध महिला अपनी झोंपड़ी में ले गई। वह शिवलिंग को उमा मानकर पुत्र-वियोग को भूल गई। बुढ़िया शिवलिंग की पूजा करने लगी। बाद में वैदिक रीति से शिवलिंग में प्राण प्रतिष्ठा की गई। बूढ़ी महिला प्रतिदिन गंगा-स्नान कर उमानाथ की पूजा किया करती तथा भजन-कीर्तन गाती थी। धीरे-धीरे इसकी चर्चा आस-पास के क्षेत्रों में फैल गई तथा शिवलिंग (उमानाथ) का दर्शन करने के लिए श्रद्धालु आने लगे और इसकी चर्चा 'कामना लिंग' के रूप में राज्य भर में हो गई।

धार्मिक भावना के साथ-साथ बाबा उमानाथ मंदिर का भवन-निर्माण शिल्प के कारण भी विशेष महत्त्व का है। शिल्पकार की अद्‌भुत कारीगरी देखते ही बनती है। मंदिर के भीतर भगवान शिव, पार्वती तथा गणेश, तारा, कामाख्या, दक्षिणेश्वरी एवं बाम काली की मूर्तियाँ विराजमान हैं। समीप में चाँदी से मंडित एक विशाल नंदी भी है।

यहाँ पर गुरुजी के अनुसार हर अंग्रेजी माह की 8 तारीख को एक विशेष तंत्र अनुष्ठान के द्वारा भगवती (पार्वती) रजस्वला होती हैं और इस पूजा को 'रजस्वला-पूजा' कहते हैं। आश्चर्य की बात यह है कि यहाँ की सभी मूर्तियाँ गुरुजी की तांत्रिक प्रक्रिया द्वारा निर्मित हैं, कोई भी मूर्ति किसी कलाकार ने नहीं बनाई है।

प्रत्येक वर्ष काफी संख्या में सावन में काँवर लिये श्रद्धालु उमानाथ मंदिर के शिवलिंग पर जल-अर्पण के निमित्त आते हैं। बाबा उमानाथ के दर्शन को आनेवाले यात्री सहरसा से बस द्वारा आते हैं। यह मंदिर बिहारीगंज से केवल 10 कि.मी. की दूरी पर है। कई बड़े तालाबों के बीच अवस्थित यह स्थान अत्यंत रमणीय है। आस-पास में और अनेक मंदिर हैं। तीर्थयात्रियों के ठहरने की सुविधा उपलब्ध है। कहते हैं, बाबा सबकी मनोकामना पूरी करते हैं तथा यहाँ से कोई निराश नहीं लौटता। इनकी अपार महिमा से प्रभावित होकर देश एवं प्रांत के कोने-कोने से अपार जनसमूह उमड़कर इसे जनश्रद्धा-भावना से आंदोलित करता रहता है।

उमानाथ मंदिर बड़ा ही रमणीक है। प्रकृति की छटा चित्ताकर्षक है। महाभारत काल से लेकर अंग्रेजों तक इस मंदिर की कथा जुड़ी है। यही कारण है कि इस

मंदिर को धार्मिक, ऐतिहासिक तथा पौराणिक महत्ता प्राप्त है। माघ एवं बैसाख पूर्णिमा के दिन यहाँ भारी मेला लगता है। श्रावण माह में यहाँ प्रतिदिन काँवरिए जल चढ़ाने के लिए दूर-दूर से आते हैं। साथ ही धर्मावलंबी उत्तरायण गंगा का पवित्र जल लेकर देवघर, वैकटपुर आदि स्थलों तक पूजा-अर्चना के लिए जाते हैं। लगन के दिनों में यहाँ बड़ी संख्या में शादियाँ होती हैं।

□

# देवधाम बीकानेर

भारतीय संस्कृति के सौंदर्य के खजाने की तुलना यदि ईश्वर के विभिन्न रूपों से की जाए तो बीकानेर की अनूठी प्रस्तर-प्रतिमाओं की कारीगरी को यदि ईश्वर भी अपने स्वरूप को देखें तो वे भी दाँतों तले अँगुली दबाए बिना नहीं रह सकेंगे। आइए, जरा संस्कृति के पत्थर में मढ़े इन आध्यात्मिक प्रतीकों पर एक नजर डालें!

बीकानेर के देवस्थानों में यदि देशनोक की करणी माता के मंदिर का नाम न लिया जाए तो यह पुण्य स्थली अधूरी रह जाती है।

कहा जाता है कि करणी माता ने भविष्यवाणी की थी कि राव बीका यश व शक्ति में अपने पिता से बढ़कर होगा और बहुत बड़े-बड़े लोग उसे अपना स्वामी मानकर गौरवान्वित होंगे। उनका स्वर्गवास सन् 1538 में हो गया। वे अब भी बीकानेर राजघराने और जनता द्वारा पूजी जाती हैं।

इस महान् देवी ने जो चमत्कार दिखाए, बाहर के लोग चाहे उसपर संदेह करें, परंतु यहाँ के बहुत सारे लोग करणी माता के आशीर्वाद को कभी नहीं भूल पाएँगे। वे लोग करणी माता में असीम श्रद्धा रखते हैं। पुरानी कहावत है कि एक बार राव जैतसी की पीठ पर फोड़ा हो गया। पीड़ा से ग्रसित राव जैतसी ने करणी माता का स्मरण किया। करणी माता ने सशरीर दर्शन देकर उनकी पीठ को स्पर्श किया और अंतर्धान हो गईं। उनके स्पर्श मात्र से ही उनका दर्द गायब हो गया।

लक्ष्मी नारायणजी के मंदिर की स्थापना महाराजा डूगरजी के शासनकाल में हुई। सन् 1880 में उन्होंने यहाँ लक्ष्मी नारायणजी की मूर्तियों की प्रतिष्ठा की।

लक्ष्मी नारायणजी बीकानेर के राजघराने के कुलदेवता कहलाते हैं। उन्हीं के आशीर्वाद से कभी बीकानेर पर आँच नहीं आई। बीकानेर रियासत के झंडे पर

केसरिया रंग लक्ष्मी नारायणजी का प्रतीक है तथा लाल रंग करणी माता को दरशाता है।

लक्ष्मी नारायणजी का मंदिर श्वेत संगमरमर का बना हुआ है। कभी यहाँ अमूल्य पत्थर जड़े हुए थे, लेकिन आज तो उनके निशान तक मिट चुके हैं। इस मंदिर के बाईं तरफ एक बाग है। एक समय यहाँ विभिन्न पुष्प अपनी सुरमई खुशबू फैलाया करते थे।

पास ही गणेशजी का एक मंदिर है, जिसके सामने संगमरमर का जलकुंड बना हुआ है। आज यहाँ कबूतर आकर स्नान करते हैं और अपनी प्यास बुझाते हैं।

इसी के पास जैन संप्रदाय का नागनेची मंदिर स्थित है। यह मंदिर मूलत: खेताणरो के 21 तीर्थंकरों का है। यहाँ पर दो भाई 'सांडा' तथा 'भांडा' के मंदिर बने हुए हैं। इन मंदिरों की स्थापना 1483 ई. में हुई थी।

बीकानेर शहर के मध्य में रतन बिहारीजी का मंदिर है। यह मंदिर वैष्णव संप्रदाय की अनुपम कलाकृति है। इसका निर्माण बीकानेर के महाराजा सरदारजी ने संवत् 1907 में अपने पिता की स्मृति में करवाया था। इसी के पास रसिक शिरोमणिजी का मंदिर बना हुआ है, जो महाराजा सरदार सिंहजी ने अपनी सवास (पटरानी) पार्वती के नाम से संवत् 1925 में बनवाया था। इन्हीं दोनों मंदिरों में भगवान श्रीकृष्ण की श्वेत संगमरमर की मूर्तियाँ स्थित हैं, जिनकी सुंदरता निहारने योग्य है।

रतन बिहारीजी का मंदिर लाल पत्थर और सफेद संगमरमर का बना हुआ है। इस मंदिर के भीतरी भाग में संगमरमर पर ढलाई का काम बहुत ही सुंदरता से किया गया है। मंदिर का बाहरी भाग लाल पत्थर का बना हुआ है, जिसमें पुरानी चमक-दमक अब भी विद्यमान है। मंदिर के ऊपर सफेद संगमरमर की छतरियाँ ऐसी प्रतीत होती हैं, मानो नीले आकाश के नीचे सफेद हंस उड़ रहे हों।

दूसरे मंदिर की कारीगरी भी देखने योग्य है। यह मंदिर भी अंदर से संगमरमर का बना हुआ है। यहाँ रंगीन संगमरमर का फर्श किसी कश्मीरी गलीचे से कम नहीं लगता ।

इन मंदिरों के चारों ओर महाराजा सरदार सिंहजी के समय में एक सुंदर बाग बना हुआ था, जहाँ सुंदर पक्षी चहचहाया करते थे। सुंदर पुष्पों की बहारों से भरपूर दूर से देखने पर मंदिर का अलौकिक दृश्य बहुत ही मनोरम दिखाई पड़ता था।

□

# गौरीशंकर महादेव मंदिर

मगध देश के पुराने छह तीर्थों में 'बैकुंठपुर', जिसे अब लोग 'बैकठपुर' के नाम से ही जानते हैं, अपना एक अलग ऐतिहासिक और पौराणिक महत्त्व रखता है। कहा जाता है कि वर्तमान बैकठपुर ग्राम में हजारों वर्ष पूर्व गंगा के तट पर बसा बैकुंठ वन था। इस स्थान पर ऋषि-महर्षि तपस्या किया करते थे। राजधानी पटना से करीब 26 कि.मी. पतुहा प्रखंड के अंतर्गत राष्ट्रीय राजमार्ग संख्या 30 के किनारे गौरीशंकर का महादेव मंदिर अवस्थित है। यह पतुहा से 6 कि.मी. पूरब में है। इस मंदिर की ध्वजा दूर से ही दिखलाई पड़ती है। लाल रंग के बाँस में रंगीन कपड़ा फहराता रहता है।

इस स्थान पर श्रद्धालु भक्त प्रत्येक सोमवार को पूजा-अर्चना के लिए पहुँचते हैं। ऐसा स्थानीय लोक-विश्वास है कि यहाँ पर आने से समस्त पापों का नाश होता है और मनोवांछित फल मिलता है।

कहते हैं कि इस मंदिर का निर्माण-कार्य राजा मानसिंह ने कराया था। यह अनुपम शिवलिंग, जिसमें पार्वती की भी प्रतिमा साथ में है और जो 1200 छोटे-छोटे शिवलिंगों से युक्त है, मगधनरेश जरासंध द्वारा हजारों वर्ष पूर्व प्रतिष्ठित किया गया। पार्वती की मुखाकृति से युक्त शिवलिंग का यह स्वरूप विरल है। कहा जाता है कि प्राचीन काल में इस मंदिर का क्षेत्र चारों ओर घने जंगलों से भरा था, जो 'बैकुंठ वन' कहलाता था। गंगा तट पर स्थित इस स्थल पर महर्षि याज्ञवल्क्य द्वारा हजारों वर्ष पहले मूर्ति प्रतिस्थापित करके तथा मंदिर का निर्माण कर, राजा जरासंध भगवान शंकर की आराधना करने प्रतिदिन अपनी राजधानी से यहाँ आया करते थे। धीरे-धीरे यह बैकुंठ वन 'बैकुंठपुर' के गौरीशंकर महादेव मंदिर के नाम से प्रसिद्ध है।

किंवदंती बताती है कि जरासंध की पूजा-आराधना से प्रसन्न होकर भगवान शिव उसकी दाहिनी भुजा पर रहने लगे और जब कभी युद्ध में जरासंध को जाना होता था तो भगवान शिव से वह अनुमति माँगता था। अनुमति मिलने के बाद उसकी विजय प्राय: निश्चित होती थी।

इस मंदिर के प्रांगण के चारों ओर घेरा और एक सिंहद्वार भी है। घेरे के अंदर चारों ओर कोठरियाँ, दालान तथा छोटे-छोटे कुछ अन्य मंदिर भी बने हैं। अब इनकी दीवारें और छत जीर्ण-शीर्ण हालत में पहुँच गई हैं। मंदिर के समीप बननेवाले 'शिवगंगा' सिंह-द्वार आदि अर्द्धनिर्मित अवस्था में पड़े हैं। मंदिर के भीतर की प्राचीन चित्रकारी भी विनष्ट हो रही है। मंदिर के दोनों ओर बड़े-बड़े तथा बीच में सीढ़ियाँ भी बनी हुई हैं। इन खिड़कियों से गंगा नदी में भीतर जाने और स्नान करने के लिए सुरंग भी बनी हुई थी, जो अब मिट्टी से भर जाने के कारण बंद हो गई है।

मंदिर से सटे उत्तर में दो विशाल कुएँ आज भी विद्यमान हैं। इनमें हमेशा पानी रहता है। कुछ वर्ष पूर्व गंगा मंदिर से सटे उत्तर में बहती थी। धीरे-धीरे इस तरफ मिट्टी पड़ती गई और गंगा अधिक उत्तर की ओर कटती गई। इस क्षेत्र के बुजुर्ग बताते हैं कि इन दो कुओं के तल में रास्ते हैं, जो गंगा में मिलते थे। जो तैरना जानते थे, वे कुएँ में छलाँग लगाते थे और गंगा में निकल जाते थे।

जिन दिनों गंगा मंदिर से सटकर बहती थी, उस समय मंदिर की पूजा-अर्चना पुजारी स्वामी सच्चिदानंद सरस्वती करते थे। किंतु उनके शरीरांत होने पर गंगाजी उत्तर दिशा में चली गईं। बाबा की स्मृति में वहाँ पर एक विशाल नाव का निर्माण किया गया और उनकी समाधि नाव के ऊपर प्रस्तर मूर्ति रूप में स्थापित है। उन्हें लोग 'नइया बाबा' के रूप में स्मरण करते हैं।

समीपवर्ती गाँव के निवासी लोक गीतकार एवं आकाशवाणी सेवा के श्री जनार्दनप्रसाद सिन्हा ने एक भेंट में बताया कि बहुत बचपन से यहाँ की पूजा-अर्चना देखा करता था। हर-हर महादेव की जयध्वनि मीलों तक सुनाई देती थी। इस मंदिर पर दूर-दूर के लोगों की अपार श्रद्धा थी। चढ़ावा काफी आता था, किंतु धीरे-धीरे कम होता गया। उन्होंने बताया कि एक किंवदंती के अनुसार यह घटना यहाँ पर चर्चित हुई कि एक बार एक अंग्रेज अधिकारी सदल-बल इस मंदिर को देखने आए। मंदिर को देखने-सुनने के बाद पंडों ने उनसे कहा कि कुछ चढ़ाइए। अंग्रेज अधिकारी ने पूछा—क्या चढ़ाना है ? बताया गया कि लड्डू। अंग्रेज अधिकारी ने पूछा कि क्या तुम्हारा गॉड लड्डू खाता है ? पंडों ने हामी भरी। तब उसने कहा

कि 'यह असंभव है। तुम लोग जनता को ठगते हो। अच्छा, हम इसका टेस्ट लेगा।'

अंग्रेज अधिकारी ने एक टोकरी लड्डू मँगवाया और लड्डू से भरी टोकरी इस चेतावनी के साथ मंदिर में बंद की गई कि यदि कल तुम्हारा गॉड लड्डू नहीं खाएगा तो तुम लोग को हम जेल में डाल देगा।

दूसरे दिन अंग्रेज अधिकारी सदल-बल वहाँ पर पहुँच गए। मंदिर में लगे ताले की चाबी उसी के पास थी। ताला खुलने पर यह देखकर उसे आश्चर्य हुआ कि सारे लड्डू वहाँ से गायब थे, कुछ चूर्ण मात्र बाकी रह गए थे। अंग्रेज अधिकारी स्वयं अचंभित रह गया। फिर भी उसने पूछा—यह थोड़ा क्यों बचा है? पंडों की जान-में-जान आई। वे उत्साहित होकर बोले—ये शेष लड्डू प्रसाद के लिए भगवान ने हम लोगों के लिए छोड़ दिए हैं। कहते हैं कि तब से उक्त अंग्रेज अधिकारी की श्रद्धा सदैव इस मंदिर पर बनी रही और यदा-कदा वह यहाँ आया करता था।

कुछ दिनों के बाद पता चला कि मंदिर के भीतर के अनेक चूहों ने रातोरात लड्डू को वहाँ से हटाकर मंदिर के ऊपरी छज्जे पर जमा कर दिया था।

इस प्राचीन ऐतिहासिक मंदिर में साल में चार बड़े मेले महाशिवरात्रि, वसंत पंचमी, श्रावणी पूर्णिमा तथा भादों के अंतिम सोमवार को लगते हैं।

राज्य के कोने-कोने से लोग इस दिन मंदिर में उपस्थित होकर पूजा-अर्चना करते हैं। मेले में अनेक प्रकार की दुकानें लगती हैं। शिवरात्रि में दर्शक बेर और लाई खरीदना नहीं भूलते। यह यहाँ का मशहूर व्यंजन है। इस मंदिर का प्रांगण खचाखच भरा रहता है। यात्रियों के आगमन को देखते हुए यहाँ पर आवास की व्यवस्था बिलकुल नगण्य है। लगन के दिनों में विवाह, यज्ञोपवीत एवं मुंडनादि यज्ञों को लेकर चहल-पहल और समारोहों की काफी धूमधाम रहती है। इस प्रसिद्ध मंदिर को देखने के लिए विदेशों से भी पर्यटक आते रहते हैं, किंतु इसके बुरे हाल पर वे तरस भी खाते हैं। इस मंदिर के चारों ओर चहारदीवारी तक नहीं है। मवेशी यहाँ स्वच्छंद विचरण करते हैं। मंदिर में न तो पेयजल की कोई व्यवस्था है और न सफाई की। पेयजल के लिए मंदिर परिसर में पी.एच.ई.डी. के मात्र दो नल लगे हैं। एकाध चाँपाकल भी है।

इस मंदिर तक का आवागमन बस, टैंपो और रेल मार्ग से जुड़ा है। रेल-मार्ग से आनेवाले यात्रियों को खुसरपुर स्टेशन से उतरकर टमटम, रिक्शा या पैदल यहाँ पहुँचना होता है। यहाँ से मंदिर की दूरी डेढ़ कि.मी. है। यहाँ से मंदिर के आस-पास पुजारी-पंडों के आवास गृह है, जहाँ परिचय रहने पर ठहरा जा सकता है।

यदि इस मंदिर को आध्यात्मिक महत्त्व के दृष्टिकोण से देखा जाए तो यह

पूर्व में गंगा के तट पर बसा होने से सचमुच मनोरम है। यहाँ पर सर्वत्र शांति विराजती है। सरकार के पुरातत्त्व विभाग को इसकी खोज-खबर रखनी चाहिए। हालाँकि कई बार मंदिर का जीर्णोद्धार हो चुका है—कुछ सरकार की ओर से और कुछ धार्मिक प्रवृत्ति के लोगों के द्वारा। फिर भी इसे ऐतिहासिक महत्त्ववाले मंदिर का स्थान मिलने पर ही राष्ट्रीय स्मारक घोषित होने की आशा करनी चाहिए।

□

# वृहदेश्वर मंदिर

दक्षिण भारत के तमिलनाडु राज्य में चोल वंश के सम्राट् राजराजा की गौरवमय व अनुपम कृति है—वृहदेश्वर मंदिर। यह ऐतिहासिक नगर तंजौर में बना हुआ है। तंजौर कावेरी नदी के डेल्टा में कुंभकोणम् से करीब 45 कि.मी. दक्षिण की दूरी पर है, जिसके कण-कण में वास्तुकला की गंध बसी हुई है। यहाँ का यह वृहदेश्वर मंदिर दसवीं से चौदहवीं सदी तक शासन करनेवाले चोल राजाओं की कलाप्रियता, धर्मनिष्ठा, शक्ति, समृद्धि और प्रसिद्धि के अनुरूप है।

भारतीय इतिहास में राजराजा का महत्त्वपूर्ण स्थान है। अपने राज्यकाल में दक्षिणी भारत में सैन्य संगठन के लिए उनकी ख्याति तो है ही, तंजौर में निर्मित वृहदेश्वर मंदिर में उसकी स्थापत्य कला के प्रति उनकी गहरी अभिरुचि भी दृष्टिगोचर होती है। उनके पूर्ववर्ती शासक परांथक चोल ने चिदंबरम में स्वर्ण-मंडित 'नटराज' का निर्माण कराया। उसके पश्चात् राजराजा चोल ने 'शिवपद शेखर' नामक मंदिर बनवाकर अपनी कलाप्रियता का परिचय दिया। उसने आनंद तांडव शिव की प्रतिमा बनवाई, जो आगे चलकर शिवभक्तों में अत्यधिक लोकप्रिय हुई।

तंजौर का यह विशाल मंदिर 'शिव मंदिर' के नाम से भी जाना जाता है, जिसमें विशालकाय शिवलिंग स्थापित है। सन् 1010 में अपने पच्चीस वर्षों के शासनकाल में राजराजा चोल ने उसका निर्माण दो सौ पचहत्तर दिनों में करवाया था। इसकी स्थापत्य कला की महत्ता के कारण इसे 'राजा राजेश्वरम्' के नाम से भी जाना जाता है। इस मंदिर के निर्माण में वास्तुकला की विशेषता इसलिए भी परिलक्षित होती है कि इसमें भार का संतुलन इस दक्षता के साथ किया गया है कि 180 फीट की लंबाई पर पिरामिड के आकार की 190 फीट की ऊँचाई खड़ी की गई है। पुनः पिरामिड की आकृति के गुंबज द्वारा इसका संतुलन बनाए रखा गया

है। इस गुंबज को 'विमान' के नाम से जाना जाता है। वृत्ताकार रूप की यह तेरह मंजिली इमारत अपने आप में अनूठी है। यहाँ यह ध्यातव्य है कि भुवनेश्वर के लिंगराज मंदिर की ऊँचाई मात्र 160 फीट ही है।

चोलकालीन कलाकारों और शिल्पकारों के अद्‌भुत कला-कौशल का प्रतीक है यह वृहदेश्वर मंदिर। मंदिर के बारे में कुछ दंतकथाएँ भी प्रचलित हैं। एक कथा के अनुसार, एक बार चोल सम्राट् राजराजा को एक तरह के 'काले कोढ़' का रोग हो गया। अनेक तरह के इलाज कराने पर भी जब यह रोग दूर नहीं हुआ, तब उनके आध्यात्मिक गुरु ने सलाह दी कि वे इस रोग से तभी मुक्ति पा सकते हैं, जब एक शिव मंदिर का निर्माण करें। गुरु की सलाह मानकर राजराजा चोल नर्वदा गए और वहाँ से एक शिवलिंग ले आए। कहा जाता है कि जब राजा ने लिंग को पानी से ऊपर उठाया तो वह अपने आप वृहद् आकार में बढ़ने लगा। इसीलिए उसे 'वृहदेश्वर' कहा जाने लगा। करीब बारह वर्षों में मंदिर बनकर तैयार हुआ। बड़े समारोह के साथ शिवलिंग की स्थापना की गई। राजराजा ने 'कुंभाभिषेकम् महोत्सव' के बाद स्नान किया। तदुपरांत 'काले कोढ़' से उन्हें मुक्ति मिल गई। उनका शरीर पहले की तरह सुदर्शन और तेजोद्‌दीप्त हो गया।

यह मंदिर न केवल तंजौर का, अपितु संपूर्ण तमिलनाडु का गौरव है। कुछ भारतीय पौराणिक गाथाओं के अनुसार इसमें काम-दहन कथा उत्कीर्ण की गई है, जिसका आधार गोपुरम् है। 'प्रकार' भवन आठ देवताओं के मंदिर हैं। भीतर प्रवेश करने पर नंदी के दर्शन होते हैं, जो 19 फीट लंबा और 12 फीट ऊँचा है। दीवार के बाहरी भाग पर शिव की विभिन्न मुद्राओं की नक्काशी है। इसमें एक स्थान पर शिव को धनुष और बाण लिये दिखलाया गया है। 'प्रकार' चोल काल की नक्काशी का सर्वोत्तम उदाहरण है। सुंदरार की जीवन-कथा अदवलन और चिदंबरम् राजराजा के साथ कसवुर देवार और त्रिपुरांतक शिव के मंदिर दर्शनीय हैं।

'प्रकार' की ऊपरी मंजिल पर शिव के तांडव की 108 आकृतियाँ विभिन्न मुद्राओं में हैं। यह 'प्रकार' विमान के भीतरी भाग की बनावट पर प्रकाश डालता है। तंजौर मंदिर के विमान का वर्णन करते हुए एक पाश्चात्य लेखक पर्सी ब्राउन ने लिखा है कि पिरामिड के आकार के इस विमान को संतुलित आवस्था में स्थापित करने में शिल्पियों को काफी परेशानी का सामना करना पड़ा होगा। इसे इस रूप में रखा गया है, मानो यह हवा में झूल रहा हो! इससे चोल स्थापत्य कला की दक्षता परिलक्षित होती है। द्राविड़ियन शिल्पियों के इस कला-नैपुण्य को देखते हुए किसी को भी आश्चर्य हुए बिना नहीं रहता।

गोपुरम् नामक पूर्वी प्रवेशद्वार बाहरी प्रांगण में पहुँचता है तथा दूसरा प्रवेश द्वार मंदिर के प्रांगण का मुख्यद्वार है। यह प्रांगण ईंट और पत्थरों से बना है, जिसकी लंबाई 500 फीट और घेरा 250 फीट है। वस्तुतः मंदिर का मुख्यद्वार गर्भगृह है, जिसके चारों ओर बरामदे हैं।

तत्पश्चात् अर्द्धमंडप, महामंडप, स्थापना मंडप, श्री त्यागराज का नर्तन मंडप और वाद्य मंडप हैं। कोरालंतकन, रसरसन और तिरुअनुखन तीन स्थान भी हैं। मुख्य मंदिर के पीछे एक गलियारा है, जो करुवर देवार तक गया है।

कुछ वास्तुकला-प्रेमी ऐसा मानते हैं कि इन द्राविड़ियन मंदिरों में नौका-निर्माण बिना किसी पूर्व योजना के हुआ है। इसके अपवादस्वरूप मात्र तंजौर का मंदिर ही है।

मंदिर के प्रांगण में प्रवेश करते ही यात्री भव्य मंदिर की ओर अनायास ही खिंचे चले आते हैं। ऐसी अनुपम कलाकृति को देखकर दाँतों तले अँगुली दबाने को एक बार मजबूर होना पड़ता है। मंदिर की भव्यता और कलात्मकता हो देखकर पर्यटक स्वयं श्रद्धावनत हो जाता है।

अदवलन के दर्शन के अनुसार, जो संगीत की स्वर-लहरियों के साथ नर्तन करने में समर्थ हैं, राजराजा चोल ने इसकी व्याख्या प्रस्तुत की है कि वह संपूर्ण विश्व का मूल्य है। इस महान् चोल राजा ने विश्व की संपूर्ण वस्तुओं के प्रति आदरभाव प्रदर्शित किया है, चाहे वह वृहदेश्वर के मंदिर की शिव प्रतिमा हो या शिव के रूप में तांडव करते हुई कोई अन्य वस्तु। शिव के लयात्मक नृत्य का कलात्मक और महत्त्वपूर्ण पक्ष की महत्ता अगर देखनी है तो वह अदावल्लन दर्शन में देखी जा सकती है। उदाहरणस्वरूप विमान के छज्जे की चित्रावली को लिया जा सकता है, जिसमें नटराज की आराधना करते हुए चेरामन पेरुमल को दिखलाया गया है। यह चोल राज्य की सर्वोत्कृष्ट कृति समझी जा सकती है। दीवार पर खुदी शिव की प्रतिमा 'करण' नृत्य की ओर हमारा ध्यान आकृष्ट करती है, जिसका चित्रण भरतनाट्यम के चतुर्थ भाग में किया गया है। ताल पुष्पुत से आरंभ कर इसमें मात्र 81 करणों को चित्रित किया गया है, जिसका अंत समर्पित करण से किया गया है। शेष 27 करणों को पूरा नहीं किया गया है। पुनः विमान की दक्षिणी दीवार पर नटराज की प्रस्तर प्रतिमा अपनी ऊँचाइयाँ छूती है।

ताँबे का बना नटराज, जो नंदी के गलियार में अलग अवस्थित है, वह अत्यंत महत्त्वपूर्ण चित्रकला है। यह कृति चोल युग की कलाकृति पर विस्तृत प्रकाश डालती है। वास्तव में, जैसाकि फिडियाज के. ज्यूज ने कहा था कि इसके

समक्ष खड़े हो जाने पर सारे दुःख और दुर्भाग्य दूर हो जाते हैं—अक्षरशः सत्य है। इसके सौंदर्य और आनंद तांडव की आकृति कवियों को काव्य-रचना के लिए और चित्रकारों को अपनी तूलिका उठा लेने के लिए उत्प्रेरित करती है। इसकी दार्शनिक भावना संहार तांडव से आनंद तांडव की ओर उन्मुख करती है।

एक महत्त्वपूर्ण बात यह है कि आनंद तांडव आकृति न तो परंपरागत ढंग की है और न ही नाट्यशास्त्र में वर्णित भाव-भंगिमाओं के अनुरूप ही। सच्ची बात तो यह है कि नाट्यशास्त्र में इस भंगिमा से संबद्ध कोई कारण ही नहीं है। संहार के रूप के कांची के नटराजों, जो आठवीं सदी में राजसिंह पल्लव के समय में मौजूद हैं, हिंसा की मुद्रा में नृत्य करते थे। आनंद-तांडव के प्रकार जैसी ही कुछ बातें महाबलिपुरम् में धरम राजारथ के समय प्रचलन में थीं। असल में यह नटराज को अपस्मार में नृत्य करता था, जो सातवीं सदी के मध्य में प्रचलित था। तिरुनेवेली में पारानथक चोल द्वारा निर्मित तिरुवलीश्वम् मंदिर में इस कला का विकास देखा जा सकता है। प्रभावली को छोड़कर यह प्रस्तर नटराज आनंद तांडव का ही प्रतिरूप है।

वृहदेश्वर मंदिर में दृष्टिलिंगम् का घेरा 1931 ई. में लगाया गया, ताकि भारतीय कलाकृति के इतिहास को गहराई से समझा जा सके। बाद में इस तकनीक का विकास सित्तन्नवासल के कैलासनाथ मंदिर और सांचीपुरम् के वैष्णव वेकमल मंदिर में देखा जा सकता है। इसका पूर्ण विकास चोल काल के वृहदेश्वर मंदिर के निर्माण में पाया जाता है।

चोल राज्य की कलाकृति की तकनीक रसायनशास्त्र और ललित कलाशास्त्र के सम्मिश्रण से ली गई है। यह कलाकृति अजंता, बाग और बादामी कलाकृति से भिन्न है। वस्तुतः चोल चित्रकारी में भीगे चूने के प्लास्टर सजाने की विधि का विकास हो चुका था। इसके फर्श का सुंदर दिखना स्वाभाविक था। अजंता की चित्रकारी की विधि इससे भिन्न थी। चोल काल की चित्रकला का वर्णन संस्कृत के बड़े-बड़े ग्रंथ शिल्परत्न, शिवतत्त्व रत्नाकर और विष्णु धर्मोत्तर आदि में कहीं नहीं मिलता। अब सवाल यह उठता है कि क्या चोल कलाकृति का स्वतंत्र अस्तित्व नहीं था? बात ऐसी नहीं है, इसका स्वतंत्र अस्तित्व भी स्वीकारा गया है।

नायक कला की चित्रकला, जो जादू-टोने और अश्लीलता पर आधृत है, चोल कला इससे सर्वथा भिन्न और कलाभिरुचि के अनुकूल है। वस्तुतः चोल चित्रकला में रंग का उतना महत्त्व नहीं है। रंगसाजी के उपयोग के बदले चोल चित्रकला में हलकी तूलिका के सहारे काले या भूरे रंग का प्रयोग किया था। इस

कारण यह ललित कला अत्यधिक नयनाभिराम बन पाई है। तिरुपरांतक श्रृंखला का प्रयोग धार्मिक भावनाओं को उकेरने के लिए किया गया है। वन की हरीतिमा का अंकन यद्यपि हरे रंग से किया गया है, फिर भी चोल कला के लिए यह रंग उत्तम नहीं माना जाता है। शिव की अलिद्ध मुद्रा द्वारा भावात्मक प्रभाव की सर्जना की गई है। ऐसा प्रतीत होता है कि चेहरे से लेकर शरीर तक में गति है, जो दाएँ पैर पर स्थित है। फिर आठ हाथों, चार सिरोंवाले ब्रह्मा की आकृति है, तो इस तरह सबके संचालक स्वरूप विराजमान है। दूसरे किनारे में शिव की प्रतिमा सुखासन मुद्रा में है, जो चोल कलाकृति की विशेषता है। हर कोने में बादलों के बीच अप्सरा और गंधर्व की आकृतियाँ हैं, जिससे प्रकृति के शाश्वत स्वरूप का आभास मिलता है।

कालांतर में इसमें दूसरी आकृतियाँ जुड़ती गई हैं, जैसे—विमान, अर्द्धमंडप, महामंडप और विशाल नंदी आदि में। मंदिर के प्रांगण में अनेक छोटे-छोटे गलियारे हैं। वृहमन्नायकी का निर्माण तेरहवीं सदी में पांड्य राजा कोनरिन मैंकोडिन द्वारा कराया गया है। उत्तर-पश्चिम के कोने पर स्थित सुब्रमण्यम् का उल्लेख तंजौर मंदिर के इतिहास में उपलब्ध नहीं है। संभवतः यह बाद का संस्करण है। फिर भी इसकी बनावट, खंभे आदि का सौंदर्य नयनाभिराम है। दूसरा संस्करण दक्षिणामूर्ति है, जो दक्षिणी दीवार के निकट है।

वृहदेश्वर मंदिर की कलाकृति का विश्लेषण करने पर भारतीय कला के अनूठेपन पर प्रकाश पड़ता है। निश्चय ही यह राजराजा चोल की अनुपम कृति है। □

# तांत्रिक सिद्धपीठ रजरप्पा

हमारे यहाँ दुर्गा के अनेक रूप माने गए हैं। यह मान्यता तो लोक-विश्रुत है कि देवी दुर्गा सात बहनें थीं। लोक-विश्वास है कि खंडित होने पर उनके अंग देश के अनेक भागों में गिरे और भक्तों तथा नृपतियों ने इसी विश्वास के आधार पर इन चर्चित स्थानों पर उनके विशाल मंदिर बनवाए। फिर इस तथ्य में दो मत नहीं हैं कि भारतवासी—चाहे वे मद्रासी हों, चाहे बंगाली, चाहे गुजराती हों, चाहे बिहारी—देवी की भक्ति में सबों का जी रम जाता है। यथाशक्ति तथा भक्ति के अनुपात से इस महाशक्ति की पूजा देश में होती रहती है। चाहे अंबिका भवानी का, चाहे शीतला का नाम लें, चाहे छिन्नमस्ता का—शक्तिस्वरूपा ये देवियाँ भक्तों के अतिरिक्त वैष्णवों द्वारा भी पूजी जाती रही हैं।

हमारे देश में जाग्रत् देवी-देवताओं के जो अनेक तीर्थस्थान हैं, उनमें बिहार के हजारीबाग जिले में रजरप्पा भी एक है। यह स्थान हजारीबाग के गोला नामक स्थान से 14 कि.मी. तथा रामगढ़ से 31 कि.मी. दूर स्थित है। यह न केवल छोटानागपुर के पर्वतीय अंचल का, बल्कि संपूर्ण बिहार राज्य की सांस्कृतिक एवं धार्मिक गरिमा का जीता-जागता प्रतीक है। यह प्रदेश मानव सभ्यता के आदि चरण से लेकर आज तक संपूर्ण भारतवर्ष को धर्म, कर्म और ज्ञान का प्रकाश दिखाता चला आया है।

सौंदर्यमयी लीलाभूमि रजरप्पा, जो 'राजतपा' के नाम से विख्यात है—के पावन स्थल में देवी छिन्नमस्ता का भव्य मंदिर निर्मित है। पहले इस मंदिर का स्वरूप आकर्षक नहीं था। मंदिर से थोड़ी दूर हटकर भैरवी नदी एवं दामोदर नदी का मिलन-स्थल है। इस स्थान पर दोनों का मिलन जलप्रपात का दृश्य उत्पन्न कर देता है। यहाँ पर प्रकृति का अनुपम सौंदर्य देखते ही बनता है। पेड़-पौधों की

हरीतिमा से आच्छादित यह वन्य प्रदेश पर्यटकों का मन सहज ही मोह लेता है। यही कारण है कि बहुत से यात्री प्राकृतिक सौंदर्य से अथवा देवी की महिमा से यहाँ सीधे चले आते हैं। पहले यहाँ पर घनघोर जंगल था। केवल साधक गण ही आठ मील तक के दुर्गम रास्ते को पैदल चलते हुए दलबद्ध रूप में आते थे और दिन रहते देवी छिन्नमस्ता की पूजा-अर्चना करके वापस हो जाते थे। कहीं पर ठहरने का इंतजाम नहीं था। जंगल में हिंस्त्र पशु थे, किंतु आज तक मंदिर की सीमा में आकर उन्होंने किसी पर आक्रमण नहीं किया। देवी के उपासकों की धारणा है कि यह देवी की अपार महिमा का ही फल है। छिन्नमस्ता एक जाग्रत् देवी हैं। अब तो तीर्थयात्रियों के विश्राम के लिए धर्मशालाएँ भी बन गई हैं।

मंदिर की प्राचीनता के बारे में ऐसा अनुमान है कि यह करीब 65 हजार वर्ष से भी अधिक पुराना है। कुछ लोगों का ऐसा भी मानना है कि यहाँ कुलमणि महामान्य मेधा मुनि का आश्रम था। यहीं पर महाराज सुरथ देवी की आराधना किया करते थे। सर्वप्रथम उन्होंने ही प्राचीन मंदिर का निर्माण कराया। चंडी में मेधा मुनि की चर्चा मिलती है। अपने श्रद्धालु भक्तजनों के योगदान के फलस्वरूप मंदिर का प्राचीन कलेवर बदल चुका है। मुख्य मंदिर के चारों कोने पर सहचर रूप में और भी चार मंदिरनुमा यज्ञकुंड प्रतिष्ठित हैं। दक्षिण की ओर रुद्र भैरव का विराट् मंदिर चारों कोनों में चार कुंडों के सदृश है। माँ के मंदिर का द्वार पूर्वमुखी है और सामने प्रशस्त भूमि पर अपूर्व सौष्ठवपूर्ण मातृपूजा की छाग बलि का स्थान है। बाएँ भाग में मुंडन कुंड और दक्षिण में धूमकाष्ठ समन्वित महिष बलि की जगह है। उसी के दक्षिण में एक सुंदर गृह है, जिसके पूर्व में भैरवी नदी के तीर पर उन्मुक्त आकाश के नीचे एक अतीव रम्य बरामदा है और पश्चिम भाग में भंडारगृह है। मंदिर के उत्तरी भाग में दामोदर के द्वार पर दस-बारह फीट की गोलाकार सीढ़ी है, जहाँ से दामोदर के जलपर्यंत तक जाने के लिए सीढ़ी बनी हुई है, जिसे 'तांत्रिक घाट' के नाम से जाना जाता है। यहाँ से महाभैरव दामोदर का संगम अपने मध्य भाग में एक अपूर्व पाप-हरण कुंड धारण कर रोग-पीड़ित भक्तजनों को कष्टों से मुक्त करता है। मंदिर के उत्तर-पश्चिम कोने में करीब आधा मील की दूरी पर चारों ओर शीतल जल के रहते हुए भी इस कुंड में गरम जल का सोता निकलता रहता है। पूर्व दिशा में भैरवी नदी अपना रुद्र रूप छोड़कर मकर संक्रांति के अवसर पर प्रशांत रूप में प्रवाहित होकर भक्तजनों का पथ निहारती है। इस अवसर पर लाखों की संख्या में आदिवासी नर-नारी संगम में स्नान करते हैं। इसी तरह शारदीय पूजन के अवसर पर भी भारी संख्या में संथाल जुटते हैं और नवमी

पूजन करके सर्वप्रथम देवी के सम्मुख छाग-बलि देते हैं। उस दिन सैकड़ों छाग-मुंड आदिवासियों को ही मिलते हैं। यहाँ पर वे मृतक परिजनों की आत्मा की तृप्ति के लिए पिंडदान भी करते हैं। यथासाध्य दान-ध्यान करके मातृ मंदिर में प्रवेश करते हैं।

रजरप्पा देवी के मंदिर में माँ छिन्नमस्ता की प्राचीन मूर्ति 15 इंच लंबी और 7 इंच चौड़ी है। यह चतुर्भुजा है। चारों भुजाओं में क्रमश: कटा हुआ सिर, रक्तरंजित कटार, कटोरा और गोलाकार आयुध है। गले में मुंडमाला शोभित है। अंबर ही माँ का प्रधान है। दोनों ओर एक-एक दिगंबरा योगिनियाँ रक्तपात करती हुई खड़ी हैं। माँ की सिर-विहीन गरदन से रक्त की तीन धाराएँ प्रवाहित हो रही हैं। एक धार कटे हुए सिर के मुँह में गिरती है तो दूसरी और तीसरी दोनों योगिनियों के मुँहों में।

आज इस लोक में छिन्नमस्ता जाग्रत् देवी हैं, भक्तों पर कृपा रखनेवाली हैं। इसी महिमा को लक्ष्य कर आचार्य नित्य नारायण से जब कल्याणी ने आशीर्वाद माँगा तो आचार्य ने कहा, 'तुम तो आशीर्वाद से ऊपर हो कल्याणी। एक बार तुम वही मंत्र दुहराओ—नमो देव्यो जगन्मात्रे छिन्नमस्तोये सततं नमः।'

कहते हैं कि यहाँ रात्रि में देवी विचरण किया करती हैं और उनकी नूपुर ध्वनि आस-पास नीरव जंगल में सुनाई पड़ती है। इस कारण रात्रि में यहाँ पर रुकना निषिद्ध माना जाता था। ऐसा कहा जाता है कि एक बार कोई मुसाफिर हार-थककर रात्रि में यहीं सो गया, फलस्वरूप वह पागल हो गया और एक दूसरा व्यक्ति अपनी जिद के कारण रुक गया, फलतः उस नादान की मृत्यु ही हो गई।

प्राचीन मंदिर के जीर्णोद्धार का श्रेय अभियंता श्री विपिन बिहारी शरण को प्राप्त है। यह मंदिर छोटे आकार का है। गर्भगृह गोलाकार है। मंदिर का गुंबद नीचे से ऊपर सीढ़ीनुमा है, जिसमें दस सीढ़ियाँ हैं। इस मंदिर के अतिरिक्त माँ दक्षिणाकाली का एक भव्य मंदिर भी है। आज हम जिस रजरप्पा को देख रहे हैं, वह श्री सुकुमार वसु की एकांत साधना का प्रतिफल है। वे एक प्रसिद्ध तांत्रिक हैं। तंत्र-विद्या में रुचि रखनेवालों का कहना है कि तंत्र-साधना के लिए यह स्थान सुविधा उपयुक्त है।

राजा सुरथ और सुमेधा मुनि के इस पवित्र आश्रम के द्वितीय उत्थान का इतिहास से संबद्ध है। अपने मंत्री द्वारा विस्थापित किए जाने पर राजा ने अपनी कुल देवी के साथ यहाँ प्रश्रय लिया और यह स्थान एक बार पुनः आलोकित हो उठा। यह आलोक धीरे-धीरे भारत के स्वतंत्रता-युद्ध के महाप्रकाश में बदल गया और यह स्थान स्वतंत्रता के परवानों का अड्डा बन गया।

रजरप्पा का साफ-सुथरा घाट, चकमक करता मंदिर-प्रकोष्ठ और माँ छिन्नमस्ता के आगे अविराम जलती हुई ज्योति सुमेधा मुनि के पुराने आश्रम का कायाकल्प है। पुराने रजरप्पा के स्थान पर बने नए रजरप्पा का स्वरूप बदल गया है। युग-युगांतर से जीर्ण-शीर्ण रजरप्पा के मंदिर ने अभिनव रूप धारण कर लिया है। अपने पौराणिक वैशिष्ट्य को सुरक्षित रखे हुए यह मंदिर अपनी ऊँची मीनार के साथ शानदार ढंग से खड़ा है। इसके चारों कोनों में सहचर रूप में और भी चार मंदिरनुमा यज्ञकुंड प्रतिष्ठित हैं। इनके नीचे मंदिर के प्रांगण के चारों कोणों में और भी चार कुंड सखी रूप में विराजमान हैं। मंदिर के दक्षिण की ओर रुद्रभैरव का विराट् मंदिर चारों कोणों के चार कुंडों सहित शोभित है। उसके सामने है—साधना सिद्ध पंचवटी। उसके दक्षिण में राजपथ है। राजपथ के दक्षिण में एक एकड़ जमीन में विस्तृत पुष्पोद्यान है। संपूर्ण स्थान सुंदर प्राचीर से घिरा हुआ है।

कभी यह स्थान स्वाधीनता संग्राम के दिनों में स्वतंत्रता-पुजारियों का साधना स्थल रहा। यहीं पर वे गुप्त मंत्रणा करके अपना कार्यक्रम निर्धारित करते थे और अंग्रेजों की निगाहों से अपने को बचाए रखते थे। इस तरह देश को आजादी मिलने पर इस स्थान का नाम भी इतिहास के पृष्ठों में जुड़ गया। आवागमन और आवास की सुविधा के कारण यह स्थान शाक्त मतावलंबियों एवं अन्य श्रद्धालु भक्तजनों के लिए पावन दर्शनीय तीर्थस्थल है। बिहार सरकार ने इसे पर्यटन-स्थल के रूप में मान्यता देकर इसके महत्त्व को और भी बढ़ा दिया है। प्रतिदिन यहाँ देश-विदेश के यात्रियों का मेला-सा लगा रहता है।

पश्चिम बंगाल से काफी संख्या में लोग यहाँ आया करते हैं। आदिवासियों का भी यह श्रद्धास्थल है। वे भी देवी की पूजा-आराधना करते हैं।

इस स्थान की गणना देश के इक्यावन सिद्ध शक्तिपीठों में होती है। यहाँ की यात्रा से आध्यात्मिक और प्रकृति-दर्शन की तृष्णा की तृप्ति होती है। भक्तों में विश्वास पुनः जाग्रत् होने से इस मंदिर की शक्ति बढ़ती जा रही है। पर्यटन विभाग की गाड़ियाँ ऐसे पावन स्थल पर यात्रियों को लाकर उनमें आध्यात्मिक चेतना जाग्रत् करने में योगदान कर रही हैं।

□

# मीनाक्षी मंदिर

पिछले वर्ष दक्षिण भारत की यात्रा में मीनाक्षी देवी के मंदिर के दर्शन का सौभाग्य मुझे मिला था। मीनाक्षी देवी का अर्थ है—मीन (मछली) जैसे नयनों वाली। मीनाक्षी देवी की प्रतिमा के नेत्रों में भी आश्चर्यजनक आकर्षण और सजीवता है, जिसके कारण पर्यटक टकटकी लगाकर देखता रह जाता है।

यह मंदिर मदुरै के बीचोबीच स्थित है। इस आयताकार मंदिर की दीवारें क्रमश: 847 फीट और 892 फीट हैं। नगर की समस्त सड़कें इन दीवारों के समानांतर चलती हैं। अनुमानत: यह मंदिर 1,20,00,000 रुपए की लागत से लगभग 120 वर्षों में बनकर तैयार हुआ था। सुंदेश्वर (शिव) इस मंदिर के आराध्य देव और मीनाक्षी आराध्या देवी हैं।

बताया जाता है, मीनाक्षी एक पांडेय राजा की पुत्री थी और वह तीन वक्ष के साथ उत्पन्न हुई थी। एक परी ने राजा को बताया कि उसका विवाह होने पर तीसरा वक्ष अंतर्धान हो जाएगा और आगे चलकर भगवान शिव से उसका विवाह होने पर ऐसा ही हुआ। कहते हैं कि इस अवसर पर अपने भक्तों को प्रसन्न करने के लिए भगवान शिव ने 64 चमत्कार दिखाए और सब जाति के नर-नारियों के अतिरिक्त पशु-पक्षियों ने भी इसका रस लिया। इस प्रकार के चमत्कारों के अनेक दृश्य मीनाक्षी मंदिर की दीवारों पर खुदे हुए हैं और 'स्थल पुराण' में इनका विस्तार से वर्णन है।

मंदिर में कुल नौ गोपुर हैं, जिनमें बाह्य गोपुरों का विशेष महत्त्व है। यह बाह्य गोपुर मंदिर के चारों बाहरी कोनों पर स्थित हैं। इनमें से दक्षिणी गोपुर सबसे ऊँचा माना जाता है। यह 152 फीट ऊँचा है और इसपर चढ़कर समस्त नगर को एक सरसरी निगाह से देखा जा सकता है। पूर्वी गोपुर सबसे पुराना है और इसके

साथ अनेक घटनाएँ जुड़ी हैं। नायक राजाओं के शासनकाल में एक अन्यायपूर्ण सरकारी आदेश का विरोध करने के लिए मंदिर के एक कर्मचारी ने इसपर से कूदकर आत्महत्या कर ली थी। तब से न तो कोई इस गोपुर की पूजा करता है और न इसके अंदर ही जाता है। पश्चिमी गोपुर पर पौराणिक कथाओं से संबंधित अनेक दृश्य अंकित हैं। उत्तरी गोपुर द्रविड़ शिल्पकला की अनेक विशेषताओं का प्रतिनिधित्व करता है। इस प्रकार इन चारों गोपुरों का अपना-अपना महत्त्व है। नगर में प्रवेश करते ही पर्यटकों की दृष्टि उक्त चारों विशालकाय गोपुरों पर पड़ती है और मीनाक्षी मंदिर के दर्शन के लिए उनकी लालसा प्रबल हो उठती है।

इस मंदिर में मुख्यद्वार से प्रवेश करने पर सामने अष्ट शक्ति मंडप दिखाई देता है। इसमें शक्तियों की प्रतिमाएँ स्थापित हैं। इसकी छत पर कुछ चित्रों में मीनाक्षी देवी के जन्म, बचपन और युवावस्था के चित्र अंकित हैं। इसके बाद मीनाक्षी मंडप आता है, जो सत्रहवीं सदी के शासक चिरुमल नामक नायक के एक मंत्री मीनाक्षी नायक द्वारा बनाया गया था। पहले यह मंडप मंदिर के हाथियों के लिए प्रयुक्त होता था। आजकल इसमें फूलों तथा खिलौनों का बाजार है। इसके बाहर के मार्ग में 1008 छोटे तेल के दीपक हैं, जो नित्य जलाए जाते हैं। इसके बाद एक अंधकार मंडप आता है, जिसे 'मुदालियर पिल्लई मंडप' कहते हैं। इसके स्तंभों पर अत्यंत कौशल के साथ कुछ पौराणिक चित्र अंकित हैं। इस मंडप से आगे गुजरने पर एक स्वर्ण कमल सरोवर आता है। इसके चारों ओर की दीवारों का धार्मिक तथा कलात्मक दृष्टि से विशेष महत्त्व है। उत्तरी एवं दक्षिणी दीवारों पर भगवान शिव की चौंसठ चमत्कारपूर्ण लीला-मुद्राएँ अंकित हैं। पूर्वी दिशा में दो स्वर्णिम गोपुर दिखाई पड़ते हैं। दक्षिणी दीवार के सफेद संगमरमर पर प्रसिद्ध संत तिरुवल्लुवर का चित्र है। पश्चिम दिशा में रानी मंगम्मल द्वारा निर्मित एक छज्जा है। इस पर रानी मंगम्मल की आकृति एवं रामायण से संबंधित कुछ चित्र अंकित हैं। इन चारों दिशाओं के मध्य एक सरोवर है, जिसके साथ अनेक कथाएँ एवं जनश्रुतियाँ संबद्ध हैं। कहते हैं, इंद्र ने एक बार अपने पाप दूर करने के लिए इस सरोवर में स्नान किया था और इसमें उगे स्वर्णिम पुष्पों के साथ भगवान सुरेश्वर (शिवजी) की पूजा की थी। यह भी कहा जाता है कि एक बार भगवान शिव ने वर दिया था कि इस सरोवर का जल कभी मछलियों से दूषित नहीं होगा और तब से यह सरोवर सदैव मछलियों से रहित रहा है। आज भी इसमें स्नान बहुत पुण्यकारी माना जाता है।

सरोवर से निकलकर एक किलिकटु मंडप के दर्शन होते हैं, जिसमें तोतों

को पिंजरे में रखा जाता है। तोता पवित्र पक्षी माना जाता है और यह अनेक देवी-देवताओं के साथ रहा है। मीनाक्षी देवी का इसके प्रति विशेष आकर्षण था। इस मंडप में पाँच पांडवों एवं द्रौपदी की प्रतिमाएँ भी हैं। इस मंडप के उत्तरी द्वार से सुंदरेश्वर अर्थात् शिवलिंग की ओर जाने का मार्ग है। पश्चिमी द्वार से मीनाक्षी देवी की प्रतिमा को मार्ग जाता है। इस मार्ग पर दो पहरेदार नियुक्त रहते हैं। प्रतिमा तक के मार्ग में अनेक महत्त्वपूर्ण कलाकृतियाँ हैं, जो पर्यटकों का ध्यान बरबस अपनी ओर आकर्षित कर लेती हैं। दीवारों पर भारतीय नाट्यशास्त्र में वर्णित नृत्य की कुछ मुद्राएँ भी अंकित हैं।

मीनाक्षी देवी की महत्ता का एक और पक्ष भी है। यह द्राविड़ और आर्य सभ्यता के समन्वय की प्रतीक हैं। भारत में पुरातन काल से न जाने कितने झुंड, कितने कबीले और कितनी जातियाँ आईं; किंतु वे सब जल के अगणित स्रोतों-सरिताओं सी विस्तीर्ण और गंभीर समुद्र रूपी इस महान् देश में समा गईं। इस महान् देश की महान् संस्कृति ने आक्रमणकारियों तक को पचा लिया।

इस प्रकार मीनाक्षी मंदिर भारत का एक ऐतिहासिक एवं प्रतिनिधि मंदिर तो है ही, इसका सबसे बड़ा आकर्षण वस्तुत: इसकी कलात्मक भव्यता ही है। यह इतना विशाल, इतना भव्य और इतना कलात्मक मंदिर है, जिसे देखते ही दाँतों तले अँगुली दब आती है। यह भारतीय मंदिर जगत् का एक ऐसा उदाहरण है, जिसमें न केवल भारतीय जीवन का धार्मिक पक्ष, वरन् भारतीय संस्कृति, भारतीय कला और भारतीय साहित्य पूरी तरह प्रतिबिंबित हुआ है। इसके गोपुर, इसके स्तंभ, इसके विभिन्न मंडप, उनकी विशालता, उनकी कारीगरी तथा उस कारीगरी में विशेषत: मूर्तियाँ मनुष्य को चकित कर देती हैं।

□

# बेलूर मठ

बेलूर मठ! यह देश का सर्वाधिक शांतिमय स्थल है। विभिन्न कोणों से देखने पर यह मंदिर, मसजिद और गिरजाघर की तरह दिखता है। हावड़ा (पश्चिम बंगाल) स्थित दक्षिणेश्वर काली मंदिर के सामने ही, गंगा के उस पार करीब 6 कि.मी. दूर यह भव्य मंदिर रामकृष्ण परमहंस के दिव्य संदेश को चतुर्दिक् प्रसारित कर रहा है। यह अंतरराष्ट्रीय रामकृष्ण मिशन का हेडक्वार्टर है, जो डलहौजी स्क्वायर से 16.5 कि.मी. दूर है। इस विशाल मंदिर में प्राच्य पाश्चात्य कलाओं का मनोरम ऐक्य है। यहीं स्वामी विवेकानंदजी की समाधि भी है। कहते हैं कि इस मंदिर की स्थापना सन् 1899 में स्वामी विवेकानंद की एक शिष्या ने अपने खर्चे से की थी। पत्थरों के बने इस मंदिर की अपनी विशेषता और विलक्षणता है। इसकी भव्यता मनमोहक है। इसके एक भाग में, जो सामने से किसी मंदिर की अनुकृति है, रामकृष्ण मंदिर के नाम से ख्यात है। वह है रामकृष्ण का स्मारक। इस भव्य भवन के विभिन्न खंडों के निर्माण में भारतीय विधा के प्रति जागरूक अनेक मनीषियों का योगदान रहा है। विशेष रूप से भगिनी निवेदिता का नाम उल्लेखनीय है। प्रस्तर खंडों से निर्मित विराट् मंदिर और उसके बीच स्वामी रामकृष्णदेव की चिता भस्मी कलश और स्थापित संगमरमर की स्वामी परमहंस की सुंदर विराट् प्रतिमा बड़ी मनोहारी लगती है संभवत: संपूर्ण बंगाल में ऐसा विराट् मंदिर नहीं है।

रामकृष्ण मिशन मठ या बेलूर मठ के रूप में ख्यात यह मठ सन् 1901 में निबंधित हुआ, जबकि रामकृष्ण मिशन संघ को विधिक मान्यता सन् 1909 में मिली। यद्यपि इसके दो विधिक संकाय मठ और मिशन हैं। मिशन का संचालन ट्रस्टियों द्वारा तथा मठ का संन्यासियों द्वारा होता है। दोनों के मुख्यालय बेलूर मठ में ही हैं।

यहीं से स्वामी विवेकानंद के भारतीय चिंतन दिशा के नए उत्स का प्रवाह हुआ था। युगों से जड़ीभूत चेतना के स्वर को नए सुरों में पिरोने पर महामंत्र का उच्चारण हुआ था। उन्होंने विद्यार्थियों को कहा था, "चरित्र जीवन की बाधा-विघ्नों के वज्र कठोर प्राचीरों के बीच रास्ता बना सकता है। अतः मैं ऐसे व्यक्तियों को चाहता हूँ, जिनके शरीर की पेशियाँ लोहे-सी मजबूत हों और नसें इस्पात-सी दृढ़ हों तथा उनके तन के भीतर एक ऐसा मन हो, जो वज्र से भी कठोर हो, मनुष्यता क्षात्रीर्य ब्रह्मतेज से युक्त हो।"

स्वामी विवेकानंद के शिष्य-शिष्याएँ उनके प्रवचन से अत्यंत प्रभावित होकर पूर्व की इस पावन भूमि की ओर आकृष्ट होते चले गए। सन् 1892 का वर्ष अपने में एक अप्रतिम महत्त्व रखता है, जब नीलंबर गार्डन हाउस से स्वामी विवेकानंद रामकृष्ण परमहंस के अवशेष को अपने कंधे पर उठाकर बेलूर मठ के पुण्यस्थल पर ले लाए। तब रामकृष्ण मंदिर की स्थापना की कल्पना हुई। यही बेलूर मठ की स्थापना का स्रोत बना।

यहाँ एक नई व्यवस्था, एक नई चेतना को जन्म मिला। इस मठ से जीवन-दर्शन की एक नई चेतना की आकृति बनाई जा सकेगी। बेलूर मठ की स्थापना स्वयं की मुक्ति के लिए की गई सामाजिक सुधार, मानव सेवा एवं मान व चरित्र का मार्ग अपनाएँगे। 9 दिसंबर, 1898 को इस मंदिर की विधिवत् स्थापना हुई। फिर भी मठ के नियमित क्रिया-कलापों का समारंभ 2 जनवरी,1899 को हुआ।

रामकृष्णदेव की भस्मी को यथास्थान स्थापित कर अपने शिष्यों से स्वामीजी ने कहा, "पूज्य चरण स्वामी परमहंस ने मुझे कहा था कि मैं कहीं भी तब जाऊँगा, जब तुम अपने कंधों पर रख ले जाओगे। चाहे वह वृक्ष तले हो अथवा किसी निर्धन की झोंपड़ी में" इस कथन की आवृत्ति करते हुए इस पवित्र भू-स्थल पर निर्माणाधीन रामकृष्ण मंदिर में उनके अवशेष को एक मंत्रपूत आसन की वेदिका पर अवशेष पात्र को रख उसका भलीभाँति पूजन कर एक पवित्र संकल्प को मूर्त कर दिया। वर्तमान में बेलूर मठ की संपूर्ण दृश्यावली मेरे समक्ष दृश्यमान है। मैं नमन करता हूँ—इस मंदिर, इसके अंतस में वर्वित उस दीप ज्योति को।

आज यह भव्य मंदिर तीर्थयात्रियों को अपनी ओर सहज ही आकर्षित कर रहा है। यह उन्हें अपने परिसर में रोककर चिंतन की नई दिशा देता है। यात्री इसके दर्शनार्थ पहुँचकर मंत्रमुग्ध होते हैं और अपने को कृतार्थ कर लेते हैं।

इस तरह बेलूर मठ इस संगठन-सूत्र का प्रधान पीठ बना। धार्मिक एवं सामाजिक समन्वय के सूत्र में इस मठ की स्थापना में स्वामीजी के सूत्र भी जुड़े

हैं—यथा बेलूर मठ की संस्थापना मानव की अपनी मुक्ति के लिए की गई प्रतिदिन प्रशिक्षण के उत्कृष्ट कार्यों से प्रतिबद्ध है।

स्त्री एवं पुरुष सभी के लिए पूज्य चरण रामकृष्ण परमहंस देव द्वारा प्रकाशित मार्ग उनका प्रकाश स्तंभ बनेगा।

महिलाओं का प्रभाग भी मुख्य संगठन-सूत्र से जुड़ा है, जो समस्त क्रियाशीलों में सहभागी है। मठ के मूलभूत उद्देश्यों में साधारणजन के लिए भी शिक्षा एवं आध्यात्मिक चिंतन के द्वार खोले जाएँ, किंतु एक भूखे व्यक्ति को शिक्षा एवं आध्यात्मिकता की सीख देना मात्र हास्यास्पद है। अत: मानवमात्र के लिए भूख से निवृत्ति हेतु मार्ग का संधारण करना इस मठ के उद्देश्यों में से प्रमुख होगा।

चरित्र-निर्माण, स्वयं को जानना, आत्मविश्वास—सभी धर्म पर आधारित होंगे।

भौतिक उन्नति, शिक्षा, सामाजिक सुधार—सभी धर्म पर आधारित होंगे।

स्वामी विवेकानंद ने समाजवाद की परिकल्पना करते हुए बेलूर मठ को ऐसी व्यवस्था से उद्बोधित किया, जिसका उद्देश्य था—निम्न वर्ग को ऊपर उठाकर उनमें और उच्च वर्ग में समानता का समारंभ हो। समाज में ब्राह्मण व चांडाल में समरूपता तभी आएगी, जब चांडाल को भी धर्म, अर्थ, काम, मोक्ष में बराबर का सहभाग मिले। तभी यह संपूर्ण ब्रह्मांड ब्राह्मणमय हो पाएगा। उनके विचार से फिर शूद्रत्व, वैश्यत्व, क्षत्रित्व जैसी विभाजक रेखाओं की आवश्यकता ही नहीं रहेगी।

विशाल भूभागवाले शांत वातावरण में निर्मित बेलूर मठ सैलानियों के आकर्षण का केंद्र है। विदेशी युवकों के साथ ही बहुत से भारतीय युवक ब्रह्मचर्य और संन्यास लेने के लिए यहाँ पहल करते हैं। मठ का प्रशिक्षण केंद्र ब्रह्मचारियों के लिए दर्शन तथा धर्म के नियमित शिक्षण की व्यवस्था करता है। यहाँ एक समृद्ध पुस्तकालय भी है। मठ में एक विशाल प्रार्थना-स्थल है, जिसका निर्माण सन् 1938 में हुआ था।

सारांशत: यह पावन स्थल ज्ञान-पिपासुओं के लिए सर्वश्रेष्ठ है। यहाँ पर अपूर्व शांति विराजती है।

□

# केशवरायजी का मंदिर

राजस्थान के केशवराय पाटन नामक गाँव में केशवरायजी का मंदिर है। नदी से 300 फीट ऊपर किलेनुमा तटबंध बनाकर उसपर लगभग 150 फीट ऊँचा यह मंदिर बनाया गया है। इसका स्वर्ण कलश और सफेद चूने से पुता अलंकृत शिखर दूर से ही चमकने लगता है।

मंदिर दस-बारह कोस दूर से दिखाई देता है। मंदिर की रचना बड़ी सुंदर है। भगवान की मूर्ति बड़ी मनोहारिणी है।

कहते हैं कि जिन दिनों राव शत्रुशल्यजी (बूँदी नरेश, जिनकी राजधानी पाटन से दस-बारह कोस दूर अवस्थित थी) बूँदी विराजा करते थे, तो बूँदी से दस- बारह कोस पाटन में भगवान केशवरायजी के दर्शन करने आया करते थे।

'राजपूताने का प्राचीन शोध' नामक ग्रंथ में वर्णन मिलता है कि केशवरायजी का मंदिर ऊँचे और संगीन घाट पर बना है। इसका शिखर इतना ऊँचा है कि दूर से ही दिखाई देता है। इसमें लाल, पीले, गुलाबी, सफेद और बसंती रंग के रंगीन खूबसूरत पत्थर लगे हैं। पत्थरों का 'कोरनी' का काम बहुत सुंदर है। अंग्रेज लोग बहुधा इस मंदिर को देखने आते हैं और नक्शे उतारकर ले जाते हैं।

दर्शकों की संख्या में वर्तमान समय में कमी आ जाने के बावजूद इस मंदिर के सौंदर्य या रख-रखाव में किसी प्रकार की कमी आई हो, ऐसा प्रतीत नहीं होता। मंदिर के शिखर की उत्कृष्ट कला को दबाए रखनेवाले चूने को पहले स्तर पर चार-पाँच साल पूर्व हटवाया गया।

केशवराय पाटन मुख्य मंदिर में लगे दो शिलालेखों में से एक संस्कृत में है, और दूसरा हाड़ौती भाषा में। शिलालेखों से ज्ञात होता है कि राजा छत्रसाल (शत्रुशल्य, बूँदी) को स्वप्न में दर्शन देकर किसी ने मंदिर के निकट दो मूर्तियों के होने की

बात कही। उन्होंने केशवराय पाटन पहुँचकर दोनों मूर्तियों को निकाला। एक को, जो श्वेत पत्थर की है, उसे मुख्य मंदिर में और दूसरी, काले संगमरमर की प्रतिमा को उसी अहाते में चारभुजा मंदिर में प्रतिष्ठित करवा दिया।

ऐतिहासिक विवरण से इतर यदि मंदिर और पाटन के सौंदर्य पर दृष्टिपात करें तो ज्ञात होगा कि इतनी अच्छी स्थिति पर इतना खूबसूरत मंदिर अन्यत्र मिलना कठिन है। 300 मीटर चौड़ी चंबल नदी का बायाँ किनारा, आकाश को छूता कलश, राजपूतकालीन स्थापत्य का बेशकीमती नमूना, मजबूत घाट और पाद, जंघा, मंडोव, ग्रीवा तथा एक सुव्यवस्थित देवालय। केशवराय पाटन में राजपूतकालीन देवालय का एक अनूठापन दिखाई देता है। मंदिर का आधार बहुत मजबूत और दुर्गबंद नींवें सुदृढ़ हैं। बरसात में जब चंबल नदी अपने पूरे उफान पर होती है तो वह इसका एक पत्थर तक नहीं हिला पाती। पिछले तीन सदी लंबे काल में इसका कुछ नहीं बिगड़ सका।

इसका शिखर, जो गर्भगृह के ऊपर बना हुआ है, इंच-इंच अलंकृत है। बाईं ओर का मकरमुख सुंदर लक्षण कला का नमूना माना जा सकता है। गजधर, नरधर, अश्वधर, कीर्तिमुख, लहर वल्लरियाँ रथिकाओं में विराजित प्रतिमाएँ, देव-देवांगनाएँ, नर-किन्नर, आकाश की ओर जाती परियाँ, स्थान-स्थान पर एक-दूसरे की सूँड़ में सूँड़ उलझाए हाथी, अश्व और अश्वारोही, सरस्वती, गणेश, लक्ष्मी, विष्णु और अन्य देवी-देवता, गरुड़, फूल-पत्तियाँ, घट और कुंभों की विविध आकृतियाँ, राजपूतकालीन कंगूरे, उपशिखर, पक्षी, मकर, आसक्त नर-नारी इत्यादि की गणना करना एक बार में संभव नहीं है। इन सबमें वह खूबसूरती भले ही न हो, जो दसवीं से तेरहवीं सदी तक के हाड़ौती अंचल में उपलब्ध बाड़ौली, चंद्रावती, झालरापाटन, काकोनी, विलास, अटरू आदि में है; लेकिन यह कहने में दो राय नहीं हो सकती कि जो कुछ केशवराय के मंदिर में है, वह इतनी सलामत हालत में हाड़ौती अंचल के एक भी मंदिर में नहीं है। उनकी छेनियाँ कितनी सहजता से चली होंगी, जिन्होंने इस जादू भरी कलाकृति को पत्थर पर उतारा होगा!

केशवराय मंदिर की एक विशेषता यह भी है कि इसके महामंडप पर तिमंजली इमारत है। राजपूतों द्वारा बनवाए जानेवाले मंदिरों की ही भाँति इसमें भी शिखर मध्यकालीन है और मंडप के ऊपर की छत पूर्व आधुनिक मंदिर में महामंडप से एक सँकरा दरवाजा ऊपर की ओर जाता है। उससे जाने पर पहली मंजिल में पहुँचा जा सकता है। वहाँ बालकनियाँ हैं। बरामदेवाली यह मंजिल भीतर की ओर भी खुली है और बाहर की ओर भी। नदी का मीलों दूर विस्तार इससे दिखता है।

इस मंजिल से दो रास्ते जाते हैं। दूसरा रास्ता लेने पर सँकरी सीढ़ियों से तीसरी मंजिल पर चौड़ी छत हवा का केंद्रस्थल बनी रहती है। वहाँ पहुँचनेवाले दर्शक को अपने आप हवा से बचना होता है। उसे बार-बार यह भय लगा रहता है कि कहीं हवा उसे उछालकर 150 फीट नीचे न फेंक दे।

कोटा नगर पाटन से 9 मील दूर है, लेकिन छत पर चढ़ते ही ऐसा लगता है जैसे वह कदमों के नीचे है। सामने रंगपुर, दूर मानसगाँव, उससे पूर्व देवती, सुनगर, नोटाणा सब साफ-साफ दिखाई देने लगते हैं। हरे-हरे खेत पाँवों के नीचे दिखने लगते हैं।

□

# माँ भद्रकाली मंदिर

छोटानागपुर प्रमंडल में एक प्राचीन पवित्र धर्म स्थल है—माँ भद्रकाली का मंदिर। यह मंदिर हजारीबाग जिले के चतरा अनुमंडल के हंटरगंज थाने के अंतर्गत है। एक ही काले पत्थर को तराशकर 4.5 फीट ऊँची बनी यह भव्य प्रतिमा अत्यंत कलात्मक एवं सुरुचिपूर्ण हैं। दुर्गा के नव रूपों में भद्रकाली का भी एक रूप है। मूर्ति का रूप यहाँ रौद्र नहीं, वरन् वात्सल्य से ओतप्रोत है। मंदिर प्रांगण में प्रवेश करते ही हर आगंतुक का हृदय अद्भुत शांति एवं भक्ति-भावना से भर उठता है। दुर्गा के नवरूपों में भद्रकाली का भी एक रूप है।

माँ भद्रकाली की मूर्ति एवं यहाँ खुदाई में प्राप्त विभिन्न सामग्रियों से यह तथ्य स्पष्ट होता है कि यह स्थान शाक्तों का अति प्राचीन गढ़ रहा होगा। प्राप्त जानकारियों के अनुसार मगध के शक्ति-साधक भैरवनाथ ने इस स्थल का तंत्र साधना में उपयोग किया था। खुदाई में प्राप्त ताम्रपत्र एवं अन्य सामग्रियों को आधार मानकर कुछ विद्वानों का मत है कि जैनियों के पंद्रहवें तीर्थंकर आदि ने भी यहाँ साधना की थी। पास ही स्थित कौलेश्वरी पर्वत जैन धर्म का केंद्र था।

मंदिर की प्राचीनता 'मार्कंडेय पुराण' में दिए गए इसके वर्णन से भी स्पष्ट होती है। इसके अलावा ऐसा कहा जाता है कि यह वही स्थल है, जहाँ 'दुर्गा सप्तशती' में वर्णित राजा सुरथ ने भगवती को अपनी आराधना से प्रसन्न कर वर प्राप्त किया था। कहते हैं कि प्राचीन काल में चैत्रवंशीय राजा सुरथ का अधिकार संपूर्ण भूमंडल पर था, पर काल विध्वंसी शत्रुओं से पराजित होकर तथा दुरात्मा मंत्री के षड्यंत्र से विरक्त, शिकार के बहाने वह घने जंगल में गए, जहाँ उन्हें मेधा मुनि के दर्शन हुए। मुनि द्वारा माया-स्वरूपा भगवती के वर्णन से प्रभावित राजा ने देवी की आराधना का संकल्प किया और तीन साल निराहार रहकर कठोर साधना की। देवी ने उनकी कामना पूर्ण की। कहा जाता है कि भतुली की मुहाने नदी ही

वह नदी है, जिसके तट पर राजा सुरथ ने तपस्या की थी। इसकी सत्यता इससे पुष्ट होती है कि हंटरगंज स्थित कोलुआ पहाड़ राजा सुरथ का प्रवास बताया जाता है। कालेश्वरी पहाड़ का अपभ्रंश नाम 'कोल्हुआ' अथवा 'कुल्हा पहाड़' बताया गया है। यह भतुली से 33 कि.मी. दूर स्थित है।

ऐतिहासिक प्रमाणों के अनुसार आर्य संस्कृति एवं असुर संस्कृति में समन्वय स्थापित करने में मेधा ऋषि सफल हुए थे एवं उनका आश्रम भतुली में ही था। यह आश्रम तब तांत्रिक विद्या के लिए प्रख्यात था और बड़े-बड़े ऋषियों एवं मनीषियों ने यहाँ दीक्षा प्राप्त की थी। कोल्हुआ पहाड़ पर आठवीं से बारहवीं सदी के अनेक शिलालेख मिलते हैं। बौद्ध, जैन और ब्राह्मण प्रभाव की भी यहाँ मूर्तियाँ अनेक हैं। अतः ऐसा प्रतीत होता है कि यह स्थल प्राचीन काल में तीनों धर्मों का संगम स्थल रहा होगा।

किंवदंती बताती है कि भद्रसेन नामक राजा ने स्वप्न में देवी दुर्गा का दर्शन किया, तत्पश्चात् यहाँ भद्रवती नामक नगर बसाकर देवी की स्थापना की।

माँ भद्रकाली का यह पवित्र मंदिर लोगों के अटूट विश्वास और श्रद्धा का केंद्र है। यहाँ तक कि निकटवर्ती गाँवों के दस्यु वगैरह भी अपने हथियारों के प्रयोग के पूर्व अपनी आराध्या पर चढ़ाकर ही उन्हें प्रयोग में लाते हैं।

ऐसी मान्यता है कि भगवान राम के वनवास काल में यह स्थल उनकी चरण-रज से पवित्र हुआ था। खुदाई में मिले बौद्ध स्तूपों, अभिलेखों एवं अन्य भग्नावशेषों से यह स्पष्ट पता चलता है कि बौद्धकालीन प्रभाव ने आर्य संस्कृति के प्रतीक इन मंदिरों की छवि को धूमिल कर दिया था। आज से करीब 1800 वर्ष पहले बौद्धों का यहाँ प्रवेश हुआ था, जिसके उपरांत उनका प्रभाव उत्तरोत्तर बढ़ता ही गया। दो नदियों के बीच यह स्थान स्थित है। कहते हैं कि इसी चंद्राकार अवस्था में बहनेवाली मुहाने नदी के किनारे-किनारे ही होते हुए सिद्धार्थ कपिलवस्तु से यहाँ आए थे। वैरागी सिद्धार्थ को राजमहल में लौटाने के लिए महाराजाधिराज शुद्धोदन स्वयं आए, पर सिद्धार्थ ने लौटने से इनकार कर दिया। वहाँ के एक विशाल बरगद वृक्ष के नीचे बुद्ध ने विश्राम किया था।

खुदाई में प्राप्त मूर्तियाँ स्थापत्य एवं वास्तुकला का बेजोड़ उदाहरण हैं। हथौड़ी एवं छेनी से की गई इनकी तराश दर्शनीय है। यहाँ एक आश्चर्यजनक बौद्ध स्तूप या मंदिर का शीर्ष भाग पाया गया है। इसे 'कोठेश्वरनाथ स्तूप' भी कहते हैं। मंदिर परिसर में ही कोठेश्वरनाथ स्तूप के निकट काले ग्रेनाइट से निर्मित एक विशाल मूर्ति शिव-वाहन नंदी की मिली है। अंदर की तरफ सहस्रलिंगी शिव की स्थापना की गई है। □

# शांतिकुंज—गायत्री तीर्थ

यह तीर्थ सप्तसरोवर क्षेत्र में हरिद्वार-ऋषिकेश मार्ग पर सड़क के किनारे स्टेशन से 6 कि.मी. दूर स्थित है। यहाँ हिमालय की एक भव्य प्रतिमा गायत्री माता का मंदिर एवं सप्त ऋषियों की प्रतिमाओं की स्थापना की गई है। भारतभूमि के सभी तीर्थों के चित्र यहाँ लगाए गए हैं, जिनके दर्शन मात्र से श्रद्धा उमड़ती है। गंगा की गोद और हिमालय की छाया, महर्षि विश्वामित्र की तप:स्थली, सप्तसरोवर का अपना विशिष्ट महत्त्व है। उस पर अखंड दीपक, नित्य जप, नित्य यज्ञ, सिद्ध समर्थ-संरक्षण के साथ-साथ व्यक्तित्व के परिष्कार का अभूतपूर्व लाभ जुड़ा होने के कारण यहाँ की हुई साधना का अक्षय पुण्य मिलता है। यज्ञोपवीत, वानप्रस्थ आदि संस्कारों का भी प्रबंध होने से यहाँ की महत्ता अनेक गुना बढ़ गई है। इसी कारण जो जुड़े हैं, वे बार-बार यहाँ आते हैं।

नर्मदा अमरकंटक से निकली हैं, पतित-पावनी गंगा गोमुख से प्रवाहित हुईं। उसी तरह से युगांतरीय चेतना का उद्‌गम शांतिकुंज गायत्री तीर्थ है। इसके दर्शन का पुण्य लाभ नर्मदा और गोमुख-स्नान के समान है। यह सब शृंखला 1 से 6, 11 से 19, 21 से 29 के क्रम में निरंतर चलती रहती है।

इस क्षेत्र में कुछ समय पूर्व तक गंगा की धारा बहती थी। बाँध बनाकर पिछली दशाब्दियों में ही उसे सूखा क्षेत्र बनाया गया है। यह क्षेत्र शिवालिक-गढ़वाल पर्वतमाला से घिरा हुआ है। अब प्राय: दो दशाब्दियों से इसे पुन: सुसंस्कारित किया गया है। लगभग 70 वर्ष पूर्व से जलता आ रहा खंड-दीप यहाँ अवस्थित है, जिसकी छत्रच्छाया में अरबों-खरबों की संख्या में गायत्री-जप के तपश्चर्यायुक्त महापुरुषचरणों की शृंखला चलती रही है। नौ कुंडों की यज्ञशाला में सहस्त्रों आहुतियों का सृजन नित्य होता है। इस तीर्थ को नव-निर्माण के ऊर्जा केंद्र के रूप में

विकसित किया गया है। इन दिनों सर्वोपरि महत्त्व का एक ही कार्य करना है—जन-मानस का परिष्कार। लोगों का चिंतन-चरित्र और व्यवहार निकृष्ट हो जाने का ही प्रतिफल है कि असंख्य समस्याओं, विपत्तियों, विडंबनाओं एवं अवांछनीयताओं का घटाटोप उमड़-घुमड़ रहा है।

मन:स्थिति ही परिस्थितियों की जन्मदात्री मानी जाती है। प्रस्तुत विपन्नताओं से निपटने के लिए सामयिक और छिटपुट उपाय-उपचार तो चलने चाहिए, किंतु इतने से ही समग्र समाधान हो जाने की आशा नहीं की जानी चाहिए। रक्त दूषित बना रहने पर चर्म रोगों से छुटकारा कैसे पाया जा सकेगा ? एक को सँभाल पाने से पहले दूसरा संकट उठ खड़ा होगा। समग्र समाधान का उपाय मात्र एक ही है कि मानवीय दृष्टिकोण और आचरण में दूरदर्शी विवेकशीलता तथा उत्कृष्ट आदर्शों का समुचित समावेश किया जाए। प्राचीन काल में सुविधा-साधन स्वल्प होने पर भी, चारित्रिक उत्कृष्टता के कारण सतयुगी वातावरण था। अब उन्हीं परिस्थितियों को वापस लाना है तो चिंतन-चरित्र में उत्कृष्टता का अभिवर्द्धन करना होगा। आस्थाओं, मान्यताओं, भावनाओं, आकांक्षाओं और गतिविधियों को मानवीय गरिमा के अनुरूप नए सिरे से ढालना होगा। इसी प्रक्रिया को ज्ञान-यज्ञ, विचार-क्रांति, लोकमानस का परिष्कार आदि नामों से जाना और जनाया जाता है। नवयुग की आधारशिला यही है। मनुष्य में देवत्व का उदय और धरती पर स्वर्ग का अवतरण इसी प्रयास के आधार पर संभव हो सकेगा।

ब्रह्मवर्चस शोध-संस्थान गायत्री तीर्थ शांतिकुंज का एक विशिष्ट अंग है। ब्रह्मवर्चस द्वारा वह शोध किया जा रहा है कि अग्निहोत्र की ऊर्जा एवं मंत्रशक्ति की असीम सामर्थ्य से जीव-जगत् एवं वातावरण को किस प्रकार प्रभावित किया जा सकता है। शारीरिक एवं मानसिक उपचार हेतु यज्ञोपैथी का निर्धारण इसी शोध प्रक्रिया का एक अंग है। इसके लिए एक वैज्ञानिक यज्ञशाला बनाई गई है। ब्रह्मवर्चस के प्रथम तल पर स्थित गायत्री शक्तिपीठ में गायत्री की 24 प्रतिमाएँ स्थापित हैं। साथ ही प्रत्येक के ऋषि, देवता, बीजाक्षर एवं मंत्राक्षर का उल्लेख, प्रत्येक की भौतिक एवं आध्यात्मिक फलश्रुति यंत्रों के विवरण के साथ प्रस्तुत की गई है। शांतिकुंज और ब्रह्मवर्चस, दोनों के निर्माण ऐसे हैं, जिन्हें सच्चे अर्थों में तीर्थ कहा जा सकता है। इन संस्थाओं में प्राय: 200 उच्च शिक्षित भारतीय कार्यकर्ता मात्र औसत निर्वाह पर काम करते हैं। वशिष्ठ-अरुंधती की तरह पूज्य गुरुदेव पं. श्रीराम शर्मा आचार्य एवं माता भगवती देवी शर्मा का ऋषियुग्म इस समग्रता का सूत्र संचालन कर रहे हैं।

इस अद्भुत तीर्थ के दर्शन हेतु सभी को आमंत्रण है। आप कभी हरिद्वार आएँ तो मित्र-संबंधी सहित इस स्थान पर जरूर पधारें।

इन तीर्थों की स्थापना के पीछे भी कोई-न-कोई महत्त्वपूर्ण दीर्घकालीन घटनाक्रम जुड़ा हुआ है। वहाँ ऋषियों की तप:स्थली, अवतारों, देवदूतों, महामानवों की जन्मस्थली रही है। महान् घटनाओं के जो संस्कार उस भूमि से जुड़ जाते हैं, वे अपना सूक्ष्म प्रभाव लंबी अवधि तक बनाए रहते हैं। इनका लाभ संपर्क में आनेवाले को, पात्रता के अनुरूप, न्यूनाधिक मात्रा में मिलता रहता है। पवित्र स्थानों के महत्त्व के पीछे ऐसी ही विशेषताएँ जुड़ी रहती हैं। मथुरा, अयोध्या, काशी, कपिलवस्तु, बोधगया, सारनाथ आदि स्थानों की महत्ता उनके साथ किसी समय देवदूतों के जुड़े रहने के कारण ही बनी या बढ़ी है। चारधाम, द्वादश ज्योतिर्लिंग, सप्त पुरियाँ, महाशक्ति पीठ, दिव्य सरोवर, पवित्र संगम, सरिताओं के उद्गम इसीलिए अधिक पवित्र माने गए, क्योंकि वहाँ से दिव्य क्षमताओं का शुभारंभ हुआ। इन्हीं तथ्यों पर विश्वास करके विभिन्न स्थानों की तीर्थयात्रा अभी भी श्रद्धापूर्वक होती रही है। गायत्री तीर्थ में भी साधक अपनी विशिष्टताओं के आधार पर अपेक्षाकृत अधिक मात्रा में नूतन प्रेरणा और सूक्ष्म उपलब्धियाँ प्राप्त करते हैं।

□

# राणकपुर जैन मंदिर

राणकपुर जैन मंदिर अपनी अद्‌भुत शिल्पकला के कारण देश भर में विख्यात है। यह दर्शनीय स्थल उत्तरी राजस्थान के हरे-भरे क्षेत्र सावड़ी से 9 कि.मी. दूर अरावली पहाड़ियों की गोद में प्राकृतिक सौंदर्य के बीच अवस्थित है। यह उदयपुर से करीब 137 कि.मी., जोधपुर से 132 कि.मी. और मारवाड़ जंक्शन एवं अहमदाबाद रेल लाइन के फालना स्टेशन से 21 कि.मी. की दूरी पर स्थित है। यहाँ पहुँचने के लिए बसों की समुचित व्यवस्था उपलब्ध रहती है। अब, माउंट आबू से सीधे राणकपुर तक पहुँचने के लिए बस यातायात की व्यवस्था भी कर दी गई है। अरावली पहाड़ों की शृंखलाओं की गोद में बसा यह पवित्र धार्मिक स्थल जैन संप्रदाय का महान् तीर्थस्थल है, जो गोड़वाड़ के पंचतीर्थों का प्रमुख अंग है। यहाँ हजारों दर्शनार्थी बारहों मास आते रहते हैं।

राणकपुर के इस मंदिर का निर्माण महाराणा कुंभा के मंत्री सेठ धारणाशाह, जो राणकपुर के समीपस्थ गाँव नांदिया के निवासी थे, ने करीब 90 लाख स्वर्ण मुहरें खर्च करके करवाया था। इसकी नींव सं. 1446 में पोरवाल वंशीय सेठ धारणाशाह और उनके बड़े भाई रत्नाशाह ने आचार्य सोमसुंदर सूरि के संपर्क में आने पर डाली। पचास वर्ष के कठिन परिश्रम से मुंडारा निवासी मस्त मिजाजी और मनमौजी शिल्पी देवा और उनके परिवार के शिल्पियों ने अथक प्रयत्नों से इसका निर्माण किया। चौमुखी मंजिले इस भव्य जिनालय में श्री आदिनाथ भगवान की चौमुखी प्रतिमा की वि.सं. 1496 में प्राण-प्रतिष्ठा की गई। इस मंदिर के निर्माण कार्य में आचार्य सोमसुंदर सूरि, मंत्री धारणाशाह, राणा कुंभा और शिल्पी देवा की महत्त्वपूर्ण भूमिका व श्रद्धाभावना रही है। मंदिर के निर्माण के आचार्य सोमसुंदर सूरि का उपदेश, मंत्री धारणाशाह का धन व श्रद्धा-भावना, राणा कुंभा

की आज्ञा और शिल्पी देवा का अथक श्रम आज भी राणकपुर के इस विशाल देवालय बोलते हैं।

मुख्य मंदिर का भवन जमीन से 36 सीढ़ियों की ऊँचाई पर तीन मंजिलों में स्थित है, जो 48 हजार वर्ग फीट के जमीन के घेरे में 198 फीट की लंबाई और 105 फीट की चौड़ाई में बना हुआ है। मंदिर में चार उपभवन, 400 स्तंभों पर खड़े करीब 86 छोटे गुंबज हैं। यहाँ के 20 मंडप पाषाणों पर की गई सुंदर शिल्पकला के आकर्षण बने हुए हैं। दूसरी ओर 44 घुमाव हैं, जिनके चक्कर काटने पर भी कलाकृतियों को निहारने पर थकावट का अनुभव नहीं होता। मंदिर में प्रतिष्ठित सैकड़ों प्रतिमाएँ जैन धर्म के आचार-विचार, ऐतिहासिक घटनाओं, सत्य और अहिंसा के उपदेश का सदैव संकेत करती रहती हैं। मंदिर के निर्माताओं, उपदेशकों और कलाकारों द्वारा मूर्तियों का निर्माण भी अद्‌भुत ढंग से किया गया है। मंडपों की पाषाण-कला को देखते आँखें थकती ही नहीं हैं। राणकपुर सुंदर और बारीक शिल्पकला का एक अनोखा खजाना है।

राणकपुर का प्रमुख चौमुखी मंदिर श्री आदेश्वर भगवान का मंदिर है। इसके अंदर जैन धर्म के प्रथम तीर्थंकर श्री ऋषभदेव की बड़ी मूर्ति विराजमान है, जो चारों तरफ से एक ही तरह की और एक ही आकार ही दिखाई देती है। दर्शन करते ही इनसान के दिल में धार्मिक विचारों की लहर स्वत: ही दौड़ उठती है। मंदिर की अद्‌भुत विशेषता यह है कि इसमें कुल 1,444 खंभे हैं, जिनकी सुंदर बनावट अचंभित किए बिना नहीं रहती। मंदिर में खंभों की अधिकता होते हुए भी निर्माणकर्ता ने इस बात का पूरा ध्यान रखा है कि मूल प्रतिमा को किसी भी कोने से निहारा जाए, कोई भी खंभा बीच में रुकावट पैदा नहीं करे। और वास्तव में इन खंभों के कारण मूर्ति-दर्शन में कोई रुकावट नहीं आती है। इसलिए खंभों की सही संख्या जानने के लिए कठिन परिश्रम और अधिक समय खर्च करना स्वाभाविक हो जाता है।

मंदिर में खंभों की बनावट आकर्षक लगती है। मूल प्रतिमा चित्ताकर्षक बनी हुई है। इसके अतिरिक्त मंडपों, प्रकोष्ठों और परिक्रमाओं की मूर्तियाँ कहीं अधिक आकर्षण का केंद्र बिंदु बनी हुई हैं। मंदिर में श्री पार्श्वनाथ भगवान की धरणेंद्र नाग-नागिनी की छत्रों से शोभित प्रतिमा बारीक शिल्पकला और सुंदर चित्रण के लिए विख्यात है। छतों की सुंदर पाषाण कला देलवाड़ा की शिल्प कला से होड़ लेती हैं, जबकि जाली और झरोखों पर श्रमिकों का श्रम टपक उठता है। मंदिर की हर दीवार, कोना, छत, खंभा, आला, पावट, छज्जा, कंगूरों पर भी शिल्पकार ने अपनी छेनी और हथौड़ी की कलात्मक चोट कर पत्थर का रूप

बदलने का अथक प्रयत्न किया है।

राणकपुर के इस मुख्य मंदिर के अतिरिक्त पास में श्री पार्श्वनाथ का छोटा संगमरमर का भी मंदिर बना हुआ है। इसकी शिल्प कला खजुराहो और कोणार्क के समान लगती है। श्रम की इस स्थायी संपत्ति को देखनेवाले दर्शक कलाकारों की भावनाओं की मुक्त कंठ से प्रशंसा किए बिना नहीं रह पाते। इस मंदिर में मैथुन क्रियाओं के दृश्यों का सुंदर ढंग से प्रदर्शन किया गया है, जिसका उद्देश्य मनुष्य में इस जीवन से घृणा के भाव उत्पन्न करना ही है। इसी मंदिर के अहाते में छोटा श्री नेमिनाथ भगवान की श्यामवर्णी मूर्ति का सुंदर मंदिर बना हुआ है। कहते हैं कि इस मंदिर का निर्माण किसी सेठ-साहूकार ने नहीं, अपितु धारणाशाह के द्वारा बनाए मुख्य मंदिर के शिल्पियों ने जैन धर्म को अपनी श्रद्धा व भावना को सादर समर्पित करने के लिए किया है। इस सुप्रसिद्ध और दर्शनीय मंदिर के पास सूर्य मंदिर बना हुआ है। मंदिर पर सूर्य भगवान का घोड़ों के रथ पर सवारी का दृश्य चारों ओर देखने को मिलता है। यह मंदिर भारत में अपने आकार-प्रकार का अनोखा मंदिर है।

इस राणकपुर के दर्शन करने आनेवाले यात्रियों के ठहरने, खाने-पीने के बरतन, बिस्तर आदि की समुचित सुविधाएँ उपलब्ध कराने का जन-संस्था द्वारा प्रबंध करने का यथासंभव प्रयत्न किया गया है। इस तरह यह जैन मंदिर नयनाभिराम है, और चित्त को श्रद्धाभावना से आनंदित करने वाला है।

□

# पार्श्वनाथ

बिहार को अनेक ऐतिहासिक एवं धार्मिक स्थलों की भूमि होने का गौरव प्राप्त है। इन्हीं धार्मिक स्थलों में जैन धर्मावलंबियों का प्रमुख तीर्थस्थल पार्श्वनाथ या पारसनाथ का मंदिर भी है। यह तीर्थस्थल इसलिए भी महत्त्वपूर्ण और गरिमामय है, क्योंकि यहाँ जैन धर्म के 24 तीर्थंकरों में से 20 तीर्थंकरों ने निर्वाण प्राप्त किया था। इस पवित्र स्थान को 'सम्मेद शिखर' या 'सम्यक् शिखर' के नाम से भी जाना जाता है। यह बिहार का सबसे ऊँचा और विशाल पहाड़ है।

गिरिडीह जिले के मुख्यालय से 45 कि.मी. तथा हजारीबाग से 80 कि.मी. दूर और समुद्र तल से लगभग 5,200 फीट की ऊँचाई पर स्थित सम्मेद शिखर तीन पर्वतों की लंबी शृंखला है। पर्वत-शृंखला की इन्हीं चोटियों पर प्रथम, बारहवें, बाईसवें और चौबीसवें तीर्थंकर को छोड़कर 20 तीर्थंकरों के टोंक (निर्वाण-स्थल) हैं। इन 20 टोंकों के अलावा शिखर पर ग्यारह अन्य जैन-मुनियों और धर्मगुरुओं के टोंक भी हैं। सबसे ऊँचा भगवान पारसनाथजी का टोंक है। पारसनाथ का मंदिर विश्व में सबसे ऊँचा जैन मंदिर है। पर्वत पर स्थित सभी टोंकों में पारसनाथ और चंद्रप्रभु भगवान के टोंक धार्मिक दृष्टि से अत्यंत महत्त्वपूर्ण माने जाते हैं। ऋषभदेव जैन धर्म के प्रवर्तक और प्रथम तीर्थंकर तथा पारसनाथजी 23वें तीर्थंकर हैं। भगवान चंद्रप्रभु के टोंक तक पहुँचने के लिए दुर्गम और घुमावदार रास्तों को पार करना पड़ता है। पारसनाथ मंदिर के नीचे एक गुफा है। गुफा में भगवान पार्श्वनाथजी के चरण स्थापित हैं।

सम्मेद शिखर की चढ़ाई के क्रम में तीर्थयात्रियों को रोमांचक आनंद की अनुभूति होती है। पूरी चढ़ाई तय करने में 9 कि.मी. पैदल चलना पड़ता है। पर्वत पर स्थित 31 टोंकों के दर्शन में भी 9 कि.मी. पैदल चलना होता है। इस प्रकार इस

तीर्थस्थल के संपूर्ण दर्शन में 27 कि.मी. पैदल चलना पड़ता है। कहा जाता है कि ऋषभदेव के समय में ही इस तीर्थस्थल की स्थापना हुई थी।

गौतम स्वामी टोंक के बाद भगवान चंद्रप्रभु टोंक, अरहनाथ टोंक, भगवान कुथनाथ टोंक, श्रेयांसनाथ टोंक, नामिनाथ टोंक, पदंभु टोंक, मल्लिनाथ टोंक, अनंतनाथ टोंक, सुब्रतनाथ टोंक, शीतलनाथ टोंक, धर्मनाथ टोंक, सुमथनाथ टोंक, शांतिनाथ टोंक, विमलनाथ टोंक, संभवनाथ टोंक, अजितनाथ टोंक, नेमनाथ टोंक को पार कर सबसे ऊँची पर्वत-शृंखला पर पार्श्वनाथ मंदिर तक जाया जाता है।

27 कि.मी. की लंबी पैदल यात्रा, विशेषकर रात्रि दो बजे से आरंभ होती है। ऊबड़-खाबड़, पथरीले मार्ग पर चलने में कठिनाई होती है, इसलिए कुछ तीर्थयात्री धर्मशाला से लाठी ले लेते हैं। पर्वत पर प्रकाश की व्यवस्था नहीं है, इसलिए यात्रियों को लालटेन और टॉर्च लेकर चलना पड़ता है। कुछ शुल्क भुगतान करने पर लाठी और तेल भरी लालटेन मिल जाती है। रात्रि को यात्रा आरंभ करनेवाले केवल दिगंबर मतावलंबी यात्री होते हैं।

**मधुबन :** पारसनाथ स्टेशन के निकट इसरी बाजार है। यहाँ जैनियों के मंदिर और धर्मशालाएँ हैं। धर्मशालाओं में यात्री ठहरते हैं। यहीं मधुबन के लिए समय-समय पर गाड़ियाँ खुलती हैं। मधुबन पारसनाथ पर्वत की तलहटी में बसा हुआ एक कस्बा है।

इसरी बाजार से मधुबन जाते हुए प्रकृति के लुभावने दृश्य बरबस मन को मोह लेते हैं। यात्री घाटियों और हरे-भरे जंगलों से होते हुए मधुबन की पैदल यात्रा मन में एक रोमांचक आनंद का संचार करती है। मधुबन में दुर्गा मंदिर, हनुमान मंदिर, शिव-पार्वती मंदिर के अलावा जैनियों के 21 मंदिर हैं, जिनमें पार्श्वनाथ दिगंबर, समवशरण मंदिर, पार्श्वनाथ श्वेतांबर मंदिर, दादाबाड़ी चौबीस टोंक मंदिर, चंद्रप्रभु मंदिर, आदीश्वर मंदिर, कच्छी भवन का मंदिर, नया भौमिया भवन का मंदिर, त्रिमूर्ति मंदिर, स्वामी बाहुबलीजी की विशाल प्रतिमा एवं मान-स्तंभ आदि प्रमुख हैं। इनके अतिरिक्त श्वेतांबर कोठी के प्रवेश द्वार के पास शिखर गिरि अधिनायक देव और श्री भौमियाजी (क्षेत्रपालजी) महाराज का भव्य मंदिर है। जहाँ जैन और अन्य धर्मावलंबी भी दर्शन-पूजा के लिए आते रहते हैं।

मधुबन गिरिडीह से 25 और इसरी (पारसनाथ स्टेशन) से 21 कि.मी. दूर है। यहाँ जैन यात्रियों के ठहरने के लिए पाँच धर्मशालाएँ हैं। दिगंबर जैन समाज की तेरापंथी एवं पंथी कोठी और श्वेतांबर जैन समाज की सुविधा-संपन्न विशाल धर्मशाला है। इन धर्मशालाओं में ठहरने की अच्छी व्यवस्था है। इनके अलावा

कच्छी भवन, भौमिया भवन एवं साहू जैन गेस्ट हाउस भी हैं। मधुबन की धर्मशालाओं में ठहरने की नि:शुल्क व्यवस्था है। यहाँ जीव-हत्या और मांसाहार पर प्रतिबंध है।

दिगंबर और श्वेतांबर दोनों संप्रदायों के कई मंदिर संगमरमर से निर्मित हैं। पर्वत-चोटियों पर लंबे-लंबे हरे-भरे पेड़ों से आच्छादित मधुबन की सुंदरता इन मंदिरों के कारण अधिक आकर्षक हो गई है। यहाँ जैनियों के लगभग 40 भव्य मंदिर हैं, इसलिए इसे 'मंदिरों की नगरी' भी कहा जाता है। मंदिरों में बहुत ही सुंदर नक्काशी की गई है। इनमें वास्तुकला और मूर्तिकला का अद्‌भुत समन्वय है। यहाँ यात्रियों के विश्राम के लिए सरकार द्वारा पर्यटक केंद्र खोला गया है। इसके अलावा आठ धर्मशालाएँ हैं, जहाँ बरतन, बिस्तर, भोजन तथा जरूरत की सभी वस्तुएँ उपलब्ध रहती हैं। मंदिरों के चारों ओर वृक्षों की कतारें अपनी सुगंध से वातावरण को सुगंधित किए रहती हैं। मधुबन में मंदिरों के अलावा वहाँ का जैन संग्रहालय भी दर्शनीय है। हॉल के चारों तरफ ऐसे मॉडल और चित्र हैं, जिनमें जैन कला की झलक मिलती है। ये चित्रकला की दृष्टि से भी दर्शनीय हैं। यहाँ कुछ जैनग्रंथों के अलावा कई ऐसी वस्तुएँ हैं, जिनसे जैन धर्म और जैन कला को समझने में सहायता मिलती है। यहाँ जैन धर्म-संबंधी समस्त डाक टिकटों का संकलन है। कीमती काले पत्थरों से निर्मित भगवान पार्श्वनाथ की प्रतिमा संग्रहालय का प्रमुख आकर्षण है। इस संग्रहालय का उद्‌घाटन तत्कालीन राष्ट्रपति ज्ञानी जैल सिंह ने मार्च 1991 में किया था।

**जल मंदिर :** पारसनाथ पर्वत पर विश्व-विख्यात जल मंदिर एकमात्र ऐसा मंदिर है, जिसमें तीर्थंकरों की भव्य प्रतिमाएँ स्थापित हैं। इतनी ऊँचाई पर ऐसे भव्य और विशाल मंदिर की रचना इतनी कलापूर्ण है कि देखकर चकित रह जाना पड़ता है। दर्शक इस मंदिर को देखकर यह सोचने लगता है कि इस मंदिर का निर्माण कैसे हुआ होगा! यह मंदिर जल के बीच निर्मित है। इसके तीनों तरफ प्राकृतिक जलकुंड हैं।

पारसनाथ पहाड़ियों में राजदाहा नाम का एक और जलाशय है। यह हमेशा जल से परिपूर्ण रहता है। इसमें पहाड़ से जल आता रहता है। मंदिर के चारों तरफ हौदा बना हुआ है, जिससे पानी बाहर निकलता रहता है। इसके गरम पानी में लोग स्नान करते हैं और भोजन पकाते हैं। जल मंदिर में जैन तीर्थंकरों के 20 मंदिर हैं।

**पारसनाथ मंदिर :** मधुबन से ही पारसनाथ शिखर के लिए पैदल यात्रा शुरू हो जाती है। शिखर तक पहुँचने में 9 कि.मी. की चढ़ाई, 9 कि.मी. की उतराई और

9 कि.मी. की वंदना—अर्थात् कुल 27 कि.मी. की पैदल यात्रा करने पर शिखर तक पहुँचा जाता है। रास्ते में कहीं कलकल-छलछल करती नदियाँ, कहीं निर्जन हरे-भरे वन और कहीं फूलों की घाटी—प्रकृति के मनोरम दृश्य देखते-देखते यात्री सारी थकान भूल जाते हैं।

3 कि.मी. चढ़ाई के बाद गंधर्व नाला और वहाँ से थोड़ी दूर आगे शीतल नाला मिलता है। शीतल नाला का जल स्वच्छ, शीतल, मधुर और स्वास्थ्यवर्धक है। पहाड़ी रास्तों से होता हुआ पानी इस नाले में हमेशा गिरता रहता है। शीतल नाला से 1.5 कि.मी. की चढ़ाई के बाद यात्री गौतम स्वामी के टोंक पहुँच जाते हैं। यहीं से वंदना-यात्रा आरंभ होती है। यहाँ तक आने का मार्ग चित्ताकर्षक व अत्यंत मनोरम प्राकृतिक दृश्यों से परिपूर्ण है। घने जंगलों के बीच टेढ़े-मेढ़े सर्पाकार रास्ते से गुजरते हुए यात्री मनोहारी प्राकृतिक छटा देखकर सारी थकान भूल जाते हैं। चंचल जलधाराएँ, उछलते-गिरते झरने और फूलों का नंदन वन बरबस मन को मुग्ध कर देता है।

9 कि.मी. की चढ़ाई के बाद सबसे ऊँचा पार्श्वनाथ टोंक सामने आ जाता है। यहाँ का प्राकृतिक दृश्य भी अत्यंत सुंदर और मनोहारी है। चारों ओर पहाड़, दूर-दूर तक फैली हरियाली और वृक्षों तथा त्वचा को छूकर निकल जानेवाले जलद-खंडों को देखना सचमुच एक रोमांचकारी आनंदानुभव है। बादलों के झुंड कभी-कभी इतने नीचे आ जाते हैं कि लगता है, हाथ बढ़ाकर उन्हें छू लें। शिखर की ऊँचाई इतनी अधिक है कि कभी-कभी पूरा मंदिर बादलों से ढँक जाता है।

भारत में पाँच पहाड़ जैन धर्मावलंबियों के लिए परम पावन तीर्थस्थल हैं—काठियावाड़ में 'शत्रुंजय' और 'गिरिनार', राजपूताना में आबू, मध्य प्रदेश में ग्वालियर और बिहार में पारसनाथ। यह पर्वत हरे-भरे घने वनों से आच्छादित है। यहाँ की जलवायु ठंडी है। वातावरण में हमेशा शीतलता व्याप्त रहती है। यहाँ के घने जंगलों में दुर्लभ वन्य पशुओं के दर्शन किए जा सकते हैं। इनके अलावा यहाँ कुछ दुर्लभ जड़ी-बूटियाँ भी पाई जाती हैं।

प्रतिवर्ष लाखों जैन यात्री यहाँ तीर्थंकरों की प्रतिमाओं और टोंकों के दर्शन व पूजा-अर्चना के लिए आते हैं। होली, दशहरा और दीवाली के अवसर पर यहाँ आनेवाले यात्रियों की संख्या बहुत बढ़ जाती है।

श्रावण शुक्ल सप्तमी के दिन पार्श्वनाथजी की विशेष पूजा की जाती है। इस दिन उन्हें मोदक (लड्डू) अर्पित किया जाता है। पारसनाथ मंदिर की यात्रा के लिए अक्तूबर से मार्च तक का सबसे अधिक उपयुक्त समय माना जाता है।

□

# तख्त श्रीहरिमंदिर

दशवें गुरु गोविंद सिंह का पावन जन्मस्थल (पटना साहिब) अनेक दृष्टियों से महत्त्वपूर्ण है। यहाँ का पंचमंजिला नयनाभिराम भवन, जो 'गुरुद्वारा' अथवा 'तख्त श्रीहरिमंदिर' कहलाता है, अंतरराष्ट्रीय महत्त्व का बन गया है और हजारों तीर्थयात्री गुरुजी के प्रति अपनी श्रद्धा-भावना व्यक्त करने के लिए यहाँ आते रहते हैं। 'बोले सो निहाल' की जय-ध्वनि प्रतिदिन इस स्थान से सुनाई देती है। यहाँ प्रात: 3.00 बजे से रात्रि 9.00 बजे तक भजन-कीर्तन और कथा-प्रवचन का दौर चलता रहता है। अगली सुबह नगाड़े की चोट के साथ गुरु की वाणी आरंभ होती है, जो सुनने में बड़ी मधुर लगती है। गुरुद्वारा के अगल-बगल के श्रद्धालुजन उसी आवाज से उठकर भगवन सुमिरन में लीन होते हैं।

यहीं लंगर में श्रद्धापूर्वक प्रसाद ग्रहण करते प्रतिदिन गुरु के दर्शन के निमित्त आए देश-विदेश के आबाल-वृद्ध-वनिता, युवा देखे जाते हैं। यह दृश्य अपूर्व चहल-पहल एवं श्रद्धा का वातावरण उत्पन्न कर देता है। आज यह स्थान देश का ऐतिहासिक तीर्थस्थल बन गया है।

हाँ, पटना से पूर्व करीब 8 किलोमीटर अशोक राजपथ से होते हुए वाहन से गुरुद्वारा पहुँचा जा सकता है। तीर्थयात्री ट्रेन से 'पटना साहिब' स्टेशन पर उतरते हैं और वहाँ से करीब पौन मील की यात्रा पैदल, टमटम या रिक्शे पर पूरा करके यहाँ पहुँचते हैं। यहाँ पर रहने की सुविधाएँ उपलब्ध हैं। गुरुपर्व के अवसर पर यहाँ सबसे अधिक तीर्थयात्री आते हैं। इस दिन गायघाट गुरुद्वारे से एक पुष्पमंडित रथ पर ग्रंथ साहिब की सवारी निकलती है। बीच में बाजे-गाजे के साथ कीर्तन भजनोपदेश करते नर-नारी पंक्तिबद्ध होकर आगे-आगे चलते होते हैं। हाथी, घोड़े और ऊँट जुलूस की शोभा बढ़ाते हैं। 'ग्रंथ साहिब' के रथ को सिख भक्तगण ही खींचते हैं।

वहीं पर पाँच प्यारे हाथों में नंगी तलवार लिये रहते हैं। करीब एक मील में यह जुलूस फैला होता है।

इसी स्थान पर सिखों के दशम और अंतिम गुरु गोविंद सिंह का जन्म पौष सुदी 7 सं. 1723 तदनुसार, 26 दिसंबर, 1666 ई. दिन शनिवार को रात्रि 1:20 मिनट पर माता गूजरीजी के गर्भ से हुआ था। तब उनके पिता गुरु तेगबहादुर असम की यात्रा पर जाते हुए यहाँ ठहरे थे। कहा जाता है कि वे इस यात्रा के दौरान अपने साले श्री कृपालचंद के घर गूजरी को छोड़ गए थे।

गुरु गोविंद सिंह के बचपन का नाम गोविंद राय ही था। इनके बाल्यकाल के कौतुक एवं चमत्कार देखकर लोग स्तंभित रह जाते थे। इनकी विलक्षणता ने नगरवासियों को एक प्रकार से सम्मोहित कर लिया था।

इनके जन्म एवं बालक्रीड़ा से संबंध रखनेवाले तीन स्थान प्रमुख हैं—जन्मस्थान तख्त श्री हरिमंदिर, मैनी संगत (बाल-लीला) एवं गोविंद घाट, जहाँ ये बचपन में स्नान के लिए जाया करते थे।

संगमरमर निर्मित तख्त श्रीहरिमंदिर पंचमंजिला नयनाभिराम भवन है। जयपुर, जोधपुर और मकराना के कुशल कारीगरों ने अनेक वर्षों तक इसके निर्माण में अपना अथक परिश्रम लगाया। इस पर करीब 25-30 लाख रुपए खर्च हुए। मंदिर की ऊपरी मंजिल पर एक स्वर्णकलश रखा है, जो दूर से ही दिखाई देता है। यह स्थान कभी एक प्रसिद्ध रईस सालिस राय जौहरी की हवेली था। महाराजा रणजीत सिंह ने इसे विशाल गुरुद्वारे का रूप दिया, किंतु नए भवन का शिलान्यास महाराजा पटियाला ने 10 नवंबर, 1954 को किया। भवन-निर्माण की दृष्टि से 'हरिमंदिर' स्थापत्य-कला का एक अद्भुत नमूना है। हरिमंदिर का प्रबंधकीय दायित्व एक समिति के जिम्मे है।

यहाँ पर बालक गोविंद के बचपन का पालना, खड़ाऊँ, तैल चित्र, लोहे के तीर, तलवार, कंघी, बघनखा, लोहे और मिट्टी की गोलियाँ तथा अन्य ग्रंथ आदि भी सुरक्षित हैं। भवन के भीतर आने पर आपकी नजर 'माताजी का कुआँ' पर पड़ती है। कहते हैं, गुरुजी बचपन में पानी भरने आई स्त्रियों के मिट्टी के घड़े गुलेल से फोड़ दिया करते थे। इस कुएँ में मुहल्ले भर की स्त्रियाँ पानी भरने आती थीं। यह शिकायत गुरु गोविंद सिंहजी की माताजी के पास पहुँची। उन्होंने अपने पुत्र को ऐसा करने से मना किया। परंतु गोविंद भला कब मानने वाले थे! माताजी ने सभी स्त्रियों को लोहे के घड़े दिए, ताकि गुलेल की मार से फूटने न पाए। किंतु, बालक गोविंद ने लोहे के तीर-कमान सँभाल लिये थे। उसकी घड़ा फोड़ने की

शरारत चलती ही रही। स्त्रियों ने माता गूजरी से इन शब्दों में शिकायत की, "अब तो तुम्हारा लाल तीर-कमान चलाता है। कहीं किसी को लग जाए तो क्या होगा?"

माता गूजरी हैरान थीं। तंग आकर उन्होंने शाप दिया कि इस कुएँ का पानी ही खारा हो जाएगा, ताकि कोई पानी भरने न आ सके।

वही हुआ। पानी खारा हो गया। स्त्रियों को दुःख हुआ। उनके बहुत अनुनय-विनय करने पर माताजी ने कहा था, "यह स्थान कभी तीर्थस्थल बनेगा और जितनी संख्या में तीर्थयात्री आएँगे, उसी रफ्तार से इसका पानी मीठा होने लगेगा।" आज सचमुच पानी दिनोदिन मीठा ही होता जा रहा है।

माता गूजरी और पिता तेगबहादुर के संरक्षण में बालक गोविंद का पालन-पोषण आरंभ हुआ। पिता बालक को सदा रामायण, महाभारत तथा अन्य ऐतिहासिक ग्रंथों से वीरतापूर्ण कथाएँ सुनाया करते थे। बालक गोविंद शास्त्र और शस्त्र, दोनों में समान रूप से अनुराग रखने लगे। उनकी धार्मिक शिक्षा माता गूजरी की देखरेख में हुई। माता के मुख से वे गुरु नानक, अर्जुनदेव आदि अपने पूर्व गुरुओं की वीरतापूर्ण जीवन-गाथाएँ सुनते थे। इससे उनका शरीर रोमांचित हो जाता था। जब माता आँखों में आँसू भरकर गुरु अर्जुनदेव की बलिदान-गाथा सुनाती थीं, तब वीरोन्माद से उत्तेजित होकर बालक गोविंद नंगी तलवार लेकर धर्म की रक्षा की शपथ लिया करते थे।

और, एक दिन वह समय भी आ गया, जब बालक गोविंद और माता गूजरी को पटना छोड़ना पड़ा। कहते हैं, नगरवासियों ने उन्हें बड़ी ही भावभीनी विदाई दी।

आप अभी नौ वर्ष के भी नहीं हुए थे कि पिता तेगबहादुर शहीद हो गए। 11 नवंबर, 1665 को गुरुजी को आनंदपुर में गुरुगद्दी सँभालनी पड़ी। इस छोटी सी अवस्था में ही गुरुजी ने दुष्टों का दमन करने का प्रण लिया और कालांतर में उस प्रण को पूरा भी किया।

सन् 1667 में उनका विवाह आनंदपुर के पास 'गुरु का लाहौर' में लाहौर निवासी हरिजन सुमिखिया खत्री की पुत्री जीतो देवी के साथ हुआ।

शास्त्र और शस्त्र में अनुराग रखने के कारण वे शीघ्र ही इन दोनों में पारंगत हो गए। स्वयं कवि होने के कारण उनका दरबार कवियों से भरा रहता था। उन्होंने करोड़ों रुपए खर्च करवाकर संस्कृत के ग्रंथों का भाषानुवाद कराया। आपका यह संकल्प था कि सिख जाति संसार में विद्वानों की मंडली हो, इस कार्य के लिए अनेक सिखों को विद्या-प्राप्ति के लिए आपने काशी आदि दूर-दूर जगहों पर भी भेजा।

गुरुजी ने विद्या और धर्म के अलावा शस्त्र और सेनाओं का अपूर्व संगठन किया। आनंदपुर को हर दृष्टि से सुरक्षित करने के लिए पाँच किलों का निर्माण कराया।

इस सिलसिले में सर्वप्रथम उन्होंने 30 मार्च, 1699 को 'खालसा' सिख-पंथ की सृष्टि की। सिखों की एक भरी जमात में गुरुजी ने पाँच सीस माँगे। पाँच प्रांतों के पाँच व्यक्तियों ने सीस देना स्वीकार किया। यह पाँच पुरुष 'पंच प्यारे' कहलाए। फिर लोहे के एक कटोरे में जल अभिमंत्रित करके 'अमृत' तैयार किया और उन पाँचों को पिलाया। इसके बाद उन्हीं पाँचों के हाथ से गुरुजी ने स्वयं अमृत-पान किया और खालसा बने। सबों के नाम के आगे 'सिंह' शब्द रखे। पाँच ककार बताए—केश, कच्छा, कृपाण, कड़ा और कंघा। इसे सबों के लिए अनिवार्य कर दिया। आपसी प्रेमभाव अटूट बना रहे, अत: अभिवादन की नई परिपाटी शुरू की—'वाहि गुरुजी का खालसा, वाहि गुरुजी की फतह', 'सतश्री अकाल' आदि । वैशाखी उसी 'खालसा' पंथ की स्थापना का स्मृति-दिवस है।

गुरुजी की इस संगठन-शक्ति से पहाड़ी हिंदू राजा अति-शंकित हो गए। वे गुरुजी का सिद्धांत समझे बिना ही उनके वैरी बन गए। कई बार उनपर आक्रमण किए; किंतु उन्हें पराजय का मुँह देखना पड़ा। जब गुरु गोविंद सिंह किसी प्रकार नहीं दबे तो समस्त पहाड़ी राजाओं ने अपनी ओर से राजा अजमेरचंद को दक्षिण में औरंगजेब के पास अरजी देकर भेजा। इसपर औरंगजेब ने वहाँ कई लाख फौज भेज दी। उसने पंजाब के सभी सूबेदारों, नवाबों और राजाओं के नाम हुक्म भेजे कि वे आनंदपुर पर एकबारगी चढ़ाई कर दें और गुरु गोविंद सिंह को गिरफ्तार करके शाही दरबार में पेश करें।

भीषण युद्ध हुआ, परंतु जब लड़ाई जीतने की आशा न दिखाई पड़ी तो संयुक्त सेना वहाँ घेरा डाले रही। यह घेरा लगभग एक साल तक रहा। अंत में औरंगजेब ने 21 दिसंबर, 1740 को कुरान पर कसम उठाकर गुरुजी से आनंदपुर खाली करवा लिया। गुरुजी जब अपनी सेना सहित बाहर आए तो मुगल सेना ने कसम-धरम तोड़ उनपर धावा बोल दिया। इससे गुरुजी को बड़ा नुकसान उठाना पड़ा। अनेक अमूल्य ग्रंथ नष्ट हो गए। गुरुजी का परिवार बिछुड़कर सरहिंद की ओर निकल गया। सरहिंद के नवाब ने उनके दो छोटे बच्चों के साथ निर्ममता का व्यवहार किया। इसलाम को स्वीकार नहीं करने के फलस्वरूप दोनों बच्चों को जिंदा दीवार में चुनवा दिया। गुरुजी स्वयं अपने केवल चालीस सिखों और दो बड़े पुत्रों के साथ चमकौन ग्राम में घिर गए। चमकौन के युद्ध में उनके दो बड़े पुत्र

वीरगति को प्राप्त हुए।

यहाँ से गुरु गोविंद सिंह बड़ी वीरता और धैर्य के साथ शाही सेना का मुकाबला करते हुए उनकी आँखों से बचते हुए एक जंगल की मरुभूमि में पहुँचे। उस क्षेत्र को उन्होंने अपने अलौकिक प्रभाव से जंगल में मंगल का रूप दिया। यहीं पर निवास करते हुए, दीना ग्राम में आपने औरंगजेब को फारसी छंदों में एक पत्र लिख भेजा। यही पत्र 'जफरनामा' कहलाया। इसे 'विजय-पत्र' की संज्ञा दी जाती है। इसे पढ़ने पर जालिम औरंगजेब का मन वादाखिलाफी की ओर से फिर गया और वह अपने किए पर पछताने लगा। सिख-इतिहास में यह प्रसिद्ध है कि इसी मनः-क्लेश से औरंगजेब का प्राणांत तक हो गया।

औरंगजेब की मृत्यु के बाद बहादुरशाह गुरुजी की सहायता से बादशाह बना। बहादुरशाह ने इसी कारण गुरुजी से मित्रता बनाए रखी। अब, गुरुजी ने देश के दक्षिणी भाग की यात्रा आरंभ की। मार्ग में अनंत जीवों को वाहे गुरु की भक्ति दृढ़ कराते हुए सन् 1707 में आप गोदावरी नदी के किनारे 'नांदेड़' ग्राम पहुँचे। यहीं पर माधोदास वैष्णव साधु को ऊँचा उठाया और अमृत पिलाकर 'बंदा सिंह बहादुर' बनाया। अपनी सेवा में उन्हें नेता का पद-भार सौंपा।

इधर सरहिंद के नवाब को गुरुजी और बहादुरशाह की मित्रता खटकती रहती थी। उसने दो मनचले पठानों को गुरुजी की हत्या करने के लिए भेजा। वे दोनों पठान चालाकी से गुरुजी के भक्त बन गए और उनकी सेवा करते हुए मौके की ताक में रहने लगे। कहते हैं, 7 अक्तूबर 1708 को संध्या समय उनमें से एक पठान को मौका मिल गया। गुरुजी अकेले पलंग पर लेटे थे। उस पठान ने जमधर पेट में भोंक दिया। अभी वह दूसरा वार नहीं कर पाया था कि गुरुजी ने फुरती से उसे अपनी तलवार से मार गिराया। घाव पर टाँके और पट्टी की गई। करीब पंद्रह दिनों में घाव भर गया, परंतु बहादुरशाह द्वारा भेंट की हुई एक नई कमान को खींचने में घाव के टाँके टूट गए।

अपनी दिव्य दृष्टि से गुरुजी को अब अपना अंत निकट दिखाई दिया। इसलिए सन् 1708 बृहस्पतिवार को गुरुजी ने उत्तम फौजी पोशाक और शस्त्रों को धारण कर दरबार किया। अपने प्रिय सिखों को अंतिम उपदेश दिए और कहा कि 'मेरे पीछे कोई सिख गुरु नहीं होगा, केवल गुरुवाणी (ग्रंथ साहिब) ही गुरु होंगे।'

इसके बाद पुरानी परंपरा के अनुसार पाँच पैसे और एक नारियल धरकर गुरुजी ने 'ग्रंथ साहिब' के सामने अपना शीश नवाया और ऊँची आवाज में यह वाणी कही, जो आज भी गुरुद्वारों में कही जाती है—

आज्ञा भई अकाल की, तभी चलाए पंथ।
सब सिक्खन को हुक्म है, गुरु मानियहु ग्रंथ॥
गुरु ग्रंथजी मानियहु, प्रगट गुरु की देह।
जाका हिरदा शुद्ध है, खोज शबद में लेह॥

और, तभी से तख्त श्रीहरिमंदिर या अन्यान्य गुरुद्वारों में 'दशम ग्रंथ' साहिब की पूजा-अर्चना होती रही है। इस तरह गुरुजी ने मात्र 41 वर्ष, 9 महीने, 15 दिनों की अल्पायु में अपनी संसार-यात्रा पूरी की। कहते हैं, वे अपने कुम्मैत घोड़े पर सवार होकर अंतर्धान हो गए। उनके शिष्य और सारा जन-समुदाय गुरुजी को अपनी आँखों से ओझल होता देखता रहा। उस समय उन सबों के नेत्र सजल थे।

□

# स्वर्ण मंदिर

सिद्ध पुरुष या महात्मा या योगी एक जगह ही आसन लगाकर बैठ जाएँ तो उनके उपदेश जगह-जगह कैसे फैलेंगे, उनकी सीख भरी वाणी चारों ओर कैसे फैलेगी? पानी अगर एक जगह जमा रहे, उसमें धारा न रहे, बहाव न हो तो वह न तो स्नान के काबिल रहेगा और न पीने के। यही वजह है कि दुनिया के प्राय: सभी मजहबों और धर्मों के पैगंबरों व महात्माओं ने एक जगह बँधकर बैठे रहना उचित नहीं समझा। वे अपने पवित्र विचारों को गाँवों और नगरों के कोने-कोने में पहुँचाना अपना सबसे बड़ा कर्तव्य समझते थे। और इसी दस्तूर के साथ सिख धर्म की नींव डालनेवाले गुरु नानकदेव का भी नाम जुड़ता है। उन्होंने ऐसी यात्राएँ न की होतीं तो आज का अमृतसर का स्वर्ण मंदिर हमें देखने को न मिलता, जो धर्म, शांति, मुहब्बत और भाईचारे की बेशकीमती मिसाल है। अमृतसर का स्वर्ण मंदिर अपनी सुंदरता, अपनी कारीगरी की वजह से तो बेमिसाल है ही, इसके साथ ही उसकी जमीन में, उसकी दीवारों की नक्काशियों में और वहाँ के पवित्र जलवाले सरोवर में सैकड़ों सिख जवाँ मर्दों की कुरबानी की कहानी फना है।

अमृतसर का अर्थ होता है—अमृत का सरोवर, अमृत का जलाशय आदि। लेकिन एक बात और। इनसानियत के खयाल से सत्य, प्रेम और भाईचारा भी अमृत से कुछ कम अहमियत नहीं रखते। शायद इसी ऊँचे इरादे को ध्यान में रखते हुए यह नाम हमेशा याद रखने के काबिल है तथा यह जगह बार-बार देखने के लायक है।

बताया जाता है कि एक बार गुरु नानकदेव अपने कुछ शिष्यों के साथ यात्रा पर निकले थे। इसी दौरान वे पंजाब के एक जंगल में ठहरे। जंगल में एक छोटा सा तालाब था। उसका पानी सफेद हीरे की तरह चमाचम चमक रहा था। गुरुजी ने

इसी तालाब के किनारे जंगल के बीच अपना डेरा डाला। यह सुंदर स्थान उन्हें इतना भाया कि वे वहाँ कुछ रोज और ठहर गए। कुछ लोग कहते हैं कि सिखों के दूसरे गुरु ने यहाँ एक नगर बसाना चाहा था, मगर कई प्रकार के अभाव के कारण वे अपने इस सपने को पूरा न कर सके। किंतु चौथे गुरु श्री रामदासजी ने इस सपने को सच्चाई का रूप दिया।

इंपीरियल गजेटियर के अनुसार गुरु रामदासजी ने तुंग के निवासियों को सात सौ रुपए दिए। उन्होंने उन रुपयों से इस पवित्र स्थान के दर्शन किए और गुरु की सीखों से इतना प्रभावित हुए थे कि वहाँ नगर बसाने के लिए खुद पहल की।

अब क्या था! गुरु रामदास ने अपना डेरा वहीं डाल दिया और सन् 1577 में नगर की नींव पड़ी। वहीं नए सिरे से पवित्र सरोवर भी बना, जिसे आगे चलकर हमने 'अमृतसर' नाम से जाना और आज भी यह इसी नाम से जाना जाता है।

सफेद हीरे की तरह चमचमाते हुए पानी से लबालब भरा यह सरोवर इतना सुंदर बना कि इसके नाम पर ही उस स्थान का भी नाम 'अमृतसर' पड़ गया। सिख धर्म के जितने भी गुरु वहाँ रहे, उन्होंने अपने अनुयायियों को वहाँ बसने की सलाह दी और आगे चलकर यह नगर इतना विकसित हो गया कि व्यापार का एक प्रमुख केंद्र माना जाने लगा।

हालाँकि इस जगह को सुंदर बनाने में गुरु रामदास का बहुत बड़ा हाथ रहा, मगर पाँचवें गुरु अर्जुनदेव ने यहाँ की रौनक, यहाँ के जलवे को और भी परवान चढ़ाया। उन्होंने न केवल पवित्र 'गुरुग्रंथ साहिब' का सफल संपादन किया, बल्कि स्वर्ण मंदिर के निर्माण में भी हाथ लगाया, जो सिख पंथ का महान् धार्मिक तीर्थ बना।

गुरु नानकदेव के उपदेशों से यह बात साफ हो जाती है कि वे एक ईश्वर और मानवीय भाईचारे में बेहद यकीन करते थे। उन्होंने बार-बार कहा, 'हिंदू और मुसलमान की मजहबी दरार को पाट दो, जात-पाँत के झगड़े से छुटकारा पाओ। हम सब एक ही ईश्वर की संतान हैं। हम सभी एक जगह मिलें-बैठें, एक-दूसरे के दुःख-सुख में काम आएँ और आपसी भाईचारे की उम्र लंबी करें।'

ज्यों-ज्यों सिख धर्म का विकास होता गया, उसके गुरुओं ने यह संदेश दिया है कि पुराने दस्तूरों से बँधे रहना उचित नहीं, क्योंकि उससे भाईचारे की भावना को धक्का लगता है। इस बात को बहुत सारे लोग जानते हैं कि अमृतसर के गुरुद्वारे में लंगर पड़ता है तो औरतें-आदमी बिना किसी जात-पाँत का खयाल किए एक साथ, एक पाँत में बैठकर पवित्र लंगर खाते हैं।

मनुष्य जाति की एकता और भाईचारे का सबूत वहाँ आज ही नहीं मिलता, बल्कि यह सबूत स्वर्ण मंदिर की शुरुआत से ही देखने को मिलता है। स्वर्ण मंदिर का निर्माण किसी एक जाति, किसी एक तबके या एक मजहब को ध्यान में नहीं किया गया, क्योंकि गुरु अर्जुनदेव ने अपने अजीज दोस्त मियाँ मीर से कहा, 'मंदिर बनेगा तो नींव का पहला पत्थर तुम्हीं रखोगे।'

कहा जाता है कि हरिमंदिर, जो इस मंदिर का मूल नाम है, पानी के बीच में खुद उभर आया और सरोवर में एक खिले हुए कमल की तरह तैरने लगा। आगे चलकर यही मंदिर अमृतसर का स्वर्ण मंदिर कहलाने लगा। इस मंदिर का निर्माण भारतीय इतिहास में एक क्रांतिकारी कदम माना जाता है। जब इसका निर्माण पूरा हो गया, तब यह सिखों के लिए एक महान् तीर्थ बन गया। लेकिन इसके चारों द्वार सभी लोगों के लिए खुले रहते हैं।

आगे चलकर इस मंदिर और इस पवित्र स्थान के इतिहास में कई उथल-पुथल हुए, दिल को दहला देनेवाली कई घटनाएँ भी हुईं।

अमृतसर के स्वर्ण मंदिर को इतना कीमती बनाने में अनेक शासकों ने उदारतापूर्वक हाथ बँटाया। इनमें महाराजा रणजीत सिंह, राजकुमार नौनिहाल सिंह और महाराजा शेर सिंह के नाम नहीं भुलाए जा सकते।

एक बार की बात है। महाराजा शेर सिंह इस पवित्र मंदिर के दर्शन के लिए पधारे। उनके पास एक ऐसी बेशकीमती माला थी, जिसमें 108 बहुमूल्य मोती जड़े हुए थे। जब वह स्वर्ण मंदिर के दर्शन करने आए तो जरूरी था कि वहाँ दस्तूर के मुताबिक वहाँ कुछ चढ़ावा चढ़ावें। दर्शन करते समय उनका खजांची पीछे रह गया था। महाराजा चाहते थे कि अपने पद के मुताबिक ही वहाँ कुछ चढ़ावें। लेकिन खजांची तो साथ में था नहीं। बस, महाराजा शेर सिंह झट पवित्र गुरु ग्रंथ साहिब के सामने झुके और अपनी वह बेशकीमती माला अर्पित कर दी।

इस प्रकार के उदारतापूर्वक दानों की सैकड़ों सच्ची बातें इस स्वर्ण मंदिर के साथ जुड़ी हैं, जिनपर विश्वास न करने का सवाल नहीं उठता।

स्वर्ण मंदिर और वहाँ के सरोवर की कीमत वहाँ की बेशकीमती चीजों से नहीं बल्कि इतिहास के एक अहम पहलू और मनुष्य जाति की ऊँचाई से आँकी जानी चाहिए और आँकनेवालों ने इसी तरह आँकी भी है। इसके लिए एक घटना की चर्चा करना जरूरी महसूस होता है। एक बार हैदराबाद के निजाम ने अपने हरम की हिफाजत के लिए महाराजा रणजीत सिंह से कुछ सिपाहियों की माँग की। रणजीत सिंह ने मजहब का, जाति का कोई खयाल नहीं किया। उन्होंने बारह सौ

चुने हुए सिख सिपाही फौरन भेज दिए। और, निजाम को देखिए कि वह इतना अहसानमंद हुआ कि उसने मंदिर के लिए एक ऐसा चँदोवा भेजा, जिसकी कीमत लाखों में आँकी जाती है। उसके बारीक धागे सोने और चाँदी के तारों के हैं और उसमें बहुत से कीमती हीरे-पन्ने-जवाहरात जड़े हुए हैं।

सिखों का धर्म हमें सेवा और सभी कौमों के लोगों के उपकार करने का संदेश देता है, जिसे हम अमृतसर के स्वर्ण मंदिर में रोज देखते हैं।

कीमती और भड़कदार कपड़े पहने, जेवरों से लदी औरतें और साहब बने पुरुष, सभी यहाँ आते हैं और अपने सारे फैशन को भूलकर गुरुओं के पवित्र शब्दों को सुनते हुए झाड़ू देने या पंखे झलने में तनिक भी संकोच नहीं करते। प्यासे यात्रियों की सेवा करते समय न तो कोई अपने बड़प्पन का खयाल रखता है और न यही सोचता है कि हम तो यह काम करने यहाँ नहीं आए थे। वहाँ का माहौल ही इतना पवित्र है कि किसी को भी अपनी शख्सियत या हस्ती की बात नहीं सूझती।

जैसे आग में डाले जाने के बाद सोने का रंग और निखर जाता है, वैसे ही इस स्वर्ण मंदिर में आते ही लोगों के मन के मैल धुल जाते हैं।

यहाँ के लंगर के नियमों में भी एकता, मुहब्बत और भाईचारे की झलक देखने को मिलती है। कोई भी भूखा यात्री यहाँ सबों के साथ बैठकर भोजन कर सकता है और करता है। कभी-कभी लंगर में बीस हजार व्यक्ति भोजन करते हैं। जाति-पाँति का भेदभाव भूलकर महिलाएँ और पुरुष एक पाँति में बैठते हैं और भोजन के समय शोरगुल नहीं करते। कोई किसी की जाति नहीं पूछता, कोई किसी की कौम नहीं पूछता।

यदि आप यहाँ के पवित्र मंदिर के गाइड से इस लंगर के बारे में पूछें तो वह कहेगा, ''भाई साहब, अगर आप किसी को सोने का एक टुकड़ा दें तो उसे संतोष नहीं होगा। वह आपसे और माँगता रहेगा। लेकिन आप किसी को बहुत सी चपातियाँ खाने को दें तो वह बोल पड़ेगा—बस, अब रहने दीजिए। इतना तो काफी है।''

इस मंदिर में आप पहुँचें तो जानने के लिए बहुत से सवाल आपके मन में उठेंगे और सभी सवालों के जवाब याद रखना मुमकिन नहीं है।

बहुत रात घिर जाने के बाद के थोड़े समय को छोड़कर आपको हमेशा 'गुरु ग्रंथ साहिब' की पवित्र गुरुवाणी सुनने को मिलते रहेंगे। मंदिर से सुमधुर संगीत की ध्वनि दर्शकों की आत्मा को तृप्त कर देती है। यह आनंद तो वहाँ जाकर ही उठाया जा सकता है।

वहाँ पर जो गुरुनानक विश्वविद्यालय है, उसमें गुरुनानक अध्ययन का एक

अलग विभाग है, जिसमें उनके उपदेशों का तात्कालिक सामाजिक चेतना तथा वर्तमान संदर्भ में अध्ययन तथा उसपर शोध कार्य होता है—यह सराहनीय है।

इस वर्ष 'गुरु ग्रंथ साहिब' का 'चार सौ साला प्रकाश उत्सव' धार्मिक एवं सौहार्दपूर्ण वातावरण में मनाया गया था। इसमें देश के राष्ट्रपतिजी भी पधारे थे।

सारांशत: अमृतसर का यह सोने का मंदिर और हीरों की तरह चमकदार यहाँ के सरोवर का जल, मानव के प्रेम, सचाई में यकीन रखने और इनसानियत की सेवा करने की भावना का जीता-जागता उदाहरण है।

□

# बोधगया

बौद्ध जगत् में बोधगया का महत्त्व बहुत पीछे प्रसिद्ध हुआ, जबकि ढाई हजार वर्ष से अधिक पूर्व राजकुमार गौतम मानव इतिहास में बोधिवृक्ष के नीचे महत्त्वपूर्ण ज्ञान प्राप्त कर भगवान बुद्ध बन गए थे। इस व्यापक बौद्धधर्म का सर्वप्रथम विकास यहीं हुआ और यहीं से वह अति तीव्रता से विश्व में फैला।

उस समय बोधगया घनी वनस्थली थी, जो राजा उरुवेला के राज्य में स्थित थी। उसके समीप ही निरंजना नदी बहती थी। निर्वाण-प्राप्ति के पश्चात् उस शांत स्थल में भगवान बुद्ध बहुत समय तक रहे। बहुत समय तक भगवान बुद्ध इस निर्णय पर नहीं पहुँच सके कि आगे क्या करना चाहिए। हिमालय पर्वत श्रेणियों के योगियों में से अनेक इनके अनुयायी थे, जो हिमालय से अकस्मात् वहाँ आ पहुँचे थे, जो अपने को 'देव' कहते थे। उन लोगों ने भगवान बुद्ध से वहाँ चलने के लिए आग्रह किया। भगवान बुद्ध ने वहाँ प्रस्थान किया, जहाँ मार्ग में सारनाथ में ही उन्हें 'आर्य सत्यों' की प्राप्ति हुई।

अक्तूबर के अंत या नवंबर के आरंभ में हिंदू या बौद्ध भक्त तीर्थयात्री बोध गया जैसे छोटे से गाँव में एकत्र होकर उसे अत्यंत व्यस्त और सक्रिय स्थल में परिणत कर देते हैं। वे हिमालय के उच्च क्षेत्रों—लद्दाख, भूटान, सिक्किम, नेपाल तथा तिब्बत से अपने परिवार के साथ आते हैं। इन पर्वतीय क्षेत्रों के लोगों की बोध- गया यात्रा अपने आप में महत्त्वपूर्ण होती है। रातोरात अचानक रंग-बिरंगे तंबू खड़े हो जाते हैं, छोटे-छोटे अनेक जलपान गृह खुल जाते हैं, जो तिब्बती तथा चीनी तीर्थयात्रियों की मैत्रीपूर्ण सेवा में संलग्न हो जाते हैं। इन रेस्त्राँ में अमाला टेंट, अत्यंत प्रसिद्ध है, जहाँ आरामदायक अमाला (तिब्बती की माता) आपने तिब्बती और इंगे-वेस्टर्न लोगों की सेवा में स्नेह-सिक्त भावना के साथ संलग्न

रहती हैं। वहाँ तिब्बतियों के परंपरागत संगीत 'मो-मो, चो-चो' का लय-ताल अतीव आकर्षक होता है।

बोधगया के मध्य मुख्य मंदिर महाबोधि स्थित है। इसके भीतर भगवान बुद्ध की एक नयनाभिराम मूर्ति है। फर्श पर अनेक बौद्ध संत और श्रीलंका के भिक्षु बैठकर मंत्रोच्चारण से वहाँ के वातावरण में एक अपूर्व आकर्षण उड़ेल देते हैं। मंदिर में भगवान बुद्ध की एक बड़ी विशाल मूर्ति है। मुख्य मंदिर के चारों ओर अनेक छोटे-छोटे चैत्य, विहार तथा स्तूप हैं। तिब्बती भिक्षुओं को बाएँ से दाएँ एक क्रम में मंदिर की परिक्रमा करते देखा जा सकता है।

उक्त अवधि में वहाँ सर्वत्र अप्सरा लोक के दर्शन होते हैं। फर की टोपी, ऊनी लाल कोट और पैरों में घुमावदार जूते पहने तिब्बती भिक्षु दीख पड़ते हैं। वे भगवान बुद्ध के प्रति आत्मसमर्पण की भावना से हजारों मील की पहाड़ी राह तय करके यहाँ आकर अपने आराध्य के दर्शन करती हैं, मंत्रोच्चार करती हैं। उनकी यह तीर्थयात्रा तब चरम सीमा छूती हैं, जब वे मंदिर के प्रांगण में फैले सघन वृक्षों के साथ महाबोधि के निकट पहुँचती हैं।

मंदिर से कुछ ही दूरी पर, जहाँ तिब्बतियों की भीड़ भरी रेस्तराएँ होती हैं, एक अजीब पावन दृश्य के दर्शन होते हैं। यह एक विशाल आकर्षक भवन है, जहाँ गहरे लाल, पीले और सफेद रंग से रँगे 'महायान' के दर्शन होते हैं। मुख्य विहार के भीतर की दीवार बुद्ध और बोधिसत्त्व के रंगीन शलाकाओं से भरे पड़े हैं। घी के सैकड़ों दीप महायान पंथियों की बुद्ध प्रतिमा के समक्ष जगमगाते हैं। अगर पूजा के समय 'कंपा' में जाया जाए तो मंत्रोच्चार की ध्वनि और भिक्षुओं के लाल वस्त्रों से सज्जित रूप को देखकर प्रभावित हुए बिना नहीं रहा जा सकता।

सड़क पर थोड़ी दूर आगे बढ़ने पर एक पुराने चीनी मंदिर के दर्शन होंगे, जिसका संचालन एक चीनी भिक्षुणी करती है। यद्यपि इसे उतना महत्त्वपूर्ण नहीं समझा जाता, फिर भी यह अपने आप में महत्त्वपूर्ण है। उसी सड़क पर आगे एक आकर्षक 'थाईवाट' या मंदिर इस प्रकार दिखाई पड़ता है, मानो बैंकॉक की मिट्टी को भारतीय मिट्टी में समंजित कर दिया गया हो! इसके भीतर बुद्ध की एक विशालकाय प्रतिमा है और उसका पुजारी थाईलैंड का एक भिक्षु है।

उसके बाद जापानियों का 'सौटोजोन मंदिर' है। यह स्थापत्य-कला का जीता-जागता उदाहरण है। मंदिर के अंतर्गत की पुष्पवाटिका में प्रति घंटे तथा प्रति संध्या पूजा-अर्चना की धूम मच जाती है। अर्चना के पश्चात् जैन शिक्षक अन्य भिक्षुओं के साथ एक नयनाभिराम आपसी बैठक करते हैं, जिनकी बुद्ध के उपदेशों

में गहरी अभिरुचि है। मंदिर से संलग्न एक अतिथिशाला भी है, जिसमें कभी-कभी स्थान पाना इसलिए कठिन हो जाता है, क्योंकि उसके पुजारी विशेष आग्रह के साथ विशेष चंदे का प्रावधान कर देते हैं।

बोधगया-परिभ्रमण के सिलसिले में विष्णुपद मंदिर का अवलोकन महत्त्वपूर्ण है। यह मंदिर अति प्राचीन है। इसमें भगवान विष्णु के दाहिने पैर का चिह्न अंकित है, जिसे 'धर्मशिला' के नाम से जाना जाता है। जैसाकि वैशाली में प्राप्त टेराकोटा की लिपि से ज्ञात हुआ है, यह चौथी सदी में ही अस्तित्व में आ चुका था। विष्णुपद के आधुनिक मंदिर का निर्माण 18वीं सदी के अंतिम चार दशकों में इंदौर की धर्मपरायण महारानी अहिल्याबाई होलकर द्वारा करवाया गया है। वे खंडेराव होलकर की पत्नी तथा मल्हारराव होलकर की भगिनी थीं। ऐसा कहा जाता है कि महाराष्ट्र की महारानी द्वारा इस मंदिर का निर्माण कराया गया था, जिसपर उस जमाने में 3 लाख रुपए व्यय हुए थे और उसमें 12 वर्षों का समय लगा था। राजस्थान के जयनगर की स्थापत्य कला का इसमें दिग्दर्शन होता है।

इसी पावन मंदिर में बंगाल के वैष्णव संत चैतन्य महाप्रभु को ईश्वरपुरी द्वारा ज्ञान की दीक्षा मिली थी, जिसके कारण उनके जीवन में नया मोड़ आया था।

विष्णुपद मंदिर फल्गु नदी के पूर्वी तट पर स्थित है। गया नगर में कुल 45 तीर्थस्थल हैं। यहाँ देश के कोने-कोने से लोग अपने पितरों को पिंडदान देने के लिए आते हैं।

यह मौसम ज्यों ही समाप्त होता है, रातोरात तिब्बती तंबू लुप्त हो जाते हैं, खोंमचेवाले और स्टॉल समाप्त हो जाते हैं, पर्यटक बसें नगण्य हो जाती हैं और मंदिर तीर्थयात्री-विहीन हो जाते हैं।

□

# वैद्यनाथ मंदिर

बिहार राज्य के देवघर जिले में शिव का एक पवित्र धाम है—वैद्यनाथ धाम। कहते हैं, जहाँ देवता का वास हो, जो देवालय हो, उसे ही 'देवघर' कहते हैं। 'पद्मपुराण' में एक जगह कहा गया है—'वैद्यनाथ महालिंग भवरोग हरंशिवम्'। देवघर प्राकृतिक बंदराओं का मनोरम, छोटा सा, किंतु प्राकृतिक वैभव से परिपूर्ण, धन-धान्य से संपन्न यह जिला, जहाँ एक ओर पवित्रता में वाराणसी आदि महातीर्थों की परंपरा की भूमि है, वहीं दूसरी ओर यह 'सत्यं शिवं सुंदरम्' की तरह ही अपने प्राकृतिक सौंदर्य से पर्यटकों-सैलानियों को अपनी ओर अबाध गति से आकृष्ट करता है और तीसरी ओर इसके प्राकृतिक वैभव की बात ही निराली है। यहाँ के कण-कण में अगर शंकर हैं तो यहाँ का शंकर भी 'काला हीरा' है।

यहीं पर अवस्थित है—वैद्यनाथ धाम। 'शिवपुराण' में जो द्वादश ज्योतिर्लिंग गिनाए जाते हैं, उनमें वैद्यनाथ धाम का भी एक नाम आता है। इसलिए भारत के नक्शे में तीर्थ के रूप में वैद्यनाथ धाम का प्रमुख स्थान है।

लंकाधीश्वर रावण शिव का अनन्य भक्त था। उनकी पूजा-अर्चना करने के लिए उसे बार-बार कैलास की कष्टप्रद यात्रा करनी पड़ती थी। एक बार उसने सोचा कि क्यों न शिवजी को कैलास से चलकर लंका में ही निवास करने की प्रार्थना करें! उसकी प्रार्थना से प्रसन्न होकर अवढरदानी शिव ने लंका में ही निवास करने की अपनी स्वीकृति दे दी। पर, साथ ही यह शर्त भी रख दी कि बीच रास्ते में जहाँ कहीं भी मेरे लिंग को पृथ्वी पर रखोगे, मैं वहीं अवस्थित हो जाऊँगा।

रावण को अपने बाहुबल का पूरा भरोसा था। अत: इस शर्त को मानकर शिवलिंग लेकर चल पड़ा। भगवान विष्णु को यह शंका हुई कि महादेव अगर लंका में रावण के वशीभूत होकर निवास करने लगेंगे तो लंकाधिपति विश्व का

कल्याण नहीं होने देगा। उनकी प्रेरणा से हरीतकी वन में पहुँचने पर रावण प्रबल मूत्र वेग से पीड़ित हुआ। छद्म वेश में विष्णु वहाँ पहले से खड़े थे। रावण कुछ समय के लिए शिवलिंग को छद्मवेशी विष्णु के हाथ में सौंपकर मूत्र त्याग करने लगा, पर उसके मूत्र का वेग बढ़ता ही गया। थककर छद्मवेशी विष्णु ने शिवलिंग को पृथ्वी पर रख दिया। लौटकर रावण ने लाख प्रयत्न किया, पर शिवलिंग जहाँ अवस्थित हो चुका था, बहुत शक्ति आजमाने के बावजूद वहाँ से नहीं उठा। फलत: रावण निराश होकर लंका वापस चला गया।

यह त्रेतायुग की घटना है। जिस स्थान पर शिवलिंग अवस्थित हुआ, वही स्थान वैद्यनाथ धाम के नाम से प्रसिद्ध हुआ और रावण द्वारा लाए जाने की वजह से यह कामना लिंग 'रावणेश्वर महादेव' के नाम से ख्यात हुआ।

यह देवों की नगरी देवघर साहित्यिक, राजनीतिक एवं औद्योगिक दृष्टि से भी काफी उन्नत एवं प्रतिष्ठित है। इसी पवित्र भूमि पर प्रसिद्ध बँगला लेखक एवं उपन्यासकार शरत्चंद्र से लेकर उर्दू के मूर्धन्य कवि जनरुल हक जैसे महान् साहित्यकार रह चुके हैं।

कहा जाता है कि भगवान शिव जब प्रजापति यज्ञ में अनाहूत सती के शरीर को अपने कंधे पर रखकर विक्षिप्त रूप से भूमंडल पर विचरण कर रहे थे, तभी उनकी विक्षिप्तता को मिटाने के लिए और उनको कल्याण कार्य में व्यस्त कर देने की दृष्टि से भगवान विष्णु ने अपने सुदर्शन चक्र से सती के देह को इक्यावन खंडों में विभक्त कर दिया। क्षिप्र गति से नर्तन करने के फलस्वरूप शिव के स्कंध से छूटकर सती के वे देह-खंड देश के विभिन्न स्थलों पर गिरे। कहते हैं, यहाँ पर सती का हृदय कटकर गिरा था।

ऐसी मान्यता है कि संथाल परगना निवासी किसी 'बैजू' नामक भील ने इस कामना लिंग की सबसे पहले पूजा-अर्चना प्रारंभ की थी। इसलिए उनका नाम 'बैजनाथ महादेव' पड़ा। बैजनाथ का वैद्यनाथ विकृत रूप मानना अधिक युक्तिसंगत मालूम होता है।

यह स्थल प्रतिवर्ष श्रावण मास में केसरिया रंग में रँगकर 'बोल बम' मय हो उठता है। लाखों श्रद्धालु सभी भेदभाव को भुलाकर संसार के कोने-कोने से भागीरथी गंगा (सुलतानगंज) से जल भरकर काँधे पर काँवर में रखकर 'बोल बम' की रट लगाते हुए करीब 100 कि.मी. की कठिन यात्रा को पूरी कर शिवलिंग पर जल अर्पित करते हैं। इस अवसर पर एक माह तक यह नगर विशाल मेले के रूप में परिवर्तित हो जाता है। इस तीर्थयात्रा में स्त्री-पुरुष और बच्चे सभी शामिल होते हैं।

वैद्यनाथ धाम में अनेक देवी-देवताओं के मंदिर हैं। यहाँ के दो सरोवर बड़े ही पवित्र माने जाते हैं—शिवगंगा और मानसिंही। दंतकथा है कि रावण ने मुष्टिका-प्रहार से शिवगंगा का निर्माण किया था। मानसिंही सरोवर का निर्माण 1552 ई. में बादशाह अकबर के प्रमुख मंत्री राजा मानसिंह ने करवाया था।

युगल मंदिर यह वैद्यनाथ मंदिर से लगभग 2 कि.मी. पूर्व-दक्षिण कोण पर अवस्थित है। इसे 'नौलखा मंदिर' भी कहते हैं। इसका निर्माण श्री बालानंद ब्रह्मचारी आश्रम के अहाते में ब्रह्मचारीजी की एक शिष्या चालशीला दासी ने लगभग 9 लाख रुपए की लागत से करवाया था। उसमें बालगोपाल और ब्रह्मचारीजी की मूर्तियाँ बड़ी ही मनोहारिणी हैं।

कुंडेश्वरी मंदिर वैद्यनाथ मंदिर से लगभग 3 कि.मी. दूर दक्षिण-पूर्व दिशा में कुंडा नामक गाँव में भगवती कुंडेश्वरी का यह मंदिर अवस्थित है। इसके प्रांगण में शिव, पार्वती, नवग्रह आदि देवी-देवताओं के भी दर्शन होते हैं।

बैजू मंदिर—मुख्य बाजार में ही रावणेश्वर वैद्यनाथ के प्रथम पुजारी बैजू भील का मंदिर है। इसके अलावा तपोवन, नंदन पहाड़, त्रिकूट पहाड़, हरिलजोड़ी, पगला बाबा आश्रम, गौरीशंकर मंदिर, कार्तिकेय मंदिर, देवघर हिंदी विद्यापीठ का मनोरम भवन आदि दर्शनीय हैं।

यहाँ पर पूरे वर्ष देश-विदेश के यात्रियों का ताँता लगा रहता है। भक्तों और यात्रियों के विश्राम के लिए बिहार सरकार के टूरिस्ट बँगला के अलावा दर्जनों धर्मशालाएँ, रेस्ट हाउस और होटल उपलब्ध हैं। यह महान् तीर्थस्थल निरंतर विकास के पथ पर अग्रसर है।

□

# वैष्णो देवी

सभी देवताओं के साथ उनकी शक्तियाँ अभिन्न रूप से जुड़ी हुई हैं—ब्रह्मा के साथ सरस्वती, शिव के साथ भवानी और विष्णु के साथ लक्ष्मी। विष्णु की शक्ति वैष्णवी ही वैष्णो देवी हैं।

वैष्णो देवी के प्रति आस्था और भक्ति-भावना भक्तों को बरबस देवी-दर्शन के लिए प्रेरित करती रहती है। लोगों का विश्वास है कि वैष्णो देवी के दर्शन से मनोकामनाएँ पूरी होती हैं। वहाँ जाकर जिस चीज की याचना की जाती है, उसकी प्राप्ति अवश्य होती है। इसी आस्था और विश्वास के कारण वैष्णो देवी के दर्शनार्थियों और भक्तों की संख्या निरंतर बढ़ती ही जा रही है।

यों तो कहा जाता है कि वैष्णो देवी की यात्रा के लिए अक्तूबर माह सर्वाधिक उपयुक्त है, किंतु पूरे वर्ष बड़ी संख्या में दर्शनार्थी यहाँ आते रहते हैं।

जम्मू मंदिरों का शहर है। यहाँ के प्राचीन मंदिर किसी-न-किसी राजा-महाराजा के साथ किसी-न-किसी रूप से जुड़े हैं। यहाँ एक बहुत ही सुंदर बाग है—'बाग-ए-बाहू'। बीच में मनोरम फव्वारा है। पीछे मंद गति से बहती हुई तवी नदी। यहाँ देवी का एक मंदिर है, जिसे 'वैष्णो देवी की बहन का मंदिर' कहा जाता है। मंदिर तक पहुँचने के पहले एक कच्ची, कुछ कम चौड़ी सड़क पार करनी होती है। यह पर्वतीय शहर दिल्ली, मुंबई, पुणे, मद्रास आदि सभी बड़े नगरों से रेल और वायु-मार्ग से जुड़ा हुआ है।

जम्मू व कश्मीर में त्रिकूट नामक पर्वत पर वैष्णो देवी का मंदिर है। यह स्थान समुद्र-तल से 5,200 फीट की ऊँचाई पर है। वैष्णो देवी मंदिर तक जाने के लिए जम्मू बस स्टैंड से कटरा तक सवारियाँ उपलब्ध रहती हैं। बस या किसी अन्य सवारी के द्वारा 52 कि.मी. पहाड़ की चढ़ाई पार कर दर्शनार्थी कटरा पहुँचते हैं।

वहाँ से 14 कि.मी. की पैदल यात्रा शुरू होती है। दोनों ओर पर्वतीय सुषमा के कारण पैदल यात्रा सुखद और मनोरम प्रतीत होती है। पैदल चलने में असमर्थ यात्री घोड़े, खच्चर या पालकी पर चढ़कर मंदिर तक जाते हैं। छोटे बच्चे तथा सामान ढोनेवाले पिट्ठू भी मिलते हैं। विकलांगों एवं वृद्धों को जाने के लिए बग्घी उपलब्ध रहती है, जिसमें लेटकर या बैठकर जाया जा सकता है।

यात्रा शुरू करने के पहले यात्रा-परची लेनी पड़ती है। वैष्णो देवी मंदिर ट्रस्ट की ओर से कटरा बस स्टैंड पर हर समय निःशुल्क परची दी जाती है। कटरा से 1 कि.मी. आगे जाने पर दर्शनी दरवाजा और वहाँ से 1 कि.मी. आगे जाने पर बाणगंगा है। बाणगंगा के विषय में कहा जाता है कि जब उनके सेवक लांगुर को प्यास लगी तो वैष्णो देवी ने उसकी प्यास बुझाने के लिए पत्थरों पर बाण मारा और पानी निकल आया। समुद्र-तल से 2,800 फीट की ऊँचाई पर स्थित बाणगंगा से लगभग कि.मी. आगे बढ़ने पर 'चरणपादुका' नामक स्थल है। इसके विषय में कहा जाता है कि इस जगह देवी थोड़ी देर के लिए रुकी थीं। इसलिए यहाँ उनका चरणचिह्न अंकित है। चरणपादुका से 4-5 कि.मी. आगे आदि कुमारी का प्राचीन मंदिर और इसके निकट ही गर्भजून गुफा है। कहा जाता है, वैष्णो देवी यहाँ नौ महीने तक रुकी थीं। वैष्णो देवी ट्रस्ट की ओर से यहाँ कई धर्मशालाएँ बनवाई गई हैं, जहाँ यात्रियों को निःशुल्क ओढ़ने-बिछाने के लिए कंबल दिए जाते हैं।

'आदि कुमारी' से लगभग 2 कि.मी. आगे, समुद्र-तल से 6,500 फीट की ऊँचाई पर 'हाथमत्था' और यहाँ से दो कि.मी. आगे समुद्र-तल से 7,200 फीट की ऊँचाई पर 'साझी छत' है। यहाँ से 2.5 कि.मी. ढलान पर उतरने के बाद गुफा के अंदर वैष्णो देवी का मंदिर है। पहले गुफा के अंदर रोशनी की व्यवस्था नहीं थी, किंतु अब वहाँ सर्वदा पर्याप्त रोशनी रहती है। गुफा के अंदर सीधे खड़ा होना संभव नहीं है। भक्तगण पंक्तिबद्ध होकर गुफा के अंदर प्रवेश करते हैं। यहाँ घुटने तक निर्मल-शीतल जल प्रवाहित रहता है, जिसे 'चरणगंगा' कहते हैं।

वैष्णो देवी की पवित्र गुफा में महालक्ष्मी, महाकाली और महासरस्वती तीन पिंडियाँ हैं। यहाँ का प्राकृतिक दृश्य बड़ा ही मनोरम है। संध्या समय अस्ताचलगामी सूर्य ऐसा लगता है, मानो लाल रंग का गुब्बारा किसी ने छोड़ दिया हो तथा उड़ते-उड़ते वह आकाश रूपी सरोवर में फूटकर घुल गया।

## सुखद यात्रा

वैष्णो देवी की यात्रा पहले कठिन और कष्टकर थी। रास्ता बहुत ही ऊबड़-

खाबड़ था। न कहीं पानी की व्यवस्था थी, न शौचालय। गंदगी इतनी कि चलना मुश्किल। खाने-पीने की कोई व्यवस्था नहीं थी। किंतु अब वह बात नहीं है। अब तो यात्रा सरल और सुखद हो गई है। इसका सारा श्रेय जाता है—जम्मू व कश्मीर के पूर्व राज्यपाल श्री जगमोहन को।

सन् 1983 में महामहिम जगमोहन जम्मू व कश्मीर के राज्यपाल थे। उन्होंने 30 अगस्त, 1986 को इसी तीर्थस्थान को सरकारी एकाधिकार में ले लिया और श्री माता वैष्णो देवी श्राइन बोर्ड का गठन किया। अब रास्ते में हर जगह पानी की व्यवस्था और शौचालय भी है। जगह-जगह जलपान-गृह और स्वास्थ्य-केंद्र भी खोले गए हैं। यही नहीं, यहाँ दो बिस्तरवाले अस्पताल का भी निर्माण कराया गया है। गंदगी का नामोनिशान नहीं है। सफाई कर्मचारी दिन-रात सफाई के काम में लगे रहते हैं। सीढ़ियों के अलावा टाइल लगाकर दूसरे रास्तों को भी सुगम बना दिया गया है। कटरा से वैष्णो देवी भवन तक सोडियम लाइट से रास्ता जगमगाता रहता है। सरकार की ओर से पुलिस हरदम तैनात रहती है।

## पौराणिक तथा प्रचलित कथाएँ

वैष्णो देवी गुफा की चट्टानों के अध्ययन से पता चलता है कि यह गुफा कई सौ वर्ष पुरानी है। पुलस्तु तथा धोमया ब्रह्मर्षियों के कथानुसार, पुष्कर जम्मू भारत का एक परम पवित्र धार्मिक स्थल है। महाभारत में एक स्थान पर कुरुक्षेत्र के रणक्षेत्र में भगवान श्रीकृष्ण ने अर्जुन से वैष्णो देवी का स्मरण करने के लिए कहा था। ऋग्वेद तथा अन्य वैदिक ग्रंथों में त्रिकुटा पहाड़ियों का उल्लेख है।

वैष्णो देवी का आविर्भाव और माहात्म्य से जुड़ी दो कथाएँ विशेष रूप से प्रचलित हैं। एक कथा इस प्रकार है—कटरा से 2 कि.मी. दूर हनसाली गाँव है। इस गाँव में 100 वर्ष पूर्व माँ के परम भक्त श्रीधरजी निस्संतान थे। उनकी निश्छल और निश्चल भक्ति से द्रवित होकर माँ कन्या के रूप में उनके सामने आईं। श्रीधरजी कन्या-पूजन की तैयारी कर रहे थे, तभी अन्य कन्याओं के बीच कन्या रूप में भगवती पर जब उनकी नजर पड़ी तो उन्हें आश्चर्य हुआ। अन्य कन्याएँ दान-दक्षिणा लेकर चली गई, किंतु वह चुपचाप खड़ी रही थीं। उसने श्रीधरजी से कहा—'आप कल एक महान् भंडारा का आयोजन करें, जिसमें आस-पास के सभी लोगों को आमंत्रित करें।' इतना कहकर वह अदृश्य हो गईं। श्रीधरजी को ऐसा आभास हुआ कि यह कन्या अवश्य किसी महाशक्ति का रूप है।

श्रीधरजी ने गाँव के सभी लोगों को भंडारे में आने का निमंत्रण दे दिया।

भंडारे में संयोग से गोरखनाथजी अपने 360 शिष्यों के साथ आ पहुँचे। श्रीधरजी यह सोच रहे थे कि इतने लोगों को कैसे भोजन कराया जाए! तभी वह कन्या प्रकट हुई और उनसे बोली—'जाओ, सभी को भोजन के लिए बुलाओ।' कन्या के हाथ में एक पात्र था। वह अपने उस पात्र से भोजन कराने लगी। सबने भोजन किया, इसके बाद भी बहुत सारी भोजन-सामग्री बची हुई थी। भोजन कराने के बाद कन्या अंतर्धान हो गई।

कहते हैं, भैरवनाथ नामक एक तांत्रिक देवी रूपी उस कन्या को पकड़ने के लिए पीछे-पीछे चला। देवी ने त्रिकूट पर्वत की ओर दर्शनी दरवाजा, बाणगंगा, चरणपादुका आदि स्थानों को पार कर गर्भजून गुफा में प्रवेश किया और वहाँ नौ महीने तक विश्राम करती रहीं। भैरवनाथ वहाँ भी पहुँच गया और उनके बाहर निकलने की प्रतीक्षा करता रहा। देवी जब गर्भजून गुफा से बाहर निकलीं तो माँ ने महाकाली का रूप धारण कर लिया और त्रिशूल से उसका मस्तक धड़ से अलग कर दिया। उसका धड़ जिस स्थान पर गिरा, वहाँ आज भैरों मंदिर है। कहा जाता है कि गुफा के द्वार पर जो चट्टान है, वह भैरोंनाथ का धड़ है। देवी ने श्रीधर को चार पुत्रों का वरदान दिया। कहा जाता है कि आज भी श्रीधर के वंशज देवी की पूजा-अर्चना करते हैं।

वैष्णो देवी श्रद्धा, आस्था और विश्वास की देवी हैं। भौतिक, शारीरिक, मानसिक सभी प्रकार के कष्टों के निवारण के लिए लाखों लोग ठंड, वर्षा, धूप आदि कष्ट सहकर माँ के दर्शन के लिए आते हैं और प्रसन्नचित्त इस विश्वास के साथ लौटते हैं कि माँ उनके सभी मनोरथ अवश्य पूरे करेंगी। रास्ते में निरंतर 'तुम भी बोलो—जय माता दी, हम भी बोलें—जय माता दी' की ध्वनि से दर्शनार्थियों को नया उत्साह और बल प्राप्त होता है। इससे उनके समस्त शरीर में नई शक्ति व स्फूर्ति का संचार होने लगता है और सबके साथ वे भी बोल उठते हैं—'जय माता दी'।

□

# द्वारिका

द्वारिका भारत के पश्चिम में समुद्र के किनारे पर बसी है। आज से हजारों वर्ष पूर्व भगवान् कृष्ण ने इसे बसाया था। कृष्ण मथुरा में उत्पन्न हुए, गोकुल में पले, पर राज उन्होंने द्वारिका में ही किया। यहीं बैठकर उन्होंने सारे देश की बागडोर अपने हाथ में सँभाली। पांडवों को सहारा दिया, धर्म की जीत कराई और शिशुपाल और दुर्योधन जैसे अधर्मी राजाओं को मिटाया। द्वारिका उस जमाने में भारतवर्ष की राजधानी बन गई थी। बड़े-बड़े राजा यहाँ आते थे और बहुत से मामलों में भगवान् श्रीकृष्ण की सलाह लेते थे। आज भी द्वारिका की बड़ी महिमा है। यह चार धामों और सात पुरियों में एक पुरी है। इसकी सुंदरता अवर्णनीय है। समुद्र की बड़ी-बड़ी लहरें उठती हैं और इसके किनारों को इस तरह धोती हैं, जैसे इसके पैर पखार रही हों। द्वारिका एक छोटा सा कस्बा है। कस्बा चारदीवारी में बंद है। इसके भीतर ही सारे बड़े-बड़े मंदिर हैं। यहाँ के वंदनीय तीर्थ इस प्रकार हैं-

## गोमती तीर्थ

गोमती-द्वारिका द्वारिका के दक्षिण में एक लंबा ताल है। इसे 'गोमती तालाब' कहते हैं। इसके नाम पर ही द्वारिका को 'गोमती द्वारिका' कहते हैं।

## निष्पाप कुंड

इस गोमती तालाब के ऊपर नौ घाट हैं। इनमें सरकारी घाट के पास एक कुंड है, जिसका नाम 'निष्पाप कुंड' है। इसमें गोमती का पानी भरा रहता है। नीचे उतरने के लिए पक्की सीढ़ियाँ बनी हैं। यात्री सबसे पहले इस निष्पाप कुंड में नहाकर अपने को शुद्ध करते हैं। बहुत से लोग यहाँ अपने

पुरखों के नाम पर पिंडदान भी करते हैं।

## रणछोड़जी मंदिर

गोमती के दक्षिण में पाँच कुएँ हैं। निष्पाप कुंड में नहाने के बाद यात्री इन पाँच कुओं के पानी से कुल्ला करते हैं, तब रणछोड़जी के मंदिर की ओर जाते हैं। रास्ते में कितने ही छोटे मंदिर पड़ते हैं–कृष्णजी, गोमती माता और महालक्ष्मी के मंदिर। राणछोड़जी का मंदिर द्वारिका का सबसे बड़ा और सबसे भव्य मंदिर है। यह मंदिर सात मंजिला है और इसकी चोटी आसमान से बातें करती है।

रणछोड़जी के दर्शन के बाद मंदिर की परिक्रमा की जाती है। मंदिर की दीवार दोहरी है। दो दीवारों के बीच इतनी जगह है कि आदमी समा सके। यही परिक्रमा का रास्ता है। रणछोड़जी के मंदिर के सामने एक बहुत लंबा-चौड़ा लगभग 100 फीट ऊँचा जगमोहन है। इसकी पाँच मंजिलें हैं और इसमें साठ खंबे हैं। रणछोड़जी के बाद इसकी परिक्रमा की जाती है। इसकी दीवारें भी दोहरी हैं। रणछोड़जी के मंदिर के पास ही राधा, रुक्मिणी, सत्यभामा और जांबवती के छोटे-छोटे मंदिर हैं।

## दुर्वासा और त्रिविक्रम मंदिर

दक्षिण की तरफ साथ-साथ दो मंदिर हैं–एक दुर्वासाजी का और दूसरा मंदिर त्रिविक्रमजी का, जिन्हें 'टीकमजी' कहते हैं। इनका मंदिर बड़ा सजा-धजा है। मूर्ति बड़ी लुभावनी है और कपड़े-गहने कीमती हैं। त्रिविक्रमजी के मंदिर के बाद प्रद्युम्नजी के दर्शन करते हुए यात्री कुशेश्वर भगवान् के मंदिर में जाते हैं। मंदिर में एक बहुत बड़ा तहखाना है। इसी में शिव का लिंग है और पार्वती की मूर्ति है।

## शारदा मठ

शारदा मठ को आदिगुरु शंकराचार्य ने बनवाया था। उन्होंने देश के चारों कोनों में चार मठ बनवाए थे। उनमें एक शारदा मठ है।

## चक्र तीर्थ

संगम घाट के उत्तर में समुद्र के ऊपर एक ओर घाट है। इसे 'चक्र तीर्थ' कहते हैं। इसी के पास रत्नेश्वर महादेव का मंदिर है। इसके आगे सिद्धनाथ महादेवजी हैं। आगे एक बावली है, जिसे 'ज्ञान-कुंड' कहते हैं।

इससे आगे जूनीराम बाड़ी है, जिसमें राम, लक्ष्मण और सीता की मूर्तियाँ हैं। इनके आगे यात्री कैलाश कुंड पर पहुँचते हैं। इस कुंड का पानी गुलाबी रंग का है। कैलाश कुंड के आगे सूर्यनारायण का मंदिर है। इसके आगे द्वारिका शहर का पूरब की तरफ का दरवाजा पड़ता है। इस दरवाजे के बाहर जय और विजय की मूर्तियाँ हैं। 'जय' और 'विजय' बैकुंठ में भगवान् के महल के चौकीदार हैं। यहाँ भी ये द्वारिका के दरवाजे पर खड़े उसकी देखभाल करते हैं।

कुछ दूर गोपी तालाब पड़ता है। यहाँ की आस-पास की जमीन पीली है। तालाब के अंदर से भी पीले रंग की ही मिट्टी निकलती है। इस मिट्टी को 'गोपीचंदन' कहते हैं।

## बेट-द्वारिका

बेट-द्वारिका वह जगह है, जहाँ भगवान् कृष्ण ने अपने प्यारे भक्त नरसी की हुंडी भरी थी। बेट द्वारिका के दर्शन के बिना द्वारिका का तीर्थ पूरा नहीं होता। बेट-द्वारिका कच्छ की खाड़ी में एक छोटा सा टापू है। यहाँ अनेक मंदिर हैं। बेट-द्वारिका पानी के रास्ते से भी जा सकते हैं और जमीन के रास्ते से भी। बेट-द्वारिका में कई तालाब हैं—रणछोड़ तालाब, रत्न तालाब, कचौरी तालाब और शंख तालाब। इनमें रणछोड़ तालाब सबसे बड़ा है। लोग इन तालाबों में नहाते हैं और मंदिर में फूल चढ़ाते हैं।

## शंख तालाब

रणछोड़ के मंदिर से डेढ़ मील चलकर शंख तालाब आता है। इस जगह भगवान् कृष्ण ने 'शंख' नामक राक्षस को मारा था। कुछ ही दूरी पर एक और तीर्थ आता है। यहाँ 'जरा' नाम के भील ने कृष्ण भगवान् के पैर में तीर मारा था। इसी तीर से घायल होकर वे परमधाम गए थे। इस जगह को बाण-तीर्थ कहते हैं। यहाँ वैशाख में बड़ा भारी मेला भरता है। हिरण्य नदी के किनारे एक स्थान है, जिसे 'यादवस्थान' कहते हैं। यहाँ पर एक तरह की लंबी घास मिलती है, जिसके चौड़े-चौड़े पत्ते होते हैं। यही वह घास है, जिसको तोड़-तोड़कर यादव आपस में लड़े थे और यही वह जगह है, जहाँ वे खत्म हुए थे

□

# जगन्नाथपुरी

पुरी, उड़ीसा का श्रीजगन्नाथ मंदिर भगवान् जगन्नाथ (श्रीकृष्ण) को समर्पित है। 'जगन्नाथ' शब्द का अर्थ है–जगत् के स्वामी। इस मंदिर को हिंदुओं के चार धामों में गिना जाता है। इस मंदिर का वार्षिक रथ यात्रा उत्सव प्रसिद्ध है। इसमें मंदिर के तीनों मुख्य देवता भगवान् जगन्नाथ, उनके बड़े भाई बलभद्र और बहन सुभद्रा तीनों तीन अलग-अलग भव्य और सुसज्जित रथों में विराजमान होकर नगर की यात्रा पर निकलते हैं। मध्य-काल से ही यह उत्सव हर्षोल्लास के साथ मनाया जाता है। इसके साथ ही यह उत्सव भारत के ढेरों वैष्णव कृष्ण मंदिरों में मनाया जाता है एवं यात्रा निकाली जाती है। यह मंदिर वैष्णव परंपराओं और संत रामानंद से जुड़ा हुआ है।

## मंदिर का इतिहास

मंदिर के शिखर पर स्थित चक्र और ध्वज। चक्र सुदर्शन चक्र का प्रतीक है और लाल ध्वज भगवान् जगन्नाथ इस मंदिर के भीतर हैं, इसका प्रतीक है। गंग वंश के हाल ही में अन्वेषित ताम्रपत्रों से ज्ञात हुआ है कि वर्तमान मंदिर के निर्माण कार्य को कलिंग राजा अनंतवर्मन चोडगंग देव ने आरंभ कराया था। मंदिर के जगमोहन और विमान भाग इनके शासनकाल (1078-1147) में बने थे। फिर सन् 1197 में जाकर उड़िया शासक अनंग भीमदेव ने इस मंदिर को वर्तमान रूप दिया था।

मंदिर में जगन्नाथ अर्चना सन् 1558 तक होती रही। इस वर्ष अफगान जनरल काला पहाड़ ने उड़ीसा पर हमला किया और मूर्तियाँ तथा मंदिर के भाग ध्वंस किए और यहाँ पूजा बंद करा दी। बाद में रामचंद्र देव द्वारा स्वतंत्र

राज्य स्थापित करने पर मंदिर और इसकी मूर्तियों की पुनर्स्थापना हुई।

इस मंदिर के उद्गम से जुड़ी एक परंपरागत कथा के अनुसार, भगवान् जगन्नाथ की इंद्रनील या नीलमणि से निर्मित मूल मूर्ति अंजीर के एक वृक्ष के नीचे मिली थी। यह इतनी चकाचौंध करनेवाली थी कि धर्मराज ने इसे जमीन के नीचे छिपाना चाहा। मालवा-नरेश इंद्रद्युम्न को स्वप्न में यही मूर्ति दिखाई दी थी। उसने कड़ी तपस्या की और तब भगवान् विष्णु ने उसे बताया कि वह पुरी के समुद्र तट पर जाए, वहाँ उसे एक लट्ठा मिलेगा। उसी लकड़ी से वह मूर्ति का निर्माण कराए। राजा को बताई गई जगह पर लकड़ी का लट्ठा मिल गया। इसके बाद भगवान् विष्णु और विश्वकर्मा बढ़ई और मूर्तिकार के रूप में राजा के सामने उपस्थित हुए। किंतु उन्होंने यह शर्त रखी कि वे एक माह में मूर्ति तैयार कर देंगे, परंतु तब तक कमरे में कोई न आए। माह के अंतिम दिन जब कोई आवाज नहीं आई तो उत्सुकतावश राजा ने कमरे में झाँका तो वह वृद्ध कारीगर द्वार खोलकर बाहर आ गया। उसने राजा से कहा कि मूर्तियाँ अपूर्ण हैं। उनके हाथ अभी नहीं बने थे। राजा के अफसोस करने पर मूर्तिकार ने बताया कि यह सब दैववश हुआ है और वे मूर्तियाँ ऐसे ही स्थापित होकर पूजी जाएँगी। तब जगन्नाथ, बलभद्र और सुभद्रा की वही तीनों मूर्तियाँ मंदिर में स्थापित की गईं।

यह मंदिर 4 लाख वर्ग फीट में फैला है और चारदीवारी से घिरा है। यह मंदिर भारत के भव्यतम स्मारक स्थलों में से एक है।

भगवान् जगन्नाथ, बलभद्र और सुभद्रा इस मंदिर के मुख्य देव हैं। इनकी मूर्तियाँ, एक रत्न-मंडित पाषाण चबूतरे पर गर्भगृह में स्थापित हैं। यहाँ कई वार्षिक त्योहार भी आयेजित होते हैं, जिनमें लाखों लोग भाग लेते हैं। इनमें सर्वाधिक महत्त्व का त्योहार रथ यात्रा है, जो आषाढ़ शुक्ल पक्ष की द्वितीया को (जून या जुलाई माह में) आयोजित होता है। इस उत्सव में तीनों मूर्तियों को अति भव्य और विशाल रथों में सुसज्जित करके भक्त यात्रा पर निकालते हैं।

□

# मुंबा देवी मंदिर

मुंबा देवी मंदिर मुंबई के भूलेश्वर में स्थित है। मुंबई का नाम ही मराठी में 'मुंबा आई' यानी मुंबा माता के नाम से निकला है। यह मंदिर लगभग 400 वर्ष पुराना है। मुंबई आरंभ में मछुआरों की बस्ती थी। उन्हें यहाँ 'कोली' कहते थे। इन्हीं कोली लोगों ने बोरीबंदर में तब मुंबा देवी के मंदिर की स्थापना की थी। इस देवी की कृपा से उन्हें कभी सागर ने नुकसान नहीं पहुँचाया। यह मंदिर अपने मूल स्थान पर सन् 1737 में बना था, ठीक उस स्थान पर जहाँ आज छत्रपति शिवाजी (विक्टोरिया) टर्मिनस इमारत है। बाद में अंग्रेजों के शासन में मंदिर को मैरीन लाइंस-पूर्व क्षेत्र में बाजार के बीच स्थापित किया गया। तब मंदिर के तीन ओर एक बड़ा तालाब था, जो अब पाट दिया गया है। इस मंदिर की भूमि पांडु सेठ ने दान में दी थी, और मंदिर की देखरेख भी उन्हीं का परिवार करता था। बाद में मुंबई उच्च न्यायालय के आदेशानुसार मंदिर के न्यास की स्थापना की गई। अब भी वही न्यास मंदिर की देखरेख करता है।

यहाँ मुंबा देवी की नारंगी चेहरेवाली रजत मुकुट से सुशोभित मूर्ति स्थापित हुई। मंदिर में प्रतिदिन छह बार आरती की जाती है। मंगलवार का दिन यहाँ शुभ माना जाता है। मन्नत माँगने के लिए यहाँ रखे कठवे (लकड़ी) पर सिक्कों को कीलों से ठोका जाता है। श्रद्धालुओं की बहुत भीड़ रहती है और यह एक सिद्ध मंदिर माना जाता है।

□

# तिरुपति वेंकटेश्वर बालाजी मंदिर

तिरुपति वेंकटेश्वर मंदिर एक प्रसिद्ध हिंदू मंदिर है। यह भारत के सबसे प्रसिद्ध तीर्थस्थलों में से एक है। यह आंध्र प्रदेश के चित्तूर जिले में स्थित है। प्रतिवर्ष लाखों की संख्या में दर्शनार्थी यहाँ आते हैं। यह मंदिर दक्षिण भारतीय वास्तु और शिल्पकला का अद्‍भुत उदाहरण है।

तिरुपति के इतिहास को लेकर इतिहासकारों में मतभेद हैं; लेकिन यह स्पष्ट है कि 5वीं शताब्दी तक यह एक प्रमुख धार्मिक केंद्र के रूप में स्थापित हो चुका था। कहा जाता है कि चोल, होयसल और विजयनगर के राजाओं का आर्थिक रुप से इस मंदिर के निर्माण में खास योगदान रहा। इस मंदिर के विषय में एक किंवदंती इस प्रकार से है–प्रभु वेंकटेश्वर या बालाजी को भगवान् विष्णु का अवतार माना जाता है। ऐसा माना जाता है कि प्रभु विष्णु ने कुछ समय के लिए स्वामी पुष्करणी नामक तालाब के किनारे निवास किया था। यह तालाब तिरुमाला के पास स्थित है। तिरुमाला–तिरुपति के चारों ओर स्थित पहाड़ियाँ शेषनाग के फनों के आधार पर बनी 'सप्तगिरि' कहलाती हैं।

श्री वेंकटेश्वर का यह पवित्र व प्राचीन मंदिर सप्तगिरि की वेंकटाद्रि नामक सातवीं चोटी पर स्थित है, जो श्री स्वामी पुष्करणी नामक तालाब के किनारे स्थित है। इसी कारण यहाँ पर बालाजी को भगवान् वेंकटेश्वर के नाम से जाना जाता है। यह भारत के उन चुनिंदा मंदिरों में से एक है, जिसके पट सभी धर्मानुयायियों के लिए खुले हुए हैं। मंदिर परिसर के गर्भगृह में भगवान् वेंकटेश्वर की प्रतिमा स्थापित है। यह मुख्य मंदिर के प्रांगण में है। मंदिर परिसर में खूबसूरती से बनाए गए अनेक द्वार, मंडप और छोटे मंदिर हैं। मंदिर

परिसर में मुख्य दर्शनीय स्थल हैं—पड़ी कविली महाद्वार, संपंग प्रदक्षिणम्, कृष्ण देवर्या मंडपम्, रंग मंडपम, तिरुमलाराय मंडपम्, आईना महल, ध्वजस्तंभ मंडपम्, नदिमी पडी कविली, विमान प्रदक्षिणम्, श्री वरदराजस्वामी श्राइन पोटु आदि। माना जाता है कि भगवान् वेंकटेश्वर का दर्शन करनेवाले हरेक व्यक्ति को उनकी विशेष कृपा प्राप्त होती है। भक्तों के लिए यहाँ विभिन्न जगहों तथा बैंकों से एक विशेष परची कटती है। इसी परची के माध्यम से आप यहाँ भगवान् वेंकटेश्वर के दर्शन कर सकते हैं।

तिरुपति का सबसे प्रमुख पर्व 'ब्रह्मोत्सवम्' है, जिसे मूलतः प्रसन्नता का पर्व माना जाता है। नौ दिनों तक चलनेवाला यह पर्व साल में एक बार तब मनाया जाता है, जब कन्या राशि में सूर्य का आगमन होता है (सितंबर-अक्तूबर)। इसके साथ ही यहाँ पर मनाए जानेवाले अन्य पर्व हैं—वसंतोत्सव, तपोत्सव, पवित्रोत्सव, अधिकामासम् आदि।

यहाँ से निकटतम हवाई अड्डा हैदराबाद है। इंडियन एयरलाइंस की हैदराबाद और दिल्ली के बीच प्रतिदिन सीधी उड़ान उपलब्ध है।

निकटवर्ती रेलवे स्टेशन तिरुपति है। यहाँ से बंगलोर, चेन्नई और हैदराबाद के लिए हर समय ट्रेन उपलब्ध है।

राज्य के विभिन्न भागों से तिरुपति और तिरुमला के लिए बसें नियमित रूप से चलती हैं।

□

# कुरुक्षेत्र

कुरुक्षेत्र हरियाणा राज्य का एक प्रमुख जिला है। यह हरियाणा के उत्तर में स्थित है तथा अंबाला, यमुना नगर, करनाल और कैथल से घिरा हुआ है। माना जाता है कि यहीं महाभारत की लड़ाई हुई थी और भगवान् कृष्ण ने अर्जुन को 'गीता' का उपदेश यहीं ज्योतिसर नामक स्थान पर दिया था। यह जिला बासमती चावल के उत्पादन के लिए भी प्रसिद्ध है।

## इतिहास

कुरुक्षेत्र का पौराणिक महत्त्व अधिक है। इसका ऋग्वेद और यजुर्वेद में अनेक स्थानों पर वर्णन आया है। यहाँ की पौराणिक नदी सरस्वती का भी अत्यंत महत्त्व है। इसके अतिरिक्त अनेक पुराणों, स्मृतियों और महर्षि वेदव्यास रचित 'महाभारत' में भी इसका विस्तृत वर्णन किया गया है। विशेष तथ्य यह है कि कुरुक्षेत्र की पौराणिक सीमा 48 कोस की मानी गई है, जिसमें कुरुक्षेत्र के अतिरिक्त कैथल, करनाल, पानीपत और जींद सम्मिलित हैं।

कुरुक्षेत्र का युद्ध कौरवों और पांडवों के मध्य कुरु साम्राज्य के सिंहासन की प्राप्ति के लिए लड़ा गया था। महाभारत के अनुसार, इस युद्ध में भारत के प्राय: सभी जनपदों ने भाग लिया था। महाभारत व अन्य वैदिक साहित्यों के अनुसार, यह प्राचीन भारत में वैदिक काल के इतिहास का सबसे बड़ा युद्ध था। इस युद्ध में संपूर्ण भारतवर्ष के राजाओं के अतिरिक्त बहुत से अन्य देशों के क्षत्रिय वीरों ने भी भाग लिया और सबके सब वीरगति को प्राप्त हो गए। इस युद्ध के परिणामस्वरूप भारत में ज्ञान और विज्ञान दोनों के

साथ वीर क्षत्रियों का भी अभाव हो गया। एक तरह से वैदिक संस्कृति और सभ्यता, जो अपनी चरम सीमा पर थी, उसका अनायास ही एकाएक विनाश हो गया। इस महान् युद्ध का उस समय के महान् ऋषि और दार्शनिक भगवान वेदव्यास ने अपने महाकाव्य 'महाभारत' में विशद वर्णन किया है।

□

# इक्यावन शक्तिपीठ

हिंदू धर्मग्रंथों के अनुसार सती पार्वती के शव के विभिन्न अंगों से 51 शक्तिपीठों का निर्माण हुआ। इसके पीछे की कथा इस प्रकार है–

सती के पिता दक्ष प्रजापति ने कनखल, हरिद्वार में 'बृहस्पति सर्व' नामक यज्ञ किया। इसमें सब देवताओं को आमंत्रित किया, लेकिन शिवजी को नहीं बुलाया। सती इस बात से क्षुब्ध होकर बिना बुलाए ही उस यज्ञ में शामिल हुईं और अपने पति को आमंत्रित न करने का कारण पूछा। इस पर दक्ष प्रजापति ने भगवान् शिव को अपशब्द कहे। इस अपमान से दुःखी होकर सती ने योगाग्नि से प्राणाहुति दे दी। शिवजी का क्रोध से तीसरा नेत्र खुल गया। उन्होंने अपने गणों को दक्ष-यज्ञ विध्वंस करने का आदेश दे दिया। स्वयं शिवजी सती के मृत शरीर को कंधे पर लिये विचलित घूमने लगे। विष्णुजी ने उन्हें इस दुःख से उबारने के लिए सुदर्शन चक्र से सती के टुकड़े-टुकड़े कर दिए। ये कटे अंग जहाँ-जहाँ गिरे, वे स्थल शक्तिपीठ कहलाए।

शक्तिपीठों की संख्या 51, कहीं-कहीं 52 कही गई है। इनके स्थल भी अलग-अलग कहे गए हैं। यहाँ हम विभिन्न ग्रंथों में दिए गए शक्तिपीठों का सार और वहाँ देवी के गिरे अंगों का वर्णन दे रहे हैं।

इक्यावन शक्तिपीठ ये हैं—

1. हिंगुल या हिंगलाज, कराची, पाकिस्तान से लगभग 125 कि.मी. उत्तर-पूर्व में। यहाँ सती देवी का ब्रह्मरंध्र (सिर का भाग) गिरा था।
2. शर्करर, कराची पाकिस्तान के सुक्कर स्टेशन के निकट, इसके अलावा नैनादेवी मंदिर, बिलासपुर, हि.प्र. भी बताया जाता है। यहाँ सती की आँखें गिरी थीं।

3. सुगंध, बँगलादेश में शिकारपुर, बरिसल से 20 कि.मी. दूर सोंध नदी के किनारे।

    नासिका।

4. अमरनाथ, पहलगाम, जम्मू एवं कश्मीर।

    गला।

5. ज्वालाजी, काँगड़ा, हिमाचल प्रदेश।

    जीभ।

6. जालंधर, पंजाब में छावनी स्टेशन के निकट देवी तालाब।

    बायाँ वक्ष।

7. वैद्यनाथधाम, देवघर, झारखंड।

    हृदय।

8. गुजयेश्वरी मंदिर, पशुपतिनाथ मंदिर के निकट, नेपाल।

    दोनों घुटने।

9. मानस, कैलास पर्वत, मानसरोवर, तिब्बत के निकट एक पाषाण शिला।

    दायाँ हाथ।

10. बिराज, उत्कल, उड़ीसा।

    नाभि।

11. गंडक नदी के किनारे, पोखरा।

    मस्तक।

12. बाहुल, केतुग्राम, कटुआ, वर्धमान जिला, पश्चिम बंगाल।

    बायाँ हाथ।

13. उज्जनि, गुस्कुर, वर्धमान, पश्चिम बंगाल।

    दाईं कलाई।

14. माताबाढ़ी पर्वत शिखर, निकट राधाकिशोरपुर गाँव, उदरपुर, त्रिपुरा।

    दायाँ पैर।

15. छत्राल, चंद्रनाथ पर्वत शिखर, सीताकुंड स्टेशन, चटगाँव, बँगलादेश।

    दाईं भुजा।

16. त्रिस्रोत, सालबाढ़ी गाँव, बोडा मंडल, जलपाईगुड़ी, पश्चिम बंगाल।

    बायाँ पैर।

17. कामगिरि, कामाख्या, नीलांचल पर्वत, गुवाहाटी, असम।

योनि।

18. जुगाड्या, खीरग्राम, वर्धमान, पश्चिम बंगाल।
दाएँ पैर का अँगूठा।

19. कालीपीठ, कालीघाट, कोलकाता।
दाएँ पैर का अँगूठा।

20. प्रयाग, संगम, इलाहाबाद, उत्तर प्रदेश।
हाथ की उँगली।

21. जयंती, खासी पर्वत, जयंतिया परगना, सिल्हैट जिला, बँगलादेश।
दाईं जंघा।

22. किरीट, किरीकोण ग्राम, लालबाग कोर्ट रोड स्टेशन, मुर्शिदाबाद, (पश्चिम बंगाल)।
मुकुट।

23. मणिकर्णिका घाट, काशी, वाराणसी, उत्तर प्रदेश।
मणिकर्णिका।

24. कन्याश्रम, भद्रकाली मंदिर, कुमारी मंदिर, तमिलनाडु।
पीठ।

25. कुरुक्षेत्र, हरियाणा।
एड़ी।

26. मणिबंध, गायत्री पर्वत, निकट पुष्कर, अजमेर, राजस्थान।
दो पहुँचियाँ।

27. श्रीशैल, जैनपुर गाँव, 3 कि.मी. उत्तर-पूर्व सिलहट टाउन, बँगलादेश।
गला।

28. काँची, बोलपुर स्टेशन, बीरभूम जिला, पश्चिम बंगाल।
अस्थि।

29. कमलाधव, सोन नदी किनारे एक गुफा में, अमरकंटक, मध्य प्रदेश।
बायाँ नितंब।

30. शोंदेश, अमरकंटक, नर्मदा के उद्‍गम पर, मध्य प्रदेश।
दायाँ नितंब।

31. रामगिरि, चित्रकूट, उत्तर प्रदेश।
दायाँ वक्ष।

32. वृंदावन, भूतेश्वर महादेव मंदिर, मथुरा, उत्तर प्रदेश।

केश गुच्छ/चूड़ामणि।

33. शुचि, शुचितीर्थम् शिव मंदिर, कन्याकुमारी-तिरुवनंतपुरम मार्ग, तमिलनाडु।
    ऊपरी दाढ़।

34. पंचसागर, अज्ञात
    निचली दाढ़।

35. करतोयतत, भवानीपुर गाँव, बागुरा, बँगलादेश।
    बाईं पायल।

36. श्रीपर्वत, लद्दाख, जम्मू एवं कश्मीर, अन्य मान्यता : श्रीशैलम, कुर्नूल, आंध्र प्रदेश।

37. विभाष, तामलुक, पूर्वी मेदिनीपुर जिला, पश्चिम बंगाल।
    दाईं एड़ी।

38. प्रभास, बेराबल, जूनागढ़, गुजरात।

39. भैरव पर्वत, भैरव पर्वत, उज्जैन, मध्य प्रदेश।
    ऊपरी ओष्ठ।

40. जनस्थान, गोदावरी घाटी, नासिक, महाराष्ट्र।
    ठोड़ी।

41. सर्वशैल, कोटिलिंगेश्वर मंदिर, राजामुँदरी, आंध्र प्रदेश।
    गाल।

42. बिरात, भरतपुर, राजस्थान।
    बाएँ पैर की उँगली।

43. रत्नावली, हुगली, पश्चिम बंगाल।
    दायाँ स्कंध।

44. मिथिला, जनकपुर, भारत-नेपाल सीमा पर।
    बायाँ स्कंध।

45. नलहाटी, बीरभूम, पश्चिम बंगाल।
    पैर की हड्डी।

46. कर्नाट, अज्ञात।
    दोनों कान।

47. वक्रेश्वर, दुबराजपुर, बीरभूम जिला, पश्चिम बंगाल।
    भ्रूमध्य।

48. यशोर, ईश्वरीपुर, खुलना, बँगलादेश।

हाथ एवं पैर।

49. अट्टहास, लाभपुर स्टेशन, बीरभूम, पश्चिम बंगाल।
हांेठ।

50. नंदीपुर, सैंथिया, बीरभूम जिला, पश्चिम बंगाल।
गले का हार।

51. श्रीलंका, त्रिंकोमाली, त्रिकोणेश्वर मंदिर के निकट।
पायल।

□

# चित्रकूट

मंदाकिनी नदी के किनारे पर बसा चित्रकूट धाम भारत के सबसे प्राचीन तीर्थस्थलों में एक है। उत्तर प्रदेश में लगभग 38 वर्ग कि.मी. के क्षेत्र में फैला शांत और सुंदर चित्रकूट प्रकृति और ईश्वर की अनुपम देन है। चारों ओर से विंध्य पर्वत- श्रृंखलाओं और वनों से घिरे चित्रकूट को 'अनेक आश्चर्यों की पहाड़ी' कहा जाता है। मंदाकिनी नदी के किनारे बने अनेक घाटों और मंदिरों में पूरे साल श्रद्धालुओं का आना-जाना लगा रहता है।

माना जाता है कि भगवान राम ने सीता और लक्ष्मण के साथ अपने वनवास के चौदह वर्षों में से ग्यारह वर्ष चित्रकूट में ही बिताए थे। इसी स्थान पर ऋषि अत्रि और सती अनसूया ने ध्यान लगाया था। ब्रह्मा, विष्णु और महेश ने चित्रकूट में ही सती अनसूया के घर दत्तात्रेय के रूप में जन्म लिया था। यहाँ के कुछ प्रसिद्ध दर्शनीय स्थल इस प्रकार हैं–

## कामदगिरि

इस पवित्र पर्वत का काफी धार्मिक महत्त्व है। श्रद्धालु कामदगिरि पर्वत की परिक्रमा कर अपनी मनोकामनाएँ पूर्ण होने की कामना करते हैं। जंगलों से घिरे इस पर्वत के तल पर अनेक मंदिर बने हुए हैं। चित्रकूट के लोकप्रिय 'कामतानाथ' और 'भरत-मिलाप' मंदिर भी यहीं स्थित हैं।

## रामघाट

मंदाकिनी नदी के तट पर बने रामघाट में अनेक धार्मिक क्रियाकलाप

चलते हैं। घाट में साधु-संतों को भजन-कीर्तन करते देख बहुत अच्छा लगता है। शाम की आरती मन को काफी सुकून पहुँचाती है।

## जानकी कुंड

रामघाट से 2 कि.मी. दूर मंदाकिनी नदी के किनारे जानकी कुंड स्थित है। जनक-पुत्री होने के कारण सीता को जानकी कहा जाता था। माना जाता है कि जानकी यहाँ स्नान करती थीं। जानकी कुंड के समीप ही राम-जानकी रघुवीर मंदिर और संकट-मोचन मंदिर हैं।

## स्फटिक शिला

जानकी कुंड से कुछ दूर मंदाकिनी नदी के किनारे ही यह शिला स्थित है। माना जाता है कि इस शिला पर सीता के पैरों के निशान मुद्रित हैं। कहा जाता है कि जब वे इस शिला पर खड़ी थीं तो इंद्रपुत्र जयंत ने कौए का रूप धारण कर उन्हें चोंच मारी थी। इस शिला पर बैठकर राम और सीता चित्रकूट की सुंदरता निहारते थे।

## अत्रि आश्रम

स्फटिक शिला से लगभग 4 कि.मी. दूर घने वनों से घिरा यह एकांत आश्रम स्थित है। इस आश्रम में अत्रि, अनसूया, दत्तात्रेय और दुर्वासा मुनि की प्रतिमाएँ स्थापित हैं।

## गुप्त गोदावरी

नगर से 18 कि.मी. दूर 'गुप्त गोदावरी' स्थित है। यहाँ दो गुफाएँ हैं। एक गुफा चौड़ी और ऊँची है। प्रवेश द्वार सँकरा होने के कारण इसमें आसानी से नहीं घुसा जा सकता। गुफा के अंत में एक छोटा तालाब है, जिसे 'गोदावरी नदी' कहा जाता है। दूसरी गुफा लंबी और सँकरी है। इसमें हमेशा पानी बहता रहता है। कहा जाता है कि इस गुफा के अंत में राम और लक्ष्मण ने दरबार लगाया था।

## हनुमान धारा

पहाड़ी के शिखर पर स्थित 'हनुमान धारा' में हनुमानजी की एक विशाल मूर्ति है। मूर्ति के सामने तालाब में झरने से पानी गिरता है। कहा जाता है कि यह धारा श्रीराम ने लंका-दहन से आए हनुमानजी के आराम के लिए बनवाई थी। पहाड़ी के शिखर पर ही 'सीता रसोई' है। यहाँ से चित्रकूट का सुंदर नजारा देखा जा सकता है।

## भरत कूप

कहा जाता है कि भगवान राम के राज्याभिषेक के लिए भरत ने भारत की सभी नदियों से जल एकत्रित कर यहाँ रखा था। अत्रि मुनि के परामर्श पर भरत ने यहजल एक कूप में रखवा दिया था। इस कूप को 'भरत कूप' के नाम से जाना जाता है। भगवान् को समर्पित यहाँ एक मंदिर भी है।

चित्रकूट का नजदीकी एयरपोर्ट खजुराहो 185 कि.मी. दूर है। चित्रकूट से 8 कि.मी. दूर कर्वी निकटतम रेलवे स्टेशन है। दिल्ली, झाँसी, हावड़ा, इलाहाबाद, जबलपुर, आगरा, मथुरा, लखनऊ, कानपुर, ग्वालियर, रायपुर, कटनी, मुगलसराय, वाराणसी आदि शहरों से यहाँ के लिए रेलगाड़ियाँ चलती हैं। दिल्ली, इलाहाबाद, बाँदा, झाँसी, महोबा, कानपुर, छतरपुर, सतना, फैजाबाद, लखनऊ आदि शहरों से नियमित बस सेवाएँ भी उपलब्ध हैं।

□

# कुंभ मेला

कुंभ पर्व हिंदू धर्म का एक महत्त्वपूर्ण पर्व है, जिसमें करोड़ों श्रद्धालु कुंभ पर्व स्थल–हरिद्वार, प्रयाग, उज्जैन और नासिक में स्नान करते हैं। इनमें से प्रत्येक स्थान पर प्रति बारहवें वर्ष इस पर्व का आयोजन होता है। हरिद्वार और प्रयाग में दो कुंभ पर्वों के अंतराल में अर्धकुंभ होता है।

## इतिहास

कुंभ पर्व के आयोजन को लेकर कई पौराणिक कथाएँ प्रचलित हैं, जिनमें से सर्वाधिक मान्य कथा देव-दानवों द्वारा समुद्र-मंथन से प्राप्त अमृत-कुंभ से अमृत बूँदें गिरने को लेकर है। इस कथा के अनुसार महर्षि दुर्वासा के शाप के कारण जब इंद्र और अन्य देवता कमजोर हो गए तो दैत्यों ने देवताओं पर आक्रमण कर उन्हें परस्त कर दिया। तब सब देवता मिलकर भगवान् विष्णु के पास गए और उन्हें सारा वृत्तांत सुनाया। तब भगवान् विष्णु ने उन्हें दैत्यों के साथ मिलकर सागर-मंथन करके अमृत निकालने की सलाह दी। भगवान् विष्णु के ऐसा कहने पर संपूर्ण देवता दैत्यों के साथ संधि करके अमृत निकालने के यज्ञ में लग गए। अमृत कुंभ के निकलते ही देवताओं के इशारे से इंद्रपुत्र 'जंयत' अमृत-कलश को लेकर आकाश में उड़ गया। उसके बाद दैत्य गुरु शुक्राचार्य के आदेशानुसार दैत्यों ने अमृत को वापस लेने के लिए जयंत का पीछा किया और बीच रास्ते में ही उसे पकड़ लिया। तत्पश्चात् अमृत कलश पर अधिकार जमाने के लिए देव-दानवों में बारह दिन तक अविराम युद्ध होता रहा।

इस परस्पर मार-काट के दौरान पृथ्वी के चार स्थानों (प्रयाग, हरिद्वार, उज्जैन, नासिक) पर कलश से अमृत बूँदें गिरी थीं। उस समय चंद्रमा ने घट से रिसाव होने से, सूर्य ने घट फूटने से, देवगुरु बृहस्पति ने दैत्यों के अपहरण से एवं शनि ने देवेंद्र के भय से घट की रक्षा की। कलह शांत करने के लिए भगवान् विष्णु ने मोहिनी रूप धारण कर यथाधिकार सबको अमृत बाँटकर पिला दिया। इस प्रकार देव-दानव युद्ध का अंत किया गया।

अमृत-प्राप्ति के लिए देव-दानवों में परस्पर बारह दिन तक निरंतर युद्ध हुआ था। देवताओं के बारह दिन मनुष्यों के बारह वर्ष के तुल्य होते हैं। अतएव कुंभ भी बारह होते हैं। उनमें से चार कुंभ पृथ्वी पर होते हैं। जिस समय में चंद्र, सूर्य आदि ने कलश की रक्षा की थी, उस समय की वर्तमान राशियों पर रक्षा करनेवाले चंद्र सूर्यादिक ग्रह जब आते हैं, उस समय कुंभ का योग होता है–अर्थात् जिस वर्ष जिस राशि पर सूर्य, चंद्रमा और बृहस्पति का संयोग होता है, उसी वर्ष, उसी राशि के योग में, जहाँ-जहाँ अमृत बूँद गिरी थीं, वहाँ-वहाँ कुंभ पर्व होता है।

□

# मथुरा और आस-पास

मथुरा (उत्तर प्रदेश) एक ऐतिहासिक एवं धार्मिक पर्यटन स्थल के रूप में विश्व-प्रसिद्ध है। एक लंबे समय से मथुरा प्राचीन भारतीय संस्कृति एवं सभ्यता का केंद्र रहा है। भारतीय धर्म, दर्शन, कला एवं साहित्य के निर्माण तथा विकास में मथुरा का महत्त्वपूर्ण योगदान सदा से रहा है। आज भी महाकवि सूरदास, संगीत के आचार्य स्वामी हरिदास, स्वामी दयानंद के गुरु स्वामी विरजानंद, कवि रसखान आदि महान् आत्माओं से इन नगरी का नाम जुड़ा हुआ है।

मथुरा के चारों ओर चार शिव मंदिर हैं। इस कारण शिवजी को 'मथुरा का कोतवाल' कहते हैं। मथुरा मंदिरों की नगरी है। यहाँ हर गली में मंदिर मिल जाएँगे। 'विश्राम घाट' या 'विश्रांत घाट' एक बड़ा सुंदर स्थान है। मथुरा में यही प्रधान तीर्थ है।

भगवान श्रीकृष्ण ने कंस-वध के पश्चात् यहीं विश्राम किया था। नित्य प्रात:-सायं यहाँ यमुनाजी की आरती होती है, जिसकी शोभा दर्शनीय है। यहाँ किसी समय दतिया-नरेश और काशी-नरेश क्रमश: 81 मन और 3 मन सोने से तुले थे और फिर यह दोनों बार की तुलाओं का सोना ब्रज में बाँट दिया था। यहाँ मुरलीमनोहर, कृष्ण-बलदेव, अन्नपूर्णा, धर्मराज, गोवर्धननाथ आदि कई मंदिर हैं।

प्रत्येक एकादशी और अक्षय नवमी को मथुरा की परिक्रमा होती है। देवशयनी और देवोत्थानी एकादशी को मथुरा-वृंदावन की एक साथ परिक्रमा

की जाती है। कोई-कोई इसमें गरुड़-गोविंद को भी शामिल कर लेते हैं। वैशाख शुक्ल पूर्णिमा को रात्रि में यह परिक्रमा की जाती है, जिसे 'वन-विहार की परिक्रमा' कहते हैं।

भारत के सांस्कृतिक और आध्यात्मिक गौरव की आधारशिलाएँ उसकी सात महापुरियाँ हैं। इनमें मथुरा भी शामिल है। अन्य महापुरियाँ हैं—अयोध्या, हरिद्वार, कांचीपुरम्, वाराणसी, द्वारिका और उज्जैन।

## वृंदावन

वृंदावन मथुरा क्षेत्र में एक स्थान है, जो भगवान् कृष्ण की लीलाओं से जुड़ा है। यह स्थान श्रीकृष्ण भगवान् की बाल-लीलाओं का स्थान माना जाता है। यह मथुरा से 15 कि.मी. की दूरी पर स्थित है। यहाँ श्रीकृष्ण और राधा रानी के अनेक मंदिर हैं। इनमें बिहारीजी का मंदिर सबसे प्राचीन है।

## गोवर्धन

गोवर्धन व इसके आस-पास के क्षेत्र को ब्रजभूमि भी कहा जाता है। यह भगवान् श्रीकृष्ण की लीला-स्थली है। यहीं भगवान् श्रीकृष्ण ने द्वापर युग में ब्रजवासियों को इंद्र के प्रकोप से बचाने के लिए गोवर्धन पर्वत अपनी तर्जनी उँगली पर उठाया था। गोवर्धन पर्वत को भक्तजन 'गिरिराजजी' भी कहते हैं।

आज भी यहाँ दूर-दूर से भक्तजन गिरिराजजी की परिक्रमा करने आते हैं। यह 7 कोस की परिक्रमा लगभग 21 किलोमीटर की होती है। मार्ग में पड़नेवाले प्रमुख स्थल राधाकुंड, कुसुम सरोवर, मानसी गंगा, गोविंद कुंड, पूँछरी का लोठा, दानघाटी इत्यादि हैं।

राधाकुंड से तीन मील पर गोवर्धन पर्वत है। पहले यह गिरिराज 7 कोस में फैले हुए थे, पर अब आप धरती में समा गए हैं। यहीं 'कुसुम सरोवर' है, जो बहुत सुंदर बना हुआ है। मानसी गंगा पर गिरिराज का मुखारविंद है, जहाँ उनका पूजन होता है तथा आषाढ़ी पूर्णिमा की अमावस्या को मेला लगता है।

गोवर्धन में सुरभि गाय, ऐरावत हाथी तथा एक शिला पर भगवान् का चरण-चिह्न है। मानसी गंगा पर, जिसे भगवान् ने अपने मन से उत्पन्न किया

था, दीवाली के दिन जो दीपमालिका होती है, उसमें मनों घी खर्च किया जाता है। इसकी शोभा दर्शनीय होती है। यहाँ लोग दंडौती परिक्रमा करते हैं। दंडौती परिक्रमा में लोग आगे हाथ फैलाकर जमीन पर लेट जाते हैं और जहाँ तक हाथ फैलते हैं, वहाँ तक लकीर खींचकर फिर उसके आगे लेटते हैं।

इस प्रकार लेटते-लेटते या साष्टांग दंडवत् करते-करते परिक्रमा करते हैं, जो एक सप्ताह से लेकर दो सप्ताह में पूरी हो पाती है। यहाँ गोरोचन, धर्मरोचन, पापमोचन और ऋणमोचन—ये चार कुंड तथा भरतपुर-नरेश की बनवाई हुई छतरियाँ तथा अन्य सुंदर इमारतें हैं।

□

# द्वादश ज्योतिर्लिंग

हिंदू धर्मग्रंथों के अनुसार, शिवजी जहाँ-जहाँ प्रकट हुए उन शिवलिंगों को ज्योतिर्लिंगों के रूप में पूजा जाता है। ये संख्या में 12 हैं। जो मनुष्य प्रतिदिन प्रातःकाल और संध्या के समय इन बारह ज्योतिर्लिंगों का नाम लेता है, उसके सात जन्मों के पाप मिट जाते हैं। ये ज्योतिर्लिंग हैं–

## सोमनाथ

श्री सोमनाथ सौराष्ट्र (गुजरात) के प्रभासक्षेत्र में विराजमान हैं। इस प्रसिद्ध मंदिर को अतीत में छह बार ध्वस्त एवं निर्मित किया गया है। 1022 ई. में इसकी समृद्धि को महमूद गजनवी के हमले से सर्वाधिक नुकसान पहुँचा था।

## मल्लिकार्जुन

आंध्र प्रदेश के कृष्णा जिले में कृष्णा नदी के तट पर श्रीशैल पर्वत पर श्रीमल्लिकार्जुन विराजमान हैं। इसे दक्षिण का कैलास कहते हैं।

## महाकाल या महाकालेश्वर

श्री महाकालेश्वर (मध्य प्रदेश) के मालवा क्षेत्र में क्षिप्रा नदी के तट पर पवित्र उज्जैन नगर में विराजमान है। उज्जैन को प्राचीनकाल में अवंतिकापुरी कहते थे।

## श्रीओंकारेश्वर

मालवा क्षेत्र में ओंकारेश्वर स्थान नर्मदा नदी के बीच स्थित द्वीप पर है। यहाँ श्रीओंकारेश्वर और ममलेश्वर दो पृथक्-पृथक् लिंग हैं, परंतु ये एक ही लिंग के दो स्वरूप हैं। श्रीओंकारेश्वर लिंग को ही स्वयंभू समझा जाता है।

## केदारनाथ

श्रीकेदारनाथ हिमालय के केदार नामक शिखर पर स्थित हैं। यह स्थान हरिद्वार से 150 मील और ऋषिकेश से 132 मील दूर उत्तराखंड में है।

## भीमशंकर

श्रीभीमशंकर मुंबई से पूर्व और पूना से उत्तर भीमा नदी के किनारे सह्याद्रि पर्वत पर है। यह स्थान नासिक से लगभग 120 मील दूर है। सह्याद्रि पर्वत के एक शिखर का नाम डाकिनी है। शिवपुराण की एक कथा के आध ार पर भीमशंकर को असम के कामरूप जिले में गुवाहाटी के पास ब्रह्मपुर पहाड़ी पर स्थित बतलाया जाता है। कुछ लोग मानते हैं कि नैनीताल जिले के काशीपुर नामक स्थान में स्थित विशाल शिवमंदिर भीमशंकर का स्थान है।

## काशी विश्वनाथ

वाराणसी (उत्तर प्रदेश) स्थित काशी के श्रीविश्वनाथजी सबसे प्रमुख ज्योतिर्लिंगों में एक हैं। गंगा तट स्थित काशी विश्वनाथ शिवलिंग दर्शन हिंदुओं के लिए सबसे पवित्र है।

## त्र्यंबकेश्वर

श्रीत्र्यंबकेश्वर ज्योतिर्लिंग महाराष्ट्र में नासिक के निकट गोदावरी के किनारे स्थित है। इस स्थान पर पवित्र गोदावरी का उद्‌गम भी है।

## वैद्यनाथ

शिवपुराण में 'वैद्यनाथ चिताभूमौ' ऐसा पाठ है। इसके अनुसार (झारखंड) राज्य के संथाल परगना क्षेत्र में जसिडीह स्टेशन के पास देवघर (वैद्यनाथ

धाम) नामक स्थान पर श्रीवैद्यनाथ ज्योतिर्लिंग सिद्ध होता है, क्योंकि यही चिताभूमि है। महाराष्ट्र में परभणी नामक जंक्शन है। वहाँ से थोड़ी दूर परली ग्राम के निकट श्रीवैद्यनाथ को भी ज्योतिर्लिंग माना जाता है। परंपरा और पौराणिक कथाओं से देवघर स्थित श्रीवैद्यनाथ ज्योतिर्लिंग की ही प्रामाणिक मान्यता है।

श्रीनागेश्वर ज्योतिर्लिंग द्वारिका के निकट स्थित है। हैदराबाद के अंतर्गत औढ़ा ग्राम में स्थित शिवलिंग को ही कोई-कोई नागेश्वर ज्योतिर्लिंग मानते हैं। यागेश (जागेश्वर) शिवलिंग ही नागेश ज्योतिर्लिंग है।

## रामेश्वरम्

रामेश्वरम् तीर्थ तमिलनाडु के रामनाड जिले में स्थित है। इस ज्योतिर्लिंग की स्थापना भगवान् श्रीराम ने की थी।

## घुश्मेश्वर

श्रीघुश्मेश्वर (गिरीश्वेश्वर ज्योतिर्लिंग को घुसृणेश्वर या घृष्णेश्वर भी कहते हैं। इनका स्थान महाराष्ट्र में दौलताबाद स्टेशन से 12 मील दूर बेरूल गाँव के पास है।

## ज्योतिर्लिंगों का धार्मिक महत्त्व

सोमनाथ के पूजन-अर्चन से क्षय और कुष्ठ रोगों का नाश होता है। यहाँ स्थित चंद्रकुंड में स्नान करने से मनुष्य संपूर्ण रोगों से मुक्त हो जाता है। महाकाल के दर्शन और पूजन से मनुष्य की सारी कामनाएँ पूरी हो जाती हैं और अंत में मोक्ष की प्राप्ति होती है। केदारनाथ संपूर्ण अभीष्टों को प्रदान करनेवाला है। भीमेश्वर भक्तों की हर प्रकार से रक्षा कर उनकी समस्त मनोकामनाओं को पूर्ण करता है। विश्वेश्वर अथवा विश्वनाथ के पूजन-अर्चन से भोग और मोक्ष की प्राप्ति होती है। मनुष्यों के साथ-साथ विष्णु, ब्रह्मा आदि समस्त देवता नित्य इनकी स्तुति करते हैं। श्रीराम द्वारा स्थापित रामेश्वरम् की नियमित स्तुति से देवताओं के लिए भी दुर्लभ हों, ऐसे भोगों की प्राप्ति होती है और अंत में भक्तों को स्वर्ग में स्थान प्राप्त होता है। घुश्मेश्वर की

भक्ति और दर्शन से मनुष्य इस लोक में संपूर्ण सुखों को भोग कर अंत में मुक्ति-लाभ प्राप्त करता है। नागेश्वर दुष्टों को कठोर दंड देते हैं और इनके दर्शन मात्र से बड़े-बड़े पाप नष्ट हो जाते हैं। त्र्यंबकेश्वर के दर्शन और स्पर्श मात्र से सारी कामनाएँ सिद्ध होती हैं और मुक्ति प्राप्त होती है। वैद्यनाथ भक्तों को भोग, मोक्ष और मुक्ति प्रदान करते हैं। परमेश्वर के पूजन-दर्शन से भक्तों की समस्त अभिलाषाएँ पूर्ण होती हैं। मल्लिकार्जुन के पूजन से पुत्र की प्राप्ति होती है और साथ ही भक्तों को अभीष्ट फल प्राप्त होता है।

□

# अमरकंटक

अमरकंटक नर्मदा नदी, सोन नदी और जोहिला नदी का उद्गम स्थान है। मैकाल की पहाड़ियों में स्थित अमरकंटक मध्य प्रदेश के अनूपपुर जिले में पड़ता है। समुद्र तल से 1,065 मीटर ऊँचे इस स्थान पर ही मध्य भारत के विंध्य और सतपुड़ा की पहाड़ियों का मेल होता है। चारों ओर से टीक और महुए के पेड़ों से घिरे अमरकंटक से ही नर्मदा और सोन नदियों की उत्पत्ति होती है। नर्मदा नदी यहाँ से पश्चिम की तरफ और सोन नदी पूर्व दिशा में बहती है। यहाँ के खूबसूरत झरने, पवित्र तालाब, ऊँची पहाड़ियाँ और शांत वातावरण सैलानियों को मंत्रमुग्ध कर देते हैं। प्रकृति-प्रेमी और धार्मिक प्रवृत्ति के लोगों को यह स्थान काफी पसंद आता है। नर्मदा को समर्पित यहाँ अनेक मंदिर बने हुए हैं, जिन्हें दुर्गा की प्रतिमूर्ति माना जाता है। अमरकंटक बहुत से आयुर्वेदिक पौधों के लिए भी प्रसिद्ध है, जिन्हें किंवदंतियों के अनुसार जीवनदायी गुणों से भरपूर माना जाता है।

अमरकंटक में गरम पानी का एक झरना भी है। कहा जाता है कि यह झरना औषधीय गुणों से संपन्न है और इसमें स्नान करने से शरीर के असाध्य रोग ठीक हो जाते हैं। दूर-दूर से लोग इस झरने के पवित्र पानी में स्नान करने के उद्देश्य से आते हैं, ताकि उनके तमाम दुःखों का निवारण हो सके।

नर्मदाकुंड नर्मदा नदी का उद्गम स्थल है। इसके चारों ओर अनेक मंदिर बने हुए हैं। कहा जाता है कि भगवान् शिव और उनकी पुत्री नर्मदा यहाँ निवास करते थे। माना जाता है कि नर्मदा की उत्पत्ति शिव की जटाओं से हुई है, इसीलिए शिव को 'जटाशंकर' कहा जाता है।

## दूधधारा

अमरकंटक में 'दूधधारा' नाम का झरना काफी लोकप्रिय है। ऊँचाई से गिरते इस झरने का जल दूध के समान प्रतीत होता है, इसीलिए इसे दूधधारा के नाम से जाना जाता है।

## सोनमुदा

सोनमुदा सोन नदी का उद्‌गम स्थल है। यहाँ से घाटी और जंगल से ढकी पहाड़ियों के सुंदर दृश्य देखे जा सकते हैं। सोन नदी 100 फीट ऊँची पहाड़ी से एक झरने के रूप में यहाँ से गिरती है। सुनहरी रेत के कारण ही इसे 'सोन नदी' कहा जाता है।

## माँ की बगिया

'माँ की बगिया' माता नर्मदा को समर्पित है। कहा जाता है कि इस हरी-भरी बगिया से शिव की पुत्री नर्मदा पुष्प चुनती थीं। यहाँ प्राकृतिक रूप से आम, केले और अन्य बहुत से फलों के पेड़ उगे हुए हैं। साथ ही गुलबकावली और गुलाब के सुंदर पौधे यहाँ की सुंदरता में बढ़ोतरी करते हैं। यह बगिया नर्मदा कुंड से एक कि.मी. की दूरी पर है।

## कपिला धारा

लगभग 100 फीट की ऊँचाई से गिरनेवाला 'कपिला धारा' झरना बहुत सुंदर और लोकप्रिय है। धर्मग्रंथों में कहा गया है कि कपिल मुनि यहाँ रहते थे। घने जंगलों, पर्वतों और प्रकृति के सुंदर नजारे यहाँ से देखे जा सकते हैं। माना जाता है कि कपिल मुनि ने 'सांख्य दर्शन' की रचना इसी स्थान पर की थी। कपिला धारा के निकट ही कपिलेश्वर मंदिर भी बना हुआ है। कपिला धारा के आस-पास अनेक गुफाएँ हैं, जहाँ साधु-संत ध्यानमग्न मुद्रा में देखे जा सकते हैं।

## कबीर चबूतरा

स्थानीय निवासियों और कबीरपंथियों के लिए 'कबीर चबूतरे' का बहुत महत्त्व है। कहा जाता है कि संत कबीर ने कई वर्षों तक इसी चबूतरे पर

ध्यान लगाया था। कहा जाता है कि इसी स्थान पर भक्त कबीर और सिक्खों के पहले गुरु नानकदेवजी मिले थे। उन्होंने यहाँ अध्यात्म व धर्म की बातों के साथ मानव-कल्याण पर चर्चाएँ कीं। कबीर चबूतरे के निकट ही 'कबीर झरना' भी है।

अमरकंटक का निकटतम एयरपोर्ट जबलपुर में है, जो लगभग 245 कि.मी. दूर है। पेंड्रा रोड अमरकंटक का नजदीकी रेलवे स्टेशन है, जो लगभग 17 कि.मी. दूर है। सुविधा के लिहाज से अनूपपुर रेलवे स्टेशन अधिक बेहतर है, जो अमरकंटक से 48 कि.मी. दूर है। अमरकंटक मध्य प्रदेश और निकटवर्ती शहरों से सड़क मार्ग से जुड़ा हुआ है।

□

# अयोध्या

रामजन्मभूमि अयोध्या उत्तर प्रदेश में सरयू नदी के दाएँ तट पर बसा है। प्राचीन काल में इसे 'कौशल देश' कहा जाता था अयोध्या हिंदुओं की प्राचीन और सात पवित्र तीर्थस्थलों में एक है। 'अथर्ववेद' में अयोध्या को 'ईश्वर का नगर' बताया गया है और इसकी संपन्नता की तुलना स्वर्ग से की गई है। रामायण के अनुसार अयोध्या की स्थापना मनु ने की थी। कई शताब्दियों तक यह नगर सूर्यवंशी राजाओं की राजधानी रहा। अयोध्या मूल रूप से मंदिरों का शहर है। यहाँ आज भी हिंदू, बौद्ध, इसलाम और जैन धर्म से जुड़े अवशेष देखे जा सकते हैं। जैन मत के अनुसार, यहाँ आदिनाथ सहित पाँच तीर्थंकरों का जन्म हुआ था। अयोध्या के कुछ तीर्थस्थल इस प्रकार हैं–

### रामकोट

शहर के पश्चिमी हिस्से में स्थित रामकोट अयोध्या में पूजा का प्रमुख स्थान है। यहाँ भारत और विदेश से आनेवाले श्रद्धालुओं का साल भर ताँता लगा रहता है। मार्च-अप्रैल में मनाया जानेवाला रामनवमी पर्व यहाँ बड़े जोश और धूमधाम से मनाया जाता है।

### त्रेता के ठाकुर

यह मंदिर उस स्थान पर बना है, जहाँ भगवान् राम ने अश्वमेध यज्ञ किया था। लगभग 300 साल पहले कुल्लू के राजा ने यहाँ एक नया मंदिर बनवाया। इस मंदिर में इंदौर की रानी अहिल्याबाई होलकर ने 1784 में और सुधार किया। उसी समय मंदिर से सटे हुए घाट भी बनवाए गए। कालेराम का

मंदिर नाम से लोकप्रिय नए मंदिर में जो काले बलुआ पत्थर की प्रतिमा स्थापित है, वह सरयू नदी में मिली थी।

### हनुमानगढ़ी

यह मंदिर नगर के केंद्र में स्थित है। कहा जाता है कि हनुमान यहाँ एक गुफा में रहते थे और रामजन्मभूमि व रामकोट की रक्षा करते थे। मुख्य मंदिर में बाल हनुमान के साथ अंजनी की प्रतिमा है। श्रद्धालुओं का मानना है कि इस मंदिर में आने से उनकी सारी मनोकामनाएँ पूर्ण होती हैं।

### नागेश्वरनाथ मंदिर

कहा जाता है कि नागेश्वरनाथ मंदिर को भगवान् राम के पुत्र कुश ने बनवाया था। माना जाता है कि जब कुश सरयू नदी में नहा रहे थे तो उनका बाजूबंद कहीं खो गया था। बाजूबंद एक नाग कन्या को मिला, जिसे कुश से प्रेम हो गया। वह शिवभक्त थी। कुश ने उसके लिए यह मंदिर बनवाया। कहा जाता है कि यही एकमात्र मंदिर है, जो विक्रमादित्य के काल के बाद सुरक्षित बचा है। शिवरात्रि का पर्व यहाँ बड़ी धूमधाम से मनाया जाता है।

### कनक भवन

हनुमानगढ़ी के निकट स्थित कनक भवन अयोध्या का एक महत्त्वपूर्ण मंदिर है। यह मंदिर सीता और राम के सोने के मुकुट पहनी प्रतिमाओं के लिए लोकप्रिय है। इसी कारण अकसर इस मंदिर को 'सोने का घर' भी कहा जाता है। यह मंदिर टीकमगढ़ की रानी ने सन् 1891 में बनवाया था।

### जैन मंदिर

हिंदुओं के मंदिरों के अलावा अयोध्या जैन मंदिरों के लिए भी खासा लोकप्रिय है। जैन धर्म के अनेक अनुयायी नियमित रूप से अयोध्या आते रहते हैं। अयोध्या को 'पाँच तीर्थंकरों की जन्मभूमि' भी कहा जाता है। जहाँ जिस तीर्थंकर का जन्म हुआ था, वहीं उस तीर्थंकर का मंदिर बना हुआ है। इन मंदिरों को फैजाबाद के नवाब के खजांची केसरी सिंह ने बनवाया था।

अयोध्या का निकटतम एयरपोर्ट लखनऊ में है, जो लगभग 140 कि.

मी. की दूर है। यह एयरपोर्ट देश के प्रमुख शहरों से जुड़ा है। फैजाबाद अयोध्या का निकटतम रेलवे स्टेशन है। यह रेलवे स्टेशन मुगलसराय-लखनऊ लाइन पर स्थित है। उत्तर प्रदेश और देश के लगभग तमाम शहरों से यहाँ पहुँचा जा सकता है। उत्तर प्रदेश सड़क परिवहन निगम की बसें लगभग सभी प्रमुख शहरों से अयोध्या के लिए चलती हैं। राष्ट्रीय और राज्य राजमार्ग से अयोध्या जुड़ा हुआ है।

□

# ऋषिकेश

हिमालय का प्रवेश द्वार ऋषिकेश, जहाँ पहुँचकर गंगा पर्वतमालाओं को पीछे छोड़ समतल धरातल की तरफ आगे बढ़ जाती है। हरिद्वार से 24 किलोमीटर की दूरी पर स्थित ऋषिकेश एक विश्व-प्रसिद्ध योग केंद्र है। ऋषिकेश के शांत वातावरण में कई विख्यात आश्रम स्थित हैं। उत्तराखंड में समुद्र तल से 1,360 फीट की ऊँचाई पर स्थित ऋषिकेश भारत के सबसे पवित्र तीर्थस्थलों में एक है। हिमालय की निचली पहाड़ियों और प्राकृतिक सुंदरता से घिरे इस धार्मिक स्थान से बहती गंगा नदी इसे अतुल्य बनाती है। ऋषिकेश को केदारनाथ, बद्रीनाथ, गंगोत्री और यमुनोत्री का प्रवेश-द्वार माना जाता है। कहा जाता है कि इस स्थान पर ध्यान लगाने से मोक्ष प्राप्त होता है। हर साल यहाँ के आश्रमों में बड़ी संख्या में तीर्थयात्री ध्यान लगाने और मन की शांति के लिए आते हैं। विदेशी पर्यटक भी यहाँ आध्यात्मिक सुख की चाह में नियमित रूप से आते रहते हैं।

## पौराणिक मान्यताएँ

ऋषिकेश से संबंधित अनेक धार्मिक कथाएँ प्रचलित हैं। कहा जाता है कि समुद्र-मंथन के दौरान निकला विष शिव ने इसी स्थान पर पिया था। विष पीने के बाद उनका गला नीला पड़ गया और उन्हें 'नीलकंठ' के नाम से जाना गया। एक अन्य अनुश्रुति के अनुसार भगवान् राम ने वनवास के दौरान यहाँ के जंगलों में अपना समय व्यतीत किया था। रस्सी से बना 'लक्ष्मण झूला' इसका प्रमाण माना जाता है। सन् 1939 में लक्ष्मण झूले का पुनर्निर्माण किया गया। यह भी कहा जाता है कि ऋषि राभ्या ने यहाँ ईश्वर के दर्शन के

लिए कठोर तपस्या की थी। उनकी तपस्या से प्रसन्न होकर भगवान विष्णु यहाँ ऋषिकेश के अवतार में प्रकट हुए। तब से इस स्थान को 'ऋषिकेश' नाम से जाना जाता है।

## लक्ष्मण झूला

गंगा नदी के एक किनारे को दूसरे किनारे से जोड़ता यह झूला शहर की खास पहचान है। कहा जाता है कि गंगा नदी को पार करने के लिए लक्ष्मण ने इस स्थान पर जूट का झूला बनाया था। झूले के बीच में पहुँचने पर यह हिलता हुआ प्रतीत होता है। 450 फीट लंबे इस झूले के समीप ही लक्ष्मण और रघुनाथ मंदिर हैं। झूले पर खड़े होकर आस-पास के खूबसूरत नजारों का आनंद लिया जा सकता है। 'लक्ष्मण झूला' के समान 'राम झूला' भी नजदीक ही स्थित है। इसे 'शिवानंद झूला' के नाम से भी जाना जाता है।

## त्रिवेणी घाट

ऋषिकेश में स्नान करने का यह प्रमुख घाट है, जहाँ अनेक श्रद्धालु पवित्र गंगा नदी में डुबकी लगाते हैं। कहा जाता है कि इस स्थान पर हिंदू धर्म की तीन प्रमुख नदियों गंगा, यमुना और सरस्वती का संगम होता है। इसी स्थान से गंगा नदी दाईं ओर मुड़ जाती है। शाम को होनेवाली यहाँ की आरती का नजारा बेहद आकर्षक होता है।

## स्वर्गाश्रम

स्वामी विशुद्धानंद द्वारा स्थापित यह आश्रम ऋषिकेश का सबसे प्राचीन आश्रम है। स्वामीजी को 'काली कमलीवाले' नाम से भी जाना जाता था। इस स्थान पर बहुत से सुंदर मंदिर बने हुए हैं। यहाँ खाने-पीने के अनेक होटल हैं। आस-पास हस्तशिल्प के सामान की भी बहुत सी दुकानें हैं।

## नीलकंठ महादेव मंदिर

लगभग 5,500 फीट की ऊँचाई पर स्वर्गाश्रम की पहाड़ी की चोटी पर नीलकंठ महादेव मंदिर स्थित है। कहा जाता है कि भगवान् शिव ने इसी स्थान पर समुद्र-मंथन से निकला विष ग्रहण किया था। विषपान के बाद विष के प्रभाव से उनका गला नीला पड़ गया था और उन्हें 'नीलकंठ' नाम से

जाना गया था। मंदिर-परिसर में पानी का एक झरना है, जहाँ भक्तगण मंदिर के दर्शन करने से पहले स्नान करते हैं।

## भरत मंदिर

यह ऋषिकेश का सबसे प्राचीन मंदिर है, जिसे 12वीं शताब्दी में आदि गुरु शंकराचार्य ने बनवाया था। भगवान् राम के छोटे भाई भरत को समर्पित यह मंदिर घाट के निकट पुराने शहर में स्थित है। मंदिर का मूल रूप 1398ई. में तैमूर के आक्रमण के दौरान क्षतिग्रस्त कर दिया गया था। हालाँकि मंदिर की बहुत सी महत्त्वपूर्ण चीजों को उस हमले के बाद आज तक संरक्षित रखा गया है। मंदिर के अंदरूनी गर्भगृह में भगवान् विष्णु की प्रतिमा एकल शालिग्राम पत्थर पर उकेरी गई है। आदिगुरु शंकराचार्य द्वारा रखा गया श्रीयंत्र भी यहाँ देखा जा सकता है।

## गीता भवन

गीता आश्रम को सन् 1950 में बनवाया गया था। यह अपनी दर्शनीय दीवारों के लिए प्रसिद्ध है। यहाँ रामायण और महाभारत के चित्रों से सजी दीवारें इस स्थान को आकर्षक बनाती हैं। यहाँ एक आयुर्वेदिक डिस्पेंसरी और गीता प्रेस, गोरखपुर की एक शाखा भी है। प्रवचन और कीर्तन मंदिर की नियमित क्रियाएँ हैं। शाम को यहाँ भक्ति संगीत का आनंद लिया जा सकता है। तीर्थयात्रियों के ठहरने के लिए यहाँ कई कमरे हैं।

ऋषिकेश से 18 कि.मी. की दूरी पर देहरादून के निकट जौली ग्रांट एयरपोर्ट है। इंडियन एयलाइंस की फ्लाइटें इस एयरपोर्ट को दिल्ली से जोड़ती हैं। नजदीकी रेलवे स्टेशन हरिद्वार है, जो 25 कि.मी. दूर है। हरिद्वार देश के प्रमुख रेलवे स्टेशनों से जुड़ा हुआ है। दिल्ली से ऋषिकेश के लिए डीलक्स और निजी बसों की व्यवस्था है।

□

# कालकाजी मंदिर

दिल्ली का कालकाजी मंदिर काली माँ को समर्पित है। कालकाजी मंदिर कालकाजी, नेहरू प्लेस, ओखला, ईस्ट ऑफ कैलाश और इस्कॉन मंदिर से घिरा है।

कालकाजी मंदिर में भक्तों का रोज, पूरे साल ताँता लगा रहता है। यह मंदिर  काली या कालिका देवी माँ का है, जिन्हें 'दुर्गा माँ का अवतार' कहा जाता है। नवरात्रों के दिन भक्तों की भारी भीड़ उमड़ती है और मेला-सा लगा रहता है। इन नौ दिनों तक यहाँ मेले का आयोजन किया जाता है। महिलाएँ इस अवसर पर अधिक उत्साहित दिखाई पड़ती हैं। उनके समूह-के-समूह काली माँ के भक्ति गीत गाते देखे जा सकते हैं।

यह मंदिर 3,000 वर्ष पुराना है, लेकिन पुराने अवशेष अब कम ही बचे हैं। मुगलों ने इस मंदिर को काफी क्षति पहुँचाई थी। उसके बाद से इसे नया स्वरूप दिया गया। कालका पहाड़ी के शीर्ष पर सन् 1734 में बने ढाँचे आज भी देखे जा सकते हैं। 19वीं सदी के मध्य में अकबर द्वितीय के कोषाध्यक्ष राजा केदारनाथ ने इसे वर्तमान स्वरूप दिया।

12 कोणों में बँटा आधुनिक मंदिर पूरा संगमरमर और काले झाँवाँ पत्थरों का बना है। मंदिर के आस-पास ठहरनेवाले भक्तों के लिए कई ध र्मशालाएँ हैं।

प्रात: 6 बजे और सायं 7.30 बजे काली माता को दुग्ध से स्थान कराया जाता है। उसके बाद आरती और कर्मकांड होते हैं। मंदिर के आस-पास प्रसाद की कई दुकानें हैं। यहाँ के पुजारियों को जोगी या महंत कहा जाता है,

जो कई पीढ़ियों से यहाँ कर्मकांड व पूजा-अर्चना कराते आ रहे हैं।

भक्त सायं को होनवाली तांत्रिक आरती में भी शामिल हो सकते हैं। रात्रि को भी यहाँ तेज रोशनी में दिन जैसा उजाला रहता है। इसी प्रकार काली माँ के दर्शन से भक्तों के मन में भी ज्ञान का उजाला फैल जाता है।

□

# श्रीरंगपट्टन

यह भारतवर्ष के कर्नाटक प्रदेश का प्रसिद्ध वैष्णव तीर्थ है। कावेरी नदी की धारा में तीन द्वीप हैं–आदिरंगम, मध्यरंगम और अंतरंगम। श्रीरंगपट्टन ही आदिरंगम है। यहाँ भगवान् विष्णु की शेषनाग पर सोती हुई मूर्ति है। कहते हैं कि यहाँ महर्षि गौतम ने तपस्या की थी और श्रीरंगमूर्ति की स्थापना की थी। रंगपट्टन कर्नाटक का एक ऐतिहासिक स्थान है। यह मैसूर-बेंगलुरु हाईवे पर मैसूर से 15 कि.मी. दूर स्थित है। इसे 'द्वीपीय दुर्ग–श्रीरंगपट्टन' भी कहा जाता है। यह स्थान हैदरअली और उसके पुत्र टीपू सुल्तान की राजधानी रहा। टीपू का 'ग्रीष्म महल' अब संग्रहालय बना दिया गया है।

## श्री रंगनाथ स्वामी मंदिर

श्री रंगनाथ स्वामी मंदिर श्रीरंगपट्टन का एक प्रसिद्ध मंदिर है। यहाँ भगवान् रंगनाथ (विष्णुजी) की शयनरत प्रतिमा के दर्शन किए जा सकते हैं। कावेरी नदी के एक टापू पर स्थित इस मंदिर के नाम पर ही इस नगर का नामकरण हुआ है। यह मंदिर तीन प्रमुख मंदिरों का एक समूह है, जो कावेरी के तीन भिन्न टापुओं पर स्थित हैं और भगवान् रंगनाथ को समर्पित हैं।

रंगनाथ स्वामी मंदिर दक्षिण भारत में एक प्रमुख वैष्णव मंदिर है। इसका निर्माण गंग राजाओं ने 9वीं शताब्दी में कराया। बाद में होयसल और विजयनगर के राजाओं ने इसका निर्माण कार्य और आगे बढ़ाया तथा इससे कई संशोधन-संवर्धन किए। यह मंदिर भगवान् रंगनाथ (विष्णु) को समर्पित है, जो तीन तीर्थों के रूप में इस क्षेत्र में व्याप्त है।

आदिरंगनाथ श्रीरंगपट्टन में मध्यरंगनाथ शिवासमुद्र में और अंतरंगम

श्रीरंगम में। हैदरअली भी रंगनाथ स्वामी का बड़ा भक्त था। मंदिर के निर्माण में उसने भी खुले दिल से योगदान दिया।

मंदिर में सात फनोंवाले शेषनाग पर रंगनाथजी की शयन-मुद्रा के दर्शन किए जा सकते हैं। मंदिर में पंचमुखी हनुमान, श्रीकृष्ण के अलावा वैष्णव पंथ के अनेक आचार्यों की प्रतिमाएँ प्रतिष्ठित हैं।

प्रति वर्ष जनवरी में यहाँ 'कोतारोत्सव' नामक त्योहार मनाया जाता है, जिसमें देश-विदेश के लाखों श्रद्धालु भाग लेते हैं।

पूर्वोन्मुख इस मंदिर का निर्माण 89 ई० में गंग राजा तिरुमलाराया द्वारा किया गया। तत्पश्चात् समय-समय पर होयसल और विजयनगर के राजाओं, मैसूर के वोडेयारों तथा हैदरअली ने उसका विस्तार किया।

अधिष्ठाता देवता रंगनाथ स्वरूप भगवान् विष्णु की विशाल मूर्ति है, जो आच्छादित बहुफणोंवाले महाशेषनाग की विशाल कुंडली पर लेटे हुए हैं। कर्नाटक में अर्धशायी विष्णु की यह सबसे बड़ी प्रतिमा है।

नवरंग द्वार के दोनों तरफ दो विशाल द्वारपाल हैं। मुख्य प्रवेश द्वार और प्रवेश द्वार दोनों विजयनगर काल के हैं। गलियारे में अधिकांश स्तंभ होयसल शैली के हैं। विजयनगर काल के चार स्तंभों पर विष्णु के 24 अवतारों को तराशा गया है। परिसर में लक्ष्मी, नरसिंह, सुदर्शन, गोपाल कृष्ण, श्रीनिवास, राम समूह तथा रामानुज देसिका के देव मंदिर हैं।

रंगपट्टन या रंगपट्टनम रेल, वायु और सड़क मार्ग द्वारा देश भर से जुड़ा है। यहाँ ठहरने और खाने-पीने की भी अच्छी व्यवस्था है।

□

# मेहँदीपुर के बालाजी

मेहँदीपुर के बालाजी दिल्ली-अहमदाबाद रेलवे लाइन के बाँदीकुई स्टेशन से 24 मील दूर स्थित है। हिंडोन रेलवे स्टेशन पर उतरकर भी यहाँ पहुँचा जा सकता है। बालाजी का घाटा मेहँदीपुर दो पहाड़ियों के बीच स्थित एक मनोरम स्थान है। भक्ति और पवित्रता यहाँ के कण-कण में रची-बसी हैं।

भक्तजन यहाँ तीन प्रमुख देवों के दर्शन करते हैं–श्रीबालाजी महाराज, श्री प्रेतराज सरकार और श्री कोतवाल कप्तान भैरव महाराज। कहा जाता है कि ये तीनों देव यहाँ लगभग एक हजार वर्ष पहले स्वयंभू प्रकट हुए थे।

बालाजी हनुमान के प्रकट होने की कथा बड़ी अद्‌भुत है। वर्तमान महंत बताते हैं कि उनके पूर्वज गोसाँईंजी महाराज को एक रात स्वप्न आया। वे स्वप्नावस्था में ही उठे और एक ओर चल दिए। उन्होंने देखा कि कुछ दूरी पर बालाजी महाराज की एक विशाल प्रतिमा है। वहाँ हजारों दीपक और एक बड़ी फौज उनकी प्रदक्षिणा कर रही है। जब गोसाईंजी ने अपनी आँखें खोलीं तो उनके कानों में आवाज आई, "मेरी सेवा करो। यहाँ इस स्थान पर मैं अपनी लीला का विस्तार करूँगा।"

अगले दिन गोसाँईंजी फिर उस मूर्ति के पास पहुँचे तो वहाँ से घंटों और घड़ियालों की आवाजें आने लगीं, जबकि वहाँ कोई मंदिर नहीं था। इसके बाद गोसाँईंजी ने कुछ लोगों के सहयोग से वहाँ एक छोटा सा छप्पर बना दिया और प्रसाद की व्यवस्था करवा दी। कई दुराचारियों ने बालाजी की मूर्ति को वहाँ से उखाड़ने की भी कोशिश की, लेकिन सैकड़ों हाथ खुदाई के बाद भी उसका कोई छोर नहीं मिला। असल में यह मूर्ति पर्वत का एक अंग ही है, जो पर्वत के साथ ही जुड़ी हुई है। बालाजी के बाएँ वक्ष के नीचे से

जल की एक बारीक धारा निकलती है, जो पर्याप्त चोला चढ़ जाने के बाद भी सैकड़ों सालों से यथावत् प्रवाहित हो रही है।

बालाजी के इस सिद्ध स्थल पर सच्चे श्रद्धालुओं की हर मनोकामना पूरी होती है तथा भूत-प्रेत और ऊपरी बाधाएँ दूर हो जाती हैं। यहाँ आकर वैज्ञानिक भी अपना विज्ञान भूल जाता है और बालाजी का भक्त बन जाता है। बालाजी को प्रसाद में लड्डुओं का भोग लगाया जाता है, प्रेतराज सरकार को चावल का भोग लगता है और कोतवाल कप्तान को उड़द का भोग लगाया जाता है। प्रसाद को घर नहीं ले जाया जाता, एक निश्चित स्थान पर जानवरों को डाल दिया जाता है।

भूत-प्रेत और ऊपरी बाधाओं से ग्रस्त लोग यहाँ आने पर स्वयं ही अपना इलाज आरंभ कर देते हैं, यानी उनके शरीर में जिस भी बला का साया होता है, कहा जाता है कि बालाजी की आज्ञा से वह स्वयं ही पेड़ पर कभी उलटा लटक जाता है, कभी खुद को मारने लगता है। ऐसे दृश्य यहाँ प्रत्यक्ष देखे जा सकते हैं।

इस स्थान की एक सबसे बड़ी विशेषता यह है कि यहाँ अन्य धर्म-स्थलों की तरह यात्रियों को पंडे-पुरोहित परेशान नहीं करते हैं। यहाँ चोर और जेबकतरों का भी डर नहीं है, क्योंकि यहाँ बैठे तीनों 'धर्माध्यक्ष' सभी को उनके कर्मों के अनुसार सजा और इनाम देने के लिए सदा सजग रहते हैं।

□

# शिरडी के साँईं बाबा

शिरडी के साँईं बाबा का मंदिर महाराष्ट्र में स्थित है, जो देश-विदेश के लाखों-करोड़ों भक्तों की श्रद्धा का केंद्र है। यहाँ लोग जाति और धर्म के भेद को भूलकर श्रद्धापूर्वक आते हैं। यह मंदिर साँईं बाबा की समाधि-स्थल पर निर्मित है।

18वीं सदी के आरंभ में एक युवक ने शिरडी गाँव की एक मसजिद में आकर शरण ली। युवक की खिचड़ी दाढ़ी और चमकदार आँखें सभी को आकर्षित करती थीं। किसी को जानकारी नहीं थी कि वह युवक कहाँ से आया था। वह बोलता भी बहुत कम था।

धीरे-धीरे लोग उसे भोजन-पानी देने लगे; लेकिन वह युवक न कुछ कहता था, न कुछ माँगता था। कुछ लोग उसे फकीर कहने लगे और वह कुछ बुजुर्ग लोगों के बीच ज्ञान-ध्यान की चर्चा करने लगा। गाँववाले अपनी समस्या लेकर वहाँ आने लगे। फकीर उनकी समस्याओं का समाधान करने लगा और उनके बीच साँईं बाबा के नाम से जाना जाने लगा। धीरे-धीरे श्रद्धालुओं की संख्या बढ़ने लगी और जल्दी ही शिरडी एक धर्म-स्थल के रूप में दूर-दूर तक विख्यात हो गया। घर-घर साँईं की पूजा होने लगी। चढ़ावे में आई सारी वस्तुएँ साँईं जरूरतमंदों में बाँट देते थे। साँईं का जीवन फकीर जैसा—शांत, निश्चल, निश्छल, निस्तब्ध और परिवर्तनहीन था।

लोगों को भरोसा हो गया था कि साँईं बाबा कोई साधारण व्यक्ति नहीं, बल्कि असाधारण दैव पुरुष हैं। बाबा अपने सभी अनुयायियों को प्रेम, विश्वास और मानवता का संदेश देते थे। उन्हें हमेशा यह वेदना रहती थी कि लोग उनके पास अपनी परेशानियों के हल के लिए आते थे, कोई भी ईश्वर

के पास पहुँचने का मार्ग तलाशने या सच्ची मानवता की सेवा के लिए नहीं आता था।

साँईं का एक वाक्य 'सबका मालिक एक' यह संदेश देता है कि वे जाति, संप्रदाय और धर्म में यकीन नहीं करते थे। वे सभी मनुष्यों को एक ईश्वर की संतान मानते थे और लोगों को भी यही संदेश देते थे। वे कहते थे कि यदि कोई जरूरतमंद आपके द्वार पर आए तो कभी उसे खाली हाथ न लौटाएँ। गरीबों की मदद के लिए उन्होंने कई चमत्कार भी किए। एक बार उन्होंने एक नेत्रहीन को नेत्र-ज्योति प्रदान की। एक अवसर पर जब दीयों में तेल नहीं था तो उन्हें जल भरकर प्रज्वलित कर दिया।

15 अक्तूबर, 1918 को बाबा का स्वर्गारोहण हो गया। उनकी काया को समाधि मंदिर में रख दिया गया, जिसे 'बूटी' कहते हैं। इसका निर्माण उनकी आज्ञा से उनके शिष्यों ने पहले ही करवा दिया था।

साँईं बाबा जीवन भर साधारण आदमी की तरह जनसाधारण के लिए जिए। ईंट पर सिर रखकर चटाई पर सोए। साँईं बाबा सबका मन पढ़ लेते थे कि किसके दिमाग में क्या चल रहा है! वे पृथ्वी पर जब तक रहे, मानव-सेवा में जुटे रहे। वे यहाँ मानव-सेवा और मनुष्य को भय से मुक्त कराने के लिए ही अवतरित हुए थे।

हिंदुओं के लिए साँईं बाबा सच्चे हिंदू ब्राह्मण थे, जो मसजिद में रहते थे, जिसको उन्होंने 'द्वारिकामाई' नाम दिया था। मुसलमानों के लिए वे सच्चे मुसलमान थे, जो 'अल्लाह' और 'मालिक' की बात करते थे। पारसी, ईसाई और बौद्धों को भी उनमें अपने 'देवदूत' के दर्शन होते थे।

साँईं बाबा ने जान-बूझकर अपनी शक्तियों का प्रदर्शन कभी नहीं किया। जो भी चमत्कार किए, फौरी जरूरत के अनुसार किए। उन्होंने कहा था कि 'मैं शिरडी में और सब जगह हूँ और सदा रहूँगा।' उनके सच्चे भक्त यह अहसास हर जगह सदा कर सकते हैं कि साँईं हमेशा उनके साथ हैं—उनकी खुशी में भी और गम में भी।

□□□